跨文化研究

TRANSCULTURAL

STUDIES

总第 4 辑

（2018 年第 1 辑）

王柯平　胡继华

主 编

社会科学文献出版社
SOCIAL SCIENCES ACADEMIC PRESS (CHINA)

《跨文化研究》编辑委员会

目 录

·学术焦点·

·经典解释·

·涵化之道·

·新著撷英·

荷马权杖的象征意义新释*

昂鲁（Daniel Unruh）/文　武淑冉/译

摘　要： 这篇文章考察了权杖在荷马时代的使用情况，以及它在史诗中何以充当了权威的显著象征这一问题。长久以来，人们所持的观点是，权杖被用作“演说棒”，在演说者手中依次传递。与此观点相左，我们认为，事实上在荷马史诗中出现的每一个集会上，权杖都只被一人所持：此人恰恰是召开集会之人，而他所关心的议题将会在集会上被讲出。权杖不是神秘的法宝，而是朴素意义上的棍棒，是统治阶层对被统治者施以侮辱性惩罚的强力象征。

关键词： 荷马时代；权杖；统治阶层；强力象征

一　导言

在荷马生活的共同体中，统治者几乎没有象征其权威的有形象征物。那个时代根本没有王冠，也没有王者长袍，或特殊的服装。[①] 倒是有王座（θρόνοι），但它仅仅是一把精致奢华的椅子而已，并不为任何特殊之人所专

* 在此，笔者希望对 Bonnie MacLachlan 和 Patrica Unruh 两位学者为拙作几个版本所提出的有益建议致以谢意；同样感谢西北太平洋会议 2010 年古典协会（Pacific Northwest conference 2010 Classical Association）与会者所提供的意见及建议。

① 在作品的描绘中，一些高官显爵拥有紫色的袍子（如出现在《伊利亚特》第 10 卷第 133 行的涅斯托尔、《奥德赛》第 19 卷第 225 行的奥德修斯、《奥德赛》第 4 卷第 115 行的特勒马科斯；参见 H. L. Lorimer, *Homer and the Monuments*, Oxford, 1950; S. Marinatos, *Archaeologica Homerica*; *Band 1*: *Kleidung*, *Haar und Barttracht*, Göttingen, 1967, A 9）。然而并无证据证明，它们是正式的王权标志，而非昂贵的奢侈品。

享。[①] 一些人甚至将独特象征物的缺失视为证据，指责荷马史诗对永久性的政治权威一无所知。[②] 然而，事实上，在荷马的世界中，一个权威的象征物被指认出，即 σκῆπτρον，也就是权杖或结实的棍棒。权杖被祭司、先知、传令官以及法庭的法官所携带，但更常见的是被国王所持有，而国王属于荷马社会的统治阶级。[③] 在过去大约一个世纪里，权杖的象征意义以及围绕其使用的礼仪是人们争论不休的话题。然而，大多数研究仅仅关注权杖的使用这一狭义方面，而没有将所有可利用的证据考虑在内。因此，关于权杖的意义及其使用，并未达成明确的共识。甚至就什么样的人拥有哪类权杖这一基本问题，仍然令人困惑。在这篇文章的讨论中，笔者将重点放在两个基本问题上。笔者将首先勾画出权杖被使用的几个主要领域，即在审议集会（ἀγορὴ）上，在使节交涉期间的“外交”语境下，以及在涉及宣誓和审判的“司法”情境中，并讨论权杖在每一情境中如何发挥功用。其

---

① 参见 A. G. Geddes, “Who's Who in Homeric' Society?” *Classical Quarterly*, 34. 1（1984）, pp. 17－36。

② 以下文献为此处提供了精妙的辩护：A. G. Geddes（注释 2，同前书）；J. Halverson, “Social Order in the Odyssey”, *Hermes*, 113. 2（1985）, pp. 129－145；B. Qviller, “The Dynamics of Homeric Society,” *SO* 56（1984）, pp. 109－155。在这一考察中，笔者遵循了荷马社会的模式。这一模式由以下几位学者在其文献中清晰地提出：H. van Wees, *Status Warriors*（Amsterdam, 1992）；P. Carlier, *La Royauté en Gréce avant Alexandre*（Strasbourg, 1984）；W. Donlan, “*The Social Groups of Dark of Greece*,” *CP* 80. 4（1985）, pp. 293－308。简言之，荷马时代的共同体由一位王权世袭的精英所统治。他正是我们所熟知的“统治者”“首领”或“国王”。在血统上，国王被认为比其他阶层更具有王者气质（“更兴旺”）（《奥德赛》第 15 卷，第 533 行），家族中的首领被看作具备王者气象（“最有君主的无上仪容”，《伊利亚特》第 9 卷，第 69 行）。这种人是共同体的全权统治者，往往对应英语中的“国王”。在这一点上，有必要澄清的是，笔者的研究几乎全部集中于史诗中的世界，而对史诗在何种程度上真实反映了铁器时代的实际情况并不知悉。

③ 祭司：在《伊利亚特》第 1 卷第 15 行中，祭司克律塞斯“手中的金杖举着远射神阿波罗的花冠”；在《奥德赛》第 11 卷第 91 行中，特瑞西阿斯的幽灵同样持有一根权杖。传令官：通常情况下，我们看到的是传令官将权杖递交给国王；在阿喀琉斯盾牌所绘制的图案中，长老手握“嗓音洪亮的传令官递给的权杖”（《伊利亚特》第 18 卷，第 568 行）；在帕特罗克洛斯的葬礼竞技中，墨涅拉奥斯持握传令官递交的权杖（《伊利亚特》第 23 卷，第 568 行）；在伊萨卡岛的集会中，佩涅诺尔将权杖放到了特勒马科斯手中（《奥德赛》第 2 卷，第 37 行）；在史诗中可以看到，传令官自己也使用权杖。在《伊利亚特》第 7 卷中，为平息两位勇士决斗，特洛亚和希腊双方的传令官在两个战士中间举起了神圣的权杖（《伊利亚特》第 7 卷，第 277 行）；权杖（σκῆπτρον）同样可以就其朴素意义加以解释，即描述行乞者的拐棍这一“可倚靠的东西”（如《奥德赛》第 13 卷，第 437 行；第 17 卷，第 199 行）。关于在不同语境中所出现的权杖的解读，可参见 G. S. Kirk, *The Iliad: A Commentary*, *vol. 1*, Cambridge, 1985, pp. 128－129。

次，笔者将阐述权杖的象征意义——在荷马世界中，是什么使得带有装饰的一截木头成为权威的显著象征。

二　集会中的权杖

权杖在审议集会中非常引人注目。审议集会就是荷马时代通常意义上的集会。在《伊利亚特》中的第一次集会上，阿喀琉斯“凭权杖”起誓，然后立即将其猛掷于地面（《伊利亚特》第1卷，第234行、第245行）；在第2卷中，阿伽门农召集一场集会，并手持迈锡尼统治者祖传的权杖（《伊利亚特》第2卷，第101行）。在《奥德赛》第2卷中，在从传令官佩涅诺尔手中接过一根权杖后，特勒马科斯开始了面向伊萨卡人的集会演说（《奥德赛》第2卷，第37～38行）。权杖在审议集会中扮演了一个重要角色。但确切而言，究竟是什么角色？尽管集会中的权杖频频出现，但史诗就其如何及何时使用给出的信息甚少。在过去的一个多世纪，学者们试图重建如下说法：权杖关乎“秩序的规则”。尽管已提出了几种不同的模型，却没有任何一个可以对目前所得到的所有证据做出完美解释。一种长期以来最为人所坚持的最为古老的说法是：权杖实质上就是“演说棒”[①]：当轮到演说者发言时，该演说者便手握权杖；演说结束，传令官便将权杖传递到下一个准备演说的人手中。持有权杖意味着演说者“拥有发言的权利”。在他甘愿让出演说权之前，他的演说是不可打断的。起初，这一解释似乎言之成理。在诸多文化中，人们确实以这种方式使用“演说棒”。[②] 并且，显而易见的是，在荷马笔下的集会上，有序的发言和恭敬的倾听是合乎礼

---

① 13世纪的拜占庭学者 Eustathius 认为，在《奥德赛》第2卷中，特勒马科斯接过了权杖：对国王而言，不拿权杖便在公众面前演说是不合适的。既然如此，那么，传令官不持传令棒便出现亦不适宜。正因如此，在葬礼竞技中，当特勒马科斯与安提洛科斯在类似一场审判中进行争论时，他手持权杖。W. Leaf 认为，在《伊利亚特》第1卷中，阿喀琉斯所持握的权杖“不属于他，而属于他的则是由传令官递交给演说者的权杖。它作为一个标志，象征持握者‘拥有这所房子’”（*The Iliad*, *Edited With Notes and Introduction*, London, 1886, 21）。

② 这种情形包括北美土著居民聚会中的族长（Mi'kmak）演说棒，参见 L. E. Donaldson, “Writing the Talking Stick: Alphabetic Literacy as Colonial Technology and Postcolonial Appropriation,” *American Indian Quarterly*, 22.1－2（1998）。同样的情形也存在于南太平洋人的群体中间，据称，埃利斯岛上的居民“保存着一根被虫蚀的古老权杖。在集会上，演说者手握该权杖，以此作为演说权利的标志”（参见 Leaf, p.21，注释5，同前揭）。

节的行为。[①] 但进一步考察，我们会发现，这种“演说棒礼节”的模式在荷马史诗中所能找到的支持性证据极少。没有一个场景描述过这一权杖易手的过程。[②] 在史诗中，演说者确实手持权杖，传令官也将权杖递到过演说者手中。但传令官从一位演说者手中接过权杖并将其传递给另一位演说者的情形，在史诗中从未出现过。在整部史诗中，权杖在两位演说者间易手的情况只出现过一次，在《伊利亚特》第 2 卷中，阿伽门农检阅军队，突然引发众人蜂拥奔向船只，此时奥德修斯听从雅典娜的命令，采取措施重整军中秩序：

> 他径直向阿特柔斯的儿子阿伽门农走去，从他手中接过祖传的权杖。
> 权杖永恒而不朽。
> 手握权杖，他往下走到披铜甲的阿开奥斯人船只那里去。[③]
> （《伊利亚特》第 2 卷，第 185 ~ 187 行）

然而，这远非传统理论所认识的有序转移模式。首先，我们可能会质疑，集会仍保持正常进行是否可能——毕竟，大多数集会参与者已然匆忙离开聚会场所，以便脱离险境。另外，奥德修斯手持权杖不是向众人演说，而是向下层阶级的个体成员实施体罚（《伊利亚特》第 2 卷，第 199 行；第 2 卷，第 265 行）。这一转移恰恰表明常规程序的崩溃，而非表示程序正常。[④]

反对“演说棒”理论的第二个论据是，它削弱了荷马集会的戏剧效果。在审议集会上，演说者迅速而自发地对彼此做出反应，谈话的流动性不允许出现传令官停顿片刻，以便将权杖从一演说者传递到另一演说者手中。让我们来细想阿喀琉斯和阿伽门农之间的那场对话：

---

① 阿伽门农（《伊利亚特》第 19 卷，第 79 ~ 82 行）告诉集会的阿开奥斯人如下内容：倾听站起来的发言人是合适的，不宜打断其演说。否则，即使技巧娴熟的演说家也会觉得困难。在嘈杂而庞大的人群中，人们怎能听清演说者的话？面对这样的情景，无论多么优秀的演说家也会结结巴巴。

② 参见 R. Mondi，“ΣΚΗΠΤΟΥΧΟΙ ΒΑΣΙΛΗΕΣ：An Argument for Divine Kingship in Early Greece，” *Arethusa*13. 2（1980）pp. 203 – 215。

③ 所有译文均为作者自译。

④ 参见 F. M. Combellack，“Speakers and Scepters in Homer，” *CJ*43. 4（1948），pp. 209 – 217。

“现在我将前往佛提亚，带着我弧形的船只回家。因为那要好得多。

我不想在这儿遭受侮辱，为你挣得财产和财富。”

民众之主阿伽门农向阿喀琉斯回应道：“如果你的灵魂驱使你逃跑，那么你就逃跑吧。

我将不会因我的利益而乞求你留下！有其他将奉尊重于我的人与我同在，特别是宙斯这一智慧的神明！”

（《伊利亚特》第1卷，第169~175行）

这与荷马集会中许多其他的交换一样，是快速而自由流动的。阿喀琉斯一说完阿伽门农就接二连三地给出回应。试想，如果阿伽门农耐心地等着传令官从阿喀琉斯手中接过权杖，然后递给他，这无疑会打断流畅的争论，同时也会极大地削弱这一场景的戏剧效果。

尽管“演说棒”理论渊源悠久，但也遭到了挑战。在1948年，弗雷德里克·康伯莱克（Frederick Combellack）反驳，权杖并非集会中的常见要素。而只是在偶然情况下，演说者会拿起权杖以“向观众表明他将要演说特别庄严重要的内容”（第210行）。康伯莱克认为，当国王想要强调其演说的重要性时，便会要求手执一根权杖。举例来说，在《伊利亚特》的第23卷，当墨涅拉奥斯指责安提洛科斯的欺骗时，他从附近的传令官手中拿过一根权杖，“以清楚地向所有人显示，他即将所说的内容在性质上不同于先前及后面的演说”（第210行）。同样地，当阿喀琉斯凭权杖起誓时，“在演说初始，他自己并没有持有权杖。但是在第232行之后，他立刻停顿下来，示意传令官将权杖递交于他（权杖总是在会上预备着，以便应对可能出现的需要），并在余下的演讲中一直持握权杖……”（第211行）

就康伯莱克意欲决裂这一长期颠扑不破的传统而言，他应当受到称赞。但不幸的是，他的论据同样完全无法令人信服。首先，如它所反对的理论那样，它自身也饱受相同的瑕疵困扰。他所提出的议事程序与辩论的戏剧性节奏似乎同样不相一致。举例来说，在康伯莱克看来，在演说期间，阿喀琉斯停下演说以抓取权杖所必需的停顿是被迫的——如若果真如此的话，那么再一次地，这一行为将大大削弱其演说的力量、打断演说的强劲势头。

其次，在笔者看来，康伯莱克命题面临的最大困难在于其核心前提的模糊性和主观性。他声称权杖所暗示的是一个人的演说“严肃而重大”，却没有对一个人的演说内容何以比另一个人的更严肃或更重大给出清晰界定。举例来说，为什么阿喀琉斯停止战争的宣誓要求权杖，而阿伽门农抢夺布里塞伊斯的决定却没有提出同样的要求呢？为什么特勒马科斯手持权杖以强令求婚者离开，而当安提洛科斯在处理佩涅洛佩的事宜时，虽同样需要权杖，却省略掉呢？到了最后，以下这一标准似乎成了康伯莱克判断演说内容严肃与否的唯一准绳：当演说者在讲话时，他是否占有权杖。这使其论证或多或少地陷入了循环论证的境地。

最近，汉斯·范·韦斯（Hans van Wees）提出，所有权高位重的国王都拥有权杖。只要他们有在集会上发表演说的缘由，就会从其私人传令官手中拿过权杖。这一理论很好地解释了国王拥有权杖的原因，并几乎适用于权杖被使用的每一情形。然而，这个解释存在一个主要阻碍，因为汉斯·范·韦斯对以下情形的解释无法令人满意：当阿喀琉斯凭权杖起誓时，他将其描述为“阿开奥斯人的儿子，即立法者”所携带的东西（《伊利亚特》第1卷，第237～238行）。显然，阿喀琉斯期望不同的国王能够持有同一个权杖。然而，这在汉斯·范·韦斯的设想中是不可能的。在他的设想中，每个国王都拥有自己祖传的权杖。除他自己之外，其他任何人都不可使用。范·汉斯通过如下断言，力求绕过这一阻碍：

> 当阿喀琉斯“凭权杖”起誓时，他可能以“高贵的权杖”明誓，而不仅仅以他持有的具体权杖起誓——这正如人们将手放在特定的、有形的《圣经》上，是为了向作为抽象本质的圣经起誓。①

这一解释似乎仍很勉强。因为“圣经”可能指的就是通常意义上的《圣经》。如果一个人举着《圣经》并说道，“《圣经》啊，在英国教会支持下印刷的《圣经》，证人将手放置其上并庄严起誓”，那么这将与“特定”的书这一说法相龃龉。同样地，阿喀琉斯特别指示了 τόδε σκῆπτρον（“这个权杖”），并描述了它的制造，因为具体权杖的特性可能同样恰当地适用于其他东西。因此，阿喀琉斯希望通过着力突出这一具体权杖来强调他的

① 参见 Van Wees，第279页，注释3，同前揭。

誓言——确实，阿喀琉斯以扔掉权杖的生动方式，形象地表现了他对共同体的放弃。范·韦斯的理论尽管在许多方面令人叹服，但未能恰当地处理这一重要缺陷。

直到现在，一直被人们忽略的是，在所有荷马集会上，事实上只有一个人被描述为持有权杖：召开集会之人。[①] 举例来说，在《伊利亚特》第1卷中，正是阿喀琉斯将阿开奥斯人召集在一起。诗人告诉我们，在九天的时间里，阿开奥斯人是阿波罗瘟疫的受害者：

> 持续九天的时间，天神的箭矢雨点般射到军队身上。
> 在第十天，阿喀琉斯召集众人开会，
> 因为白臂女神赫拉使其萌生这一念头。
> （《伊利亚特》第1卷，第53~55行）

在这次集会中，只有阿喀琉斯一人被描述为持有权杖。关于他如何接收到权杖的情况，我们无从知晓。并且，一旦阿喀琉斯将权杖弃于地面，我们便对它无法获知更多——当然，没听说有谁将其捡起。最简明扼要的解释是，在集会开始时，阿喀琉斯接过权杖。在将其扔到地面之前，阿喀琉斯在集会期间一直持握着它。

与此相似，在《伊利亚特》第2卷所描绘的场景中，集会由阿伽门农召开。我们又一次看到这位国王持握其世系祖传的权杖发表演说（《伊利亚特》第2卷，第101行）。在第7卷中，阿伽门农再次拿着他的权杖。在特洛亚传令官伊代奥斯报告了普里阿摩斯的停战请求后，阿伽门农接受了这一请求，并且起誓以示遵守。为了这样做，他"当着神明举起权杖"（《伊利亚特》第7卷，第412行）。我们对召开这次集会的人一无所知：伊代奥斯抵达希腊军营，发现军队已经聚集在一起开会了（《伊利亚特》第7卷，第382行）。然而，因为阿伽门农是所有阿开奥斯人的领导者，同时，我们被告知军队在船尾聚集开会（《伊利亚特》第7卷，第383行），因此，我们或许可以据此做出如下猜想：阿伽门农召开了集会，并且持握权杖，以象征这一事实。

① 值得注意的是，召开集会不仅意味着下令将众人召集在一起。在荷马史诗中的所有集会中，召集者全权安排集会议程。荷马史诗中的集会不是自由讨论的讨论会，而是为解决召集者所提出的特定问题而召开。一旦问题得到妥善解决，这一集会便会随之解散。

只有召开集会的人才持握权杖。关于这一点，其最清晰的证明出现在第二本书《奥德赛》中。当伊萨卡岛人被召集开会时，年长的艾吉普提奥斯首先说话——询问是谁因何缘由召开这次集会。根据传统的“演说棒”理论，他应当是第一个接过权杖的人。但是，关于这一点，我们在史诗中得不到任何信息。[①] 随后，特勒马科斯出现了，而他正是传令官将权杖递交给的第一人（《奥德赛》第 2 卷，第 36 行）。随即，他将自己当作集会的召集人，并开始了他对求婚人的谴责。在演讲的最后，特勒马科斯同样将权杖掷于地面。同样地，我们对此后的信息无从知晓更多。特勒马科斯是集会的召集人（《奥德赛》第 2 卷，第 6 ~ 7 行），是接过权杖的第一人。同时，据我们所知，他也是持握权杖的最后一人。特勒马科斯接过权杖不仅因为他是一个演说家，或他有“重要的事情”要说，而且因为权杖标明了他作为集会召集人的身份和议程决策者的特殊角色。[②]

在荷马史诗中，凡出现过权杖的集会几乎全部呈现在前面的例子中。在前三个例子中，毫无疑问，权杖的持握者是集会的召集者。在第四个例子中，权杖持握者几乎也可能是召集者。除去一个例外，在所有情形中，在决定将权杖让出之前，召集者一直持握权杖。这一例外是一个嘈杂混乱的场景，它被视为一个不正常的程序。因此，权杖不是在演说者手中传递的“演说棒”，也不仅是宣布“严肃”或“重大”事情时所使用的戏剧性小道具，还象征着一项特有的权力功用。它使人们一眼就能认出集会召集者，并确认召集者所关怀的问题将成为集会的议题。[③]

三 权杖与外交

在荷马史诗中，似乎只有一处与这一范式相悖。在《伊利亚特》第 3 卷中，安特诺尔回想起在与特洛亚人谈判期间，奥德修斯是何等生硬而笨

① 参见 Combellack，214，注 10，同前书。

② 参见 H. Hayman，*The Odyssey*，*Edited with Marginal Reference*，*Various Reading*，*Notes and Appendices*，London，1866，36：“权杖（σκῆπτρον）：它是担任公职的象征物。特勒马科斯能够召开集会，正是他前执政官身份所赋予的权力……因此，先前的演说者并未持握权杖，因其仅是一介平民。”

③ 在西北太平洋会议 2010 年古典协会上，有人指出：事实上，奥德修斯从阿伽门农手中抢过权杖意味着奥德修斯作为召集者接替了阿伽门农。这一点被以下事实证明：在特尔西特斯遭到权杖击打时，传令官（实为乔装后的雅典娜）要求众人安静。随即，向众人发表演说的是奥德修斯而非阿伽门农。

拙地持握着权杖（《伊利亚特》第3卷，第218～219行）。如果正如表面看起来的那样，这发生在特洛亚集会期间，那么，奥德修斯为什么会持握权杖？作为特洛亚的统治者，普里阿摩斯召开集会的可能性更大。因此，难道不应是普里阿摩斯持握权杖吗？答案是如下事实：奥德修斯所持握的权杖不是集会召集者的权杖。然而，它却表明了奥德修斯阿开奥斯人同盟军使节的身份。路易斯－玛丽·维埃（Louise-Marie Wéry）认为，荷马时代的使节是最高类型的“外交官”；他们往往是受人尊敬的贵族，并至少由一位传令官陪同，而传令官很可能手持权杖。[①] 奥德修斯很可能从陪伴他的使者手中接过权杖；前往特洛亚的墨涅拉奥斯手中也握着权杖，他将其作为自己外交身份的象征物；如果普里阿摩斯召开了这次集会，他可能会同样拥有一根属于他自己的权杖。

四　审判的权杖

权杖与审判事宜密切相关。当然，最富戏剧性的证据来源于阿喀琉斯的盾牌。其盾牌描绘了一场审判。在审判中，“长老们”围成环形而坐，准备仲裁两位诉讼当事人的纠纷[②]：在手中，他们“握着嗓音洪亮的传令官递给的权杖”（《伊利亚特》第18卷，第504行）。[③] 当奥德修斯看到迈诺斯的

① 参见 L. -M. Wéry, “Le fonctionnement de la diplomatic à l'époque homérique,” *Revue internationale des driots de l'Antiquité* 14（1967）, pp. 169－205。根据各自所承担的职能，使节和传令官被区别开来：传令官只可逐字逐句地传达单一信息，而使节则可即席发表演说，并拥有谈判的权力（第190行）。

② 准确地说，“年长者”的所指并不明晰：在荷马史诗中，长老均是国王中地位最高、资历最深、年龄最长之人。例如出现在《伊利亚特》第2卷第404行中阿伽门农所邀请的首领军头（γ ἐρονταςὰριστῆαιςΠαναχαιῶν），他们由备受尊崇的阿开奥斯指挥官组成（关于这一点，参见 P. Carlier，145，150，注释3，同前揭）。如果这一观点符合事实，那么这确实是一个极富说服力的案例。评判案件的长老同样可能是国王。赫西俄德对其进行谴责，称他们在共同体中偏离公义。长老的这一形象在赫西俄德的痛斥中得到强化。

③ 康伯莱克认为，诉讼当事人而非长老持握权杖是不可信的。史诗中相关片段如下：两个人正为一起血案赔偿争执不下；其中一人向共同体宣称，他将全额赔付；而另一人则拒绝接受任何赔付。他们两人前往仲裁者那里，以求获得评判。围聚的人群为各自支持的那方据理力争，传令官平息下躁动不安的人群。长老们坐在磨光的石座上，围成一个神圣的圈状，手中持握着或属于或来自嗓音洪亮的传令官的权杖。诉讼当事人在这五行史诗中未被提及，因此可推断，长老是距动词“坐”最近的词。因此，在未提出相反意见的情况下，将长老视为“坐”的主语是很自然的。

幽灵正在对亡灵们宣判时，君王迈诺斯同样手握金制权杖（《奥德赛》第11卷，第569行）。最后，阿喀琉斯明确将权杖看作由“支持宙斯裁决的裁定者”所持有（《伊利亚特》第1卷，第238行）。随即，权杖充当了辨别审判事宜中主持者的角色。正是这一原则，将墨涅拉奥斯在帕特罗克洛斯葬礼竞技期间手持权杖的情形凸显了出来。在隆隆的战车竞赛中，墨涅拉奥斯指责安提洛科斯的欺诈：

> 墨涅拉奥斯在人群中站起，胸中悲痛难忍，
> 对安提洛科斯的怒火无法平息。传令官将权杖递到他的手中，
> 并恳请阿尔戈斯人保持安静。然后，神样的墨涅拉奥斯说道：
> “安提洛科斯，你先前是如此审慎，而你现在的所作所为，
> 却玷污了我的卓越，攻击了我的战马，
> 将自己的战马奋力推向前去，而你的战马却低劣不堪。
> 但是到现在，请阿尔戈斯的首领和指导者们，
> 在我俩之间做出不偏不倚的公正裁决……
> 或者允许我自己进行裁决，
> 我想没有哪个达那奥斯人会有异议，
> 因为裁决将会公正合度。”
> （《伊利亚特》第23卷，第566～580行）

通过持握权杖，墨涅拉奥斯暗示了他将竞技比赛转化为即兴裁决的意图。这一裁决缘起于一场私人纠纷，而墨涅拉奥斯却将与安提洛科斯的争吵转化为一场公开的审判。这一审判关涉整个阿开奥斯人的领导层。为了使听众牢记这一指控的严肃性，墨涅拉奥斯拿起了权杖。权杖在此处充当了审判权威的象征。权杖的审判功能同样扩展至宣誓：国王在手持权杖时，可能会发誓，以增强其誓言的力量。正如《伊利亚特》第1卷中阿喀琉斯所做的、第7卷中阿伽门农所行的，以及第10卷中赫克托耳所为的（《伊利亚特》第10卷，第328行）。

当执行诸如审议集会、外交任务、审判程序等所有关涉整个共同体的公共事务时，权杖会被国王持握。为了主持这类既威严气派又责任重大的事宜，权杖就充当了其荣誉的可见标志。作为共同体的官吏，传令官代为

保管权杖，甚至可以在有需要时自行使用。[①] 但他们服从于履行公共职责的国王。

五 “王室的”权杖

关于权杖的进一步用法，此处看法可供参考。在先前的所有类型中，只有在执行具体职责时，国王才会持握权杖。然而，在一小部分场景中，国王在没有履行任何明确职责的情况下，却明显持握权杖。在阿喀琉斯的盾牌上，赫菲斯托斯描绘了丰收时节的王室财产。在收割者中间，我们看到国王站在犁沟间，“手握权杖，喜悦充满心头”（《伊利亚特》第 18 卷，第 556 ~557 行）。在相同的史诗风格中，当描绘涅斯托尔端坐在皮洛斯的情景时，写作《奥德赛》的诗人同样谨慎地提及了权杖：

> 当初生的有玫瑰色手指的黎明出现时，
> 革瑞尼亚策马人涅斯托尔从床上起身，
> 走出屋门，坐在磨光的石头上，
> 这石头色白，并因抹着油膏而熠熠发光，
> 它被安置在高高的门槛前方；
> 很久之前，善用智谋的涅琉斯就坐在上面。
> 然而，他却被死亡制服，进入冥府哈得斯。
> 现在，革瑞尼亚的涅斯托尔，这位阿开奥斯人的保卫者坐在其上，
> 手握权杖。
> （《奥德赛》第 3 卷，第 404 ~412 行）

当然，最后出现了阿伽门农祖传的权杖，这根权杖在他的家族中代代相传（《伊利亚特》第 2 卷，第 101 ~108 行）。阿伽门农在其住处持握着它（《伊利亚特》第 2 卷，第 46 行）。就人们目前所知，这些国王中没有任何

① 演说者接收到的权杖几乎每次都来自传令官手中——如出现在《伊利亚特》第 23 卷第 568 行中的墨涅拉奥斯、《奥德赛》第 2 卷中的特勒马科斯、阿喀琉斯盾牌上的评判者（《伊利亚特》第 18 卷，第 505 行）——这鲜明地表明，在国王不使用权杖时，权杖由传令官保管。传令官自己也可使用权杖，正如史诗中所描述的那样，塔尔提比奥斯和伊代奥斯在埃阿斯和墨涅拉奥斯的决斗中举起了权杖，以停息这场决斗（《伊利亚特》第 7 卷，第 277 行）。

一位正在执行任何公共事务，他们仅仅在“主持法庭事宜”。持握权杖的目的在于使他们自己被其追随者轻易地看到、认出。在这样的情形中，统治者持握权杖似乎仅仅是为了表明其阶层和地位。① 甚至，有可能的是，这些权杖不是由传令官持握的“公共”物，而是国王自己的祖传之物。就像阿伽门农那根祖传的不朽权杖（σκῆπτρον πατρηονἄφθιτον αἴει）（《伊利亚特》第2卷，第46行）。尽管叙述的焦点在涅斯托尔的石座而不在其权杖上，但他的权杖还是出现在了一个段落中。这一段落突出了涅斯托尔身份的世袭属性。② 如若确实如此，那么权杖就可能存在两个截然分明的层次：一

① 似乎在青铜时代之前，权杖和统治权的联系便已存在。出土于干尼亚的一枚黏土印章显示，一男子持握一根长棍，站在一座规模巨大且构造复杂的建筑物之上，这一建筑像一座宫殿或城市（O. Pelon，“Royauté et iconographie dans la Crète Mionenne，”R. Laffineur and W. Niemeer eds.，*Politeia：Society and State in the Aegean Bronze Age*，*vol. 2*，Heidelberg，1995，pp. 310－320）。阿基亚特里亚达（Agia Triada）的“宗教领袖杯”描绘了这样的图案：一个年轻健壮的男子拿着一根棍子。一个较之矮小的人站在他前面，这一人物配备有剑戟及某种弧形物。这些持握权杖的人物都以相似的姿势站立，并在布局上被艺术家提升于高的位置上：印章上的形象站在高大建筑物之上。与此相关，其身体尺寸被极度夸大（参见J. L. Crowley，“Images of Power in the Bronze Age Aegean，”*Politeia*，pp. 475－491）；在杯子所呈现的图案上，权杖持握者的脑袋位置高于同伴。在迈锡尼箭冢中，未发现权杖残骸［参见K. Kilian，“The Emergence of Wanax Ideology in the Mycenaean Palaces，”*OJA* 7.3（1988），pp. 291－302，以及G. Graziado，“The Process of Social Stratification at Mycenae in the Shaft Grave Period：A Comparative Evaluation of the Evidence，”*AJA* 95.3（1991）］。在与迈锡尼文明相对的塞浦路斯库里安，出现了著名的权杖之首。它精巧地装饰着一枚金球，在其顶端，装饰着两只珐琅材质的被捕鸟雀（参见E. Goring，“The Kourion Scepter：Some Facts and Factoids，”C. M. Orrls ed.，*Klados Essays in Honour of J. N. Coldstream*，London，1995）。一个出土于雅典的晚期几何双耳瓶描绘有如下图案：一位男子身披一件带边饰的披风，紧握权杖于胸前。H. van Wees将这一物件叫作“矛”（参见“Greeks Bearing Arms：the State，the Leisure Class and the Display of Weapons in Archaic Greece，”N. Fisher and H. van Wees eds.，*Archaic Greece：New Approaches and New Evidence*，London，1998，pp. 333－375）。但在笔者看来，它的顶端更像是装有一只椭圆形的把手，而非尖头。盘旋于男子肩膀上方的鹰暗示此人可能是宙斯，这使他手中的长棍成为宇宙权威的象征物。一件6世纪早期的器皿图案显示，特洛亚国王普里阿摩斯接待其子安特诺尔，并持握一根长而细的棍棒（参见Beazley 58.119，681）；著名的“基里克斯陶杯”描绘了昔兰尼国王基里克斯二世持握权杖的画面，该权杖的顶部被加以精巧装饰（参见CVA Paris，Bibl. Nat. I，Tables 20－22）。古典时期的君主似乎很少持握权杖：在韦尔吉纳的菲利普墓葬中，人们发现了一根长为两米且装有金饰的木杆［参见E. N. Borza，“The Royal Macedonian Tombs and the Paraphernalia of Alexander the Great，”*Phoenix* 41.2（Summer 1987），pp. 105－121，以及N. G. L. Hammond，“Arms and the King：the Insignia of Alexander the Great，”*Phoenix* 43.3（Autumn 1989）pp. 217－224］。

② 在荷马史诗中，磨光的石座是权威的另一个主要象征物：在《奥德赛》第8卷的开端，当参加费埃克斯人的集会时，阿尔基诺奥斯和奥德修斯两人就坐在磨光的石座上；在阿喀琉斯的盾牌上，长老们围成圣圆坐在光滑的石凳上（《伊利亚特》第18卷，第504行）。

是由传令官持握并可被所有国王所拥有的“公共”权杖，二是为最有权力的国王独有并代代相传的“私人”权杖。无论怎样，显而易见的是，权杖不仅仅是具体功能的显示，更是社会等级的象征，确认人在社会中的至高地位。①

六 权杖的象征意义

在明确了权杖的使用方式后，也就到了探究其意义的时刻：在荷马史诗中，为什么是权杖（keptron）充当了伟大权威的象征？关于这一点，大多数解释将关注点放在对权杖所假定的神圣性或神秘性特质上。它被视为宙斯震怒的世俗化身；② 被视为旅行者的棍棒，这棍棒暗示了国王是诸神的传信人；③ 被视为“一根神奇的魔杖，这根魔杖被递交于神圣的演说者手中”；④ 然而，除了对宙斯将权杖递交于阿伽门农这一情形有一点陈述外，以上所有阐释在史诗中均找不到或只能找到极少的支持性证据。⑤ 鉴于史诗

① 史诗中频繁出现的搭配——σκηπτοῦχοι βασιλῆες，即“持握权杖的国王”——通常只被应用于共同体的统治者或最受尊崇的贵族身上。

② 参见 R. Mondi，注 8，同前书。

③ 参见 E. Benveniste，*Le vocabulaire des institutions Indo-Européennes*，*Vol* Ⅱ：*pouvoir*，*droit*，*religion*，Paris，1969，pp. 31－32。

④ 参见 M. I. Finley，*The World of Odysseus*，London，1977，p. 80。

⑤ 此外，至少有一个理论明确有误。σκῆπτρον 不是魔杖：在荷马史诗中，表示魔法的是ῥάβδος这个词；魔杖只由诸神携带，用于引发现实世界的魔幻性转化［赫尔墨斯拥有一根魔杖，它可以“对人的眼睛施以魔法”（《伊利亚特》第 24 卷，第 343 行）。基尔克用她的魔杖（ῥάβδος）将奥德修斯一行人变成了猪（《奥德赛》第 10 卷，第 238 行）］。没有任何一个凡人被描述为拥有魔杖（ῥάβδος）。同样地，在整个荷马史诗中，神携带魔杖的情形只出现了一次（《伊利亚特》第 18 卷，第 416 行）；因为我们正在讨论的神是赫菲斯托斯，因此，似乎可能的是，σκῆπτρον 仅仅是一根拐杖而非仪式性的权杖。在荷马笔下，仪式性的权杖只由凡人保管。Benveniste 的理论建立于 σκῆπτρον 这一词语的语源学基础上，σκῆπτρον 是动词 skeptro 的名词形式，即“倚靠”；它是一根手杖，人可倚靠其上（参见 32，同前书）。Benveniste 发现，动词 σκῆπτω 不仅意味着可倚靠，更意味着“可将某人的全部重量放置其上”。因此，权杖是一根支撑持握者身体以防止其摔倒的棍棒。最后，Benveniste 宣称，只有一种棍棒符合这一功能：旅行者的手杖。然而，Benveniste 此处的结论也无法完全令人信服。因为在荷马史诗中，σκῆπτρον 是对所有手杖种类的通称，上至王室的权杖，下抵乞丐的拐棍。因此，就阐发 σκῆπτρον 的准确意义而言，仅靠词源学无法实现。另外，旅行者的手杖不是可供人倚靠的唯一东西。老人的拐杖和疲倦士兵手中的矛同样具有此项功效（如阿尔奇洛科斯，尽管此处有动词“κλἰνω”）。在权杖与倚靠功能是否具有特定联系的证据尚不具备的情况下，从“可倚靠的某物”到“旅行者的手杖”的思维跳跃没有任何根据。假定传令官持握权杖，但我们在史诗中见到的是，这也仅仅象征传令官被授权执行公共职能而已。Mondi 的理论建立在现今几乎已被弃绝的理念上，（转下页注）

忽略了权杖的神圣意义——当然，这一神圣意义具备与否尚不确定，更为明智的解释是，权杖的象征意义并非来自通常意义上所假定的神圣来源，而是来自史诗中权杖使用的实际情况和被提及的情形。换言之，权杖可能具备的任何史前象征意义都与荷马史诗不相关。权杖的史前意义包括其特性，以及观众对其意义的理解（此为大概的推测）。正如我们所见，当权杖持有者从事公共活动尤其涉及权威性演说，即命令时，权杖往往会被应用其中。[①] 集会召集人必须清晰而雄辩地诠释其理由；使者代表其领导者和/或共同体而必须辞令得当；审判者必须谨慎地阐释“最公正的审判”（《伊利亚特》第 18 卷，第 508 行）。权杖象征着一个人拥有表达诸如此类权威性演说的权力。

那么，一节木头何以能象征权威性演说的权力？这一问题的答案可以从史诗中的一幕场景中觅得。这一场景以极富启发性的方式将权杖、演说者，以及国王的权力结合在一起，即《伊利亚特》第 2 卷中集会的末尾场景。我们发现，此处权杖的象征意义远非神圣或魔幻。就其最基本的层面而言，权杖仅仅是用来击打人的一截木头——一根短小的棍棒而已。

在阿伽门农对军队进行灾难性的检阅后，集会崩散。此时，奥德修斯拿着指挥官的权杖行走在军队中间，以重整军队秩序。他合情合理地告知另一位国王，他对普通士兵极为残酷。另外，他“用权杖打他们”，并大声喊出他们是怯懦的和卑微的（《伊利亚特》第 2 卷，第 199 行）。这些行为提醒士兵，宙斯将象征其权力的权杖所赠予的对象正是阿伽门农（《伊利亚特》第 2 卷，第 206 行）。当特尔西特斯公然反抗奥德修斯并继续嘲弄阿伽

（接上页注⑤）即国王是掌握自然界变化的半神式的天气魔法师：“荷马史诗中的权杖（skeptron）使王权这一陈旧概念具体化。这一概念指的是，那些具备超常能力的人（如果你愿意的话，可将其称为‘天赐的能力’）天生具有对大自然的千变万化产生作用的能力。如今，这一概念已黯然失色、模糊遥远。”（211）然而，确定无疑的是，在荷马看来，良善的统治者确保了风调雨顺和五谷丰登（《奥德赛》第 19 卷，第 106 ~ 114 行）。这一效果是对其正义与虔敬的奖赏，而非其施展神秘魔力的产物。此外，Mondi 坚持认为，在“攻击/进攻”这一意义上而言，σκῆπτρον 由 σκῆπτω 而来。这一点值得商榷（209 ~ 211）。Mondi 所引用的所有例证均来自后荷马时代；在荷马史诗中，σκῆπτω 只具有中性色彩，通常意味着“供倚靠”。在荷马史诗中，中性的 σκῆπτω 分词形式只出现了四次：《伊利亚特》中出现了一次（第 14 卷，第 457 行；Richard Janko 认为，这一行史诗实际一语双关。参见 R. Janko，“The Iliad，a commentary，” ed. G. S Kirk，vol. 4，Cambridge，1985）；《奥德赛》中出现了三次，这一形式的每一次出现都用于描述奥德修斯倚靠于其手杖的情形（第 17 卷，第 203 行；第 17 卷，第 338 行；第 24 卷，第 158 行）。

① 关于命令（μῦθος），参见 R. Martin，*The Language of Heroes*，Ithaca，1989。

门农时，奥德修斯演示了权杖作为惩罚工具所具备的全部力量：

> 他说完，便用权杖击打特尔西特斯的后背和肩膀，
> 特尔西特斯弯下了腰，眼泪扑簌簌地掉落；
> 在金杖的击打下，血痕在他的后背绽开；
> 他坐下来，浑身颤抖。
> 在痛苦中，他迷惘地望向四周，
> 把泪水擦干。
> 其他士兵尽管感到苦恼，却在欢悦地向他发笑。
> （《伊利亚特》第 2 卷，第 265～270 行）

在以上所有情形中，都包含着对恰当的演说和不恰当的演说这一区别的突出强调。奥德修斯所对抗的平民指的是诸如那个“叫嚷”的人（《伊利亚特》第 2 卷，第 198 行）。这个叫嚷的士兵使其他人牢牢记住保持安静和集中注意的必要：

> 你这个蠢货，请安静地坐下来，仔细聆听其他人的讲话：
> 他们比你优秀——你既不英勇好战，也不精力充沛，
> 对战争和议会中的任何事宜而言，你都无足轻重。
> （《伊利亚特》第 2 卷，第 200～202 行）

奥德修斯使以下这点显著昭彰：在讨论中，平民没有有价值的意见。因此，必须遵从其上级的命令（μῦθος）。他们的任务仅仅是聆听和保持安静。这点对特尔西特斯同样适用。奥德修斯以权杖击打他，使其获得何为恰当演说的教训：

> 特尔西特斯，你这语无伦次、絮絮叨叨的家伙，无论你是多么卓越的演说家，
> 请控制你自己！不要期望单独与国王争辩：
> 在我看来，在所有跟着阿特柔斯之子前来的士兵中，再找不到比你更差的人！
> 所以，不要与国王同做演说，不要对国王加以谴责，不要固守返

乡的想法。

(《伊利亚特》第2卷，第246~251行)

另外，权杖的使用伴随着对以下两点的否认：被贬斥者拥有相应的演说身份，其演说内容具有相应的价值。事实上，问题不在于特尔西特斯的演说内容：特尔西特斯演说的内容与卷一中阿喀琉斯的话并无太大差异。①真正的问题在于，像特尔西特斯这样的人竟敢谈及那些事情。② 权杖标明其持有者被授权而发出命令，因为他可以使用权杖强迫那些喧哗而散漫的人保持安静、集中注意。③ 国王的演说话题犹如活在其"权杖之下"，这一描述证实了权杖所蕴含的强大潜力（《伊利亚特》第9卷，第156行；第9卷，第298行）——在普罗托斯的权杖下，柏勒罗丰甚至被描述为"顺从的"（《伊利亚特》第6卷，第159行）。国王不悦的危险笼罩于其话题之

---

① 参见 J. P. Holoka, "Looking Darkly（ΥΠΟΔΡΑ ΙΔΩΝ）: Reflection on Status and Decorum in Homer," *TAPA*（1974 -）113（1983）1 - 16。

② E. R. Lowry 认为，奥德修斯对特尔西特斯的击打并无"政治性"含义，而是一种技巧。"这一技巧标明，击打成为一种语言：对某人的击打意味着为其带来耻辱"。而这一技巧可应用于任何人身上（265）（参见 Thersites, *A Study in Comic Shame*, New York, 1991）。作为证据，他指出了两个片段。在这两个片段中，阿开奥斯人遭到了击打：在《伊利亚特》第13卷第58~61行中，乔装后的波塞冬击打了两个埃阿斯人；在《伊利亚特》第24卷第247~248行中，普里阿摩斯击打并严惩了聚集在其门口的特洛亚人。然而，其中没有哪一个例子真正与特尔西特斯的那个段落相等同。波塞冬击打埃阿斯不是为了惩罚他们，而是为了使其魔幻般地充满力量和勇气。就像雅典娜用魔杖（ῥάβδος）击打奥德修斯一样，是为了改变其外表（如《奥德赛》第13卷，第429行；第16卷，第456行）。至于普里阿摩斯，他当时处于悲痛难忍的状态，冲动地以权杖痛击任何人。这值得我们与奥德修斯的情形进行比对：在奥德修斯那里，他谨慎地区分哪些人可被击打，而哪些不可以。同样重要的一点是，这两段史诗所使用的单词是 σκῆπτρον，而不是其小词 σκηπ ἀνιον，尽管这两个词可能仅仅是有韵律的变体，都可用来指示同一个物体。同样可能的是，σκῆπανιον 是一个不同于权杖的物体，或许是老人的拐棍而非仪式性的手杖。如果是这样的话，以前者击打就不会具有和以后者击打一样的象征性强力。

③ 此处权杖的象征意义与罗马的束棒即使不完全等同，也非常接近。这一事实由 Carlier 所发现（参见191，注3，同前书）。罗马束棒是一根桦木细枝，最初用于鞭打或斩首那些不服从规定的民众——诚然，罗马束棒被一位批评家描述为"一套用于鞭笞或斩首的便携工具"[参见 A. J. Marshall, "Symbols and Showmanship in Roman Public Life: The Fasces," *Phoenix* 38.2（1993）pp. 120 - 141]。与荷马史诗中的权杖（σκῆπτρον）一样，罗马束棒也是掌握权威的持握者迫使民众顺从的装置，用以象征权威自身。这一类似的情况与 A. Alföldi 的观点不一致[参见"Hasta—Summa Imperii: The Spear as Embodiment of Sovereignty in Rome," *AJA* 63.1（1959），pp. 1 - 27]。前者认为，长矛是罗马的仪式性长矛，而在后者看来，hasta pura——荷马史诗中的仪式性长矛是希腊权杖（σκῆπτρον）在拉丁美洲的模拟物。然而，长矛是一种攻击性武器，象征着领导者对其他共同体的权力；正如罗马束棒一样，权杖表现了统治者在其共同体内维持秩序的权力。

上，从外在来看，便集中表现在权杖上。

权杖所象征的风险不仅是肉体的疼痛。当奥德修斯击打特尔西特斯时，他确实使其承受身体上的疼痛，但他更让特尔西特斯成为其他士兵发出嘲笑的源头。因此，拥有权杖可使国王获得羞辱下级的权力。[①] 权杖不是类似于矛或剑的武器，意在残杀或残害他人；而是一种控制社会的工具，旨在毁坏他人的荣誉和威望。在像荷马史诗里那样痴迷于身份地位的社会中，这样的惩戒将会对被惩罚者造成几乎无法承受的悲痛。[②] 因此，权杖展示了国王对下级的优越感：只有他们有权力予以羞辱的惩戒，而无遭受报复之虞。[③]

七　结论

在权杖的威严之下，荷马史诗中的人并非完全缄默。对维护这一共识——国王代表共同体的行动而言，他们对公共事务的参与是必要的。然而，他们在议会中的角色受到严格限制。只有国王可以发表演说、制定指南、拟定行动方案；普通人对其景仰的演说者所表达的词不达意的赞美之词是遭到限制的。[④] 如果像特尔西特斯那样，越过这一受限角色的话，将会

① 关于用棍棒击打和羞耻之间的具体联系，J. F. McGlew 在 *Tyranny and Popular Culture*（Ithaca，1993）中亦有所提及。

② 关于“易怒”这一性格特征，即使不甚明显，在整个荷马史诗中也有恰切的体现。譬如，为质问欧律洛克斯以往的审判，奥德修斯涌起夺其性命的冲动（《奥德赛》第 10 卷，第 431 ~ 441 行）；再如，帕特罗克洛斯说，当他尚在年幼时，在一场玩耍羊趾骨的游戏中，误杀了他的朋友（《伊利亚特》第 23 卷，第 85 行）。这一性格特征更多地关乎地位焦虑和暴力联系。（关于这一点，参见 van Wees，第 3 章，注 3，同前书）

③ 关于权杖的这一说法可能阐明了后来发生在希腊历史上的事件。亚里士多德认为，Penthilid 家族的寡头政治成员就曾用棍棒击打密提林（Mytilinean）市民（参见《政治学》卷 5，1311b）。然而，表示这种棍棒的词不是 σκῆπτρα 而是 κορ ύναι。但是，这一家族的执政者却通过将自己当作荷马史诗中的国王，来判决他们犯有罪行，进而对他们予以符合正义的评判。与荷马史诗相比，其频繁出现的击打暗示了统治阶层强烈的不稳定性，他们对证明其统治的优越性的论证保有永恒的需求。McGlew 认为，雅典暴君庇西特拉图以棍棒而非矛枪武装其卫士，旨在表明他自身就是正义的分配者和不正义的羞辱者（参见 75 ~ 77，注 30，同前书）。同样地，当希罗多德宣称疯狂的斯巴达国王克莱奥梅尼将要“把他的权杖压在他遇到的每一个斯巴达人的脸上”时（6，75，1），他可能就在将史诗英雄的幻想——对抗无以计数的特尔西特斯——付诸实践。

④ 参见 Carlier，185，注 3，同前书。然而，这个角色无疑给了众人抗议的正当方法：对于自己不赞成的提议，他们能够不予支持。正如在《伊利亚特》第 9 卷第 29 行中，面对阿伽门农失败的演说辞，众人保持沉默。这几乎等同于否决的意思。然而，正如国王可任意忽略民众的意见那样，在民众力劝阿伽门农返回克律塞伊斯时，他也选择了听而不闻。

招致权杖所带来的肉体疼痛和精神耻辱。

似乎诗人并不希望我们抱有这样的认识，即国王总是用权杖击打平民。毕竟，在史诗中，这样的行为只出现了一次。长久以来，权杖成了象征物，而非像军官所佩军刀那样的实物。然而，权杖象征意义的初始源头仍具有暗示性，并且在紧急情况下可被重新赋予活力。拥有权杖标明国王拥有训诫的权力，其训诫对象为那些胆敢篡夺或挑战其权威命令所控制的人。因此，权杖是一个象征物。它象征着统治阶层发表演说和做出裁决的独有权力。① 传令官携带权杖，以表明他们以受限的方式共享着为国王所独有的权杖。只要从事诸如审判案件或召开集会的公共行为，国王就会亲自持握权杖，以清楚地表明，他们在施行特权。荷马史诗中的权杖既非某种魔杖，也非标明某人言辞“庄严”的深奥证据，而是被当作处理公共事务时显示的世袭领导权的象征来加以应用。它甚至能使领导阶层拥有对下属施以肉体惩罚的权力和能力。

（作者单位：剑桥大学国王学院；译者单位：北京第二外国语学院跨文化研究院）

① 这一观点或多或少与 J. Griffin 在 *Homer on Life and Death*（Oxford，1980）第 11 页中所陈述的观点相悖。J. Griffin 认为，权杖代表了“共同体的权威”。如果“共同体”的确切所指是荷马生活时代的所有成员，既包括平民又包括国王的话，那么这一观点所体现的事实似乎是不真实的。尽管决定是以民众的名义做出的［在《伊利亚特》第 1 卷第 118 行和第 299 行处，尽管声称“阿开奥斯人”分得了战利品，但随后我们知道，这实际上是阿伽门农的所作所为（《伊利亚特》第 9 卷，第 367 行）］，但在过程中，民众并非积极的参与者：在集会上，只有极少数平民发言，并且他们从未持握权杖。权杖象征着超越共同体的国王权威，而不是共同体名义上的权力。

《荷马德墨忒尔颂歌》中的神话与宇宙论架构

奥尔德林克（Larry J. Alderink）/文　赵佳玲/译

摘　要：《荷马德墨特尔颂歌》与厄琉息斯秘仪紧密相关，其不仅记录了秘仪上的活动，还阐明了参加此秘仪的目的和意义。本文试图通过重现《荷马德墨特尔颂歌》所述的神话事件来考察其情节间的次序和结构。神话的中心旨意是重中之重，而神话术语所形成的内部结构与脉络亦值得深究，这则神话的各个部分都提供了有关其宇宙论架构的线索，所以，笔者会在整体的视域下探索各组成部分的关联，从而抽离出蕴含于其中的宇宙论架构及“死后”（post-mortem）存在概念。

关键词：厄琉息斯秘仪；德墨忒尔；宇宙论架构；荷马德墨忒尔颂歌

《荷马德墨忒尔颂歌》（*the Homeric Hymn to Demeter*），乃是厄琉息斯秘仪（Eleusinian mysteries）最早和最重要的文学证明之一。笔者的论述预设，这则神话是厄琉息斯秘仪的产物，不仅指明相关行动，而且揭示出参加秘仪的目标与意图。公元前 12 世纪至 4 世纪期间，在距雅典不远的厄琉息斯一带，厄琉息斯秘仪普遍流行。[①] 神话为秘仪表现的方式之一，它清晰地表现了参加秘仪的目的及意义。本文通过分析厄琉息斯神话，抽

---

① 在公元前 7 世纪晚期，存在一个共识作为此颂歌的结论（*terminus as quem*）。对于秘仪的时间、起源和关系的探讨参见 Thomas W. Allen and E. E. Sikes, *The Homeric Hymns* (London: MacMillan, 1904), pp. 10 – 12; Thomas W. Allen, W. R. Halliday, and E. E. Sikes, *The Homeric Hymns*, 2nd ed. (Oxford: Clarendon Press, 1936), pp. 111 – 114 and 126; Jean Humbert, *Homère Hymnes*, Collection des Universités de France, Association Guillaume Budé, rev. ed. (Paris: Belles Lettres, 1959), pp. 38 – 39; and Francis R. Walton, “Athens, Eleusis, and the *Homeric Hymn to Demeter*,” *Harvard Theological Review* 45 (1952), pp. 105 – 114。N. J. Richardson, ed., *The Homeric Hymn to Demeter* (Oxford: Clarendon Press, 1974), pp. 5 – 12 and 52 – 56，超越了此前的论述。本文的翻译摘自 Hugh G. Evelyn-White, *Hesiod*, *The Homeric Hymns and Homerica* (London: William Heinemann, and Cambridge: Harvard University Press, 1964)。

离出蕴含于其中的宇宙论架构及“死后”（post-mortem）存在概念。① 笔者首先将概述此神话的大致内容，而后主要论析其情景特质和结构关联的网系。

1. 珀尔塞福涅（Persephone）被掳走（第 1 ~ 39 行）。珀尔塞福涅在一片远离德墨忒尔（Demeter）保护的草地上嬉戏，她来到一朵美丽的水仙花前，而此花是经宙斯（Zeus）施法后才奇迹般地生长。当少女正抚弄鲜花之际，大地突然开裂，普路同（Plouton）刹那间把珀尔塞福涅掠到处于他统治下的地下王国哈得斯（Hades）。少女呼喊宙斯以求获救，但他，即珀尔塞福涅的父亲，却似充耳不闻，只有赫利俄斯（Helios）和赫卡特（Hekate）听到了她的乞求。珀尔塞福涅呼唤母亲德墨忒尔，但女神唯能听到呼声，却无法找到女儿所在之处。

2. 德墨忒尔之悲恸（第 40 ~ 89 行）。整整九天，德墨忒尔徒劳地寻找珀尔塞福涅，既无不死神明之襄，亦无有死凡人之助。第十日清晨，赫卡特和德墨忒尔来到赫利俄斯面前，后者向两人道出了真相：宙斯把珀尔塞福涅赐给了普路同，新婚夫妇正生活在地下王国。赫利俄斯劝导德墨忒尔无须伤悼失去的女儿，她如今有一个享有权能的丈夫，其统辖的领域占整个宇宙的三分之一，他是众人之王，亡人之王。

3. 德墨忒尔在厄琉息斯，女神逡巡人间（第 90 ~ 299 行）。德墨忒尔将满腔怨愤发泄于宙斯，她离开奥林波斯（Olympus），乔装打扮前往厄琉息斯，在一口井旁遇到刻琉斯王（King Keleus）的女儿们，她向她们诉说自

---

① 有关这则神话的其他分析，参见 Martin P. Nilsson，*Geschichte der griechischen Religion*，2 vols.，3rd ed.，Handbuch der Altertumswissenschaft，no. 5（Munich：C. H. Beck，1950 – 1955），p. 1（1955），pp. 653 – 667 and *Greek Folk Religion*（New York：Columbia University Press，1940；reprint ed.，New York：Harper Torchbooks，1961），pp. 42 – 64；Karl Deichbräger，*Eleusinische Frömmigkeit und homerische Vorstellungswelt im homerischen Demeterhymnus*（Mainz：Akademie der Wissenschaften und der Literatur and Wiesbaden：Franz Steiner，1950）；Emile Janssens，“De Homerische Hymne aan Demeter，”*Dialoog：Tijdschrift voor Wijsbegeerte* 1（1961），pp. 297 – 320，该文有法语版本，参见《〈荷马德墨忒尔颂歌〉中的诗歌与末世的绝望》（“Poésie et esperances eschatologiques dans l'Hymne homerique à Déméter”），in *Religions de Salut*，2 vols.，Annales du Centre d'Etude des Religions，2，pp. 39 – 57，ed. Armand Abel，Annie Dorsinfang-Smets，Arthur Doucy，Henry Janne，Emile Jannsens，William Lameer，Brussels：Institute de Sociologie，Universite Libre de Bruxells，1962；Ugo Bianchi，“Sagezza olimpica e mistica eleusinia nell' inno omerico a Demetra，”*Studi e materale de storia della religioni* 5（1965）：161 – 193；and Walter Burkert，*Homo Necans：Interpretationen altgriechischer Opferriten und Mythen*，Religionsgeschichtliche Versuche und Vorarbeiten，vol. 32（Berlin：Walter de Gruyter，1972），pp. 273 – 327。

己在克里特岛（Crete）遭遇劫掠，并将被卖往希腊（Greece）。这些女孩建议德墨忒尔乔装成她们晚生的弟弟得摩福翁（Demophoön）的奶母，她们的母亲墨塔涅拉（Metaneira）也同意如此。尽管德墨忒尔与墨塔涅拉面对面遭遇，但女神与众不同的高贵和典雅仍未使其被辨识，她的伪装毫无破绽可言。德墨忒尔用仙露涂抹孩子全身，他似神明般茁壮成长。夜间，女神意欲把孩子置入火中锤炼，以使其超越衰老和死亡的命限，但墨塔涅拉因担忧而中断了此种做法。愤恨与哀婉交加，德墨忒尔谴责墨塔涅拉的无知之行："我本能使你的至亲之子长生不老，并赋予他永生的荣耀，但他现在将难逃死亡和命运。"但是，他会因"躺在我膝上，睡在我怀中"而永享荣誉之环。德墨忒尔在厄琉息斯人面前显露真身：美貌绝伦，芳香馥郁，金发飘舞，尊贵庄严。一道亮光突然溢满整栋房子，德墨忒尔要求建造一座圣殿，人们可以在那向她拜祭，于是刻琉斯王和他的子民便立刻着手为女神建立神庙。

4. 德墨忒尔居临圣庙，宙斯无奈让步（第 300 ~ 439 行）。圣庙竣工，女神隐居其中，远离众神和凡人。她让大地干枯，寸草不生，随后全年歉收。两大迫在眉睫的危机促使灾难的来临：首先，人们食不果腹会很快死去；其次，众神将失去贡品、献祭和敬拜。渴望至极，却难以满足，此等匮乏，人神都必须忍受。宙斯企图避免即将发生的灾难，他派遣伊里斯(Iris)去鼓动德墨忒尔，认清他用以保护宇宙的慧黠，女神却不为所动。宙斯又派诸神携带贡品和权益来找德墨忒尔，女神仍旧拒绝安抚。最终，宙斯派赫尔墨斯（Hermes）带信到哈得斯，称除非珀尔塞福涅重回母亲身边，否则德墨忒尔绝不给人以谷物，给神以荣耀，宇宙秩序将面临威胁。赫尔墨斯找到普路同，冥神极不情愿地默许了（这道指令）。在珀尔塞福涅重回德墨忒尔身边前的一场盛宴中，普路同期望珀尔塞福涅不要忘记自己作为其丈夫的出色品质，喂她吃下一粒石榴子后便告别了。珀尔塞福涅蹦跳着钻进赫尔墨斯的战车，很快就和母亲在厄琉息斯神庙中团聚了。尽管赫尔墨斯告诉珀尔塞福涅，吃下了石榴子就意味着一年中三分之一的时光她都必须在哈得斯度过，只能于每年春天返还上界的众神与凡人之间，但此时母女的重聚仍令她欣喜万分。瑞亚（Rhea）（宙斯的母亲）邀请德墨忒尔重回奥林波斯，女神于是使大地再次丰饶，并教导厄琉息斯人民向她履行拜祭与秘仪，而后返回了奥林波斯：

> 但当光明女神教给他们一切后，人们却来到奥林波斯其他神明的聚集处。他们居住在喜好雷电的宙斯及高贵女神的旁边。他在人群中既蒙福佑，又广受爱戴：人们是否很快会把普路同尊为贵宾，欢送至她的宏伟厅堂，因普路同给有死凡人以财富。（第483～489行）

就参加此仪式的人而言：

> 他是大地凡人中的幸福者，看到了这些秘仪。但他却因缺乏经验而未加入其中，一旦死去便不会再有如此奇妙之事，唯能长眠于黑暗忧郁中。（第480～482行）

通过重现《荷马德墨忒尔颂歌》的相关事件，我们清楚地发现，一些隐含主题需要详细阐述与拓展，矛盾之处也须做进一步的探究。到目前为止，这则神话已得到多种方式的分析，鉴于所采用的方法和视角不同，人人皆可在神话中发现不同的信息。学者们通常只刻意选取或孤立地看待某个特定的情节，并和其他证据进行比较分析，以期获得该秘仪习俗的完整意象。其他学者则试图确定神话的中心旨意，例如，德墨忒尔和珀尔塞福涅的重聚，而后将这一主题与农业传统联系起来。

然而，我们尚可着重考虑其他方面。特殊情节的讨论固然重要，但考察情节间的次序和结构同样卓有成效。一个神话的中心旨意是重中之重，而神话术语所形成的内部结构与脉络亦值得深究。这则神话的各个部分都提供了有关其宇宙论架构的线索，所以，笔者会在整体的视域下探索各组成部分的关联。

在这则神话的一系列复杂关系中，有一个微妙纤细的平衡。四个松散的情节要素构成基本框架。首先，只有神参与其中；其次，神与人互动；再次，人神以不同于前一阶段的方式互相影响；最后，场景再次转向神明之间的关系。两种结构维度引人注目。第一，神话的结局暗示了神与凡人之间的一种细微的平衡关系。因此，该神话的一个重要因素就是关注了两类不同级别的存在，并拒绝混同这两个不同的范围，即神的范畴和人的范畴。第二，在这两个不同的范围之内还有另一种分法，首先，神的一系列事件由矛盾和和解的二元性组成，其次，神与人的关系则包含伪装和显明的对立。从矛盾到和解和从伪装到揭示，每一对立关系都需要一个尤其强大角色的行为来引发转变效应。在第一种情形中，需要有调解的作用以满足各方神明的要求：德墨忒尔要女儿回归，普路同渴望妻子，宙斯的责任则是维持宇宙完好。第二种情形由德墨忒尔显现面容的过程构成，或换言之，她的“真身”（reality）经历了从奶母到女神的转变（两者皆是她本身）。

在厄琉息斯神话中，诸神之间矛盾激烈，他们个性极为独特。宙斯主宰人神之间的所有关系。所以，一旦自己的职责受到挑战，他就让宇宙陷入无序状态：没有食物，人类饿死，神明失去献祭，大地变为废墟。德墨忒尔作为母亲的权力是不能失去女儿，即便混乱发生也在所不惜。普路同作为丈夫也不想妻子离开，甚至是以欺骗她和她的母亲为代价。在这次劫持行动以及德墨忒尔的愤怒之后，为了最终满足所有利益方的要求，斡旋势在必行。在神话伊始，随着诸神间冲突的加剧，仅赫卡特和赫利俄斯知道珀尔塞福涅被带往何处，并且唯有赫利俄斯告知了德墨忒尔她徘徊九日所苦寻的信息。[①] 后来，德墨忒尔藏身神庙中，说出了自己执着的要求，宙斯派伊里斯前去请求女神回归奥林波斯。[②] 德墨忒尔断然拒绝。宙斯又出动众神前去说服，显而易见，这迫在眉睫的灾难关乎所有神的利益，“他们一个接一个到来，不断呼唤女神，送给她许多美轮美奂的礼物，并承诺赋予随其所好的任意权力”（326～328）。最后，由擅传信并深谙凡人生死居所的赫尔墨斯离开奥林波斯神殿，来到哈得斯和他妻子生活的“大地隐藏之处”（hidden places of the earth）（340）。他规劝哈得斯让出部分权力，使珀尔塞福涅从地下厅堂回到孤独母亲的身边，后者正隐居在厄琉息斯

① 弗里茨·维尔利（Fritz Wehrli）认为赫卡特与赫利俄斯的角色是多余的，因此，先前的部分习俗已被《荷马德墨忒尔颂歌》所取代，参见 Fritz Wehrli，“Die Mysterien von Eleusis，” *Archiv für Religionswissenschaft* 31（1934），pp. 82－84。但在“俄耳菲斯版本”中，德墨忒尔与珀尔塞福涅的神话并没有为上述结论提供外在基础，而内部迹象显示，赫卡特与赫利俄斯都担负重要角色。赫利俄斯作为太阳神，是上界的一位神明。赫卡特是下界的神明，在颂歌中等同于月亮。所以，这两位神与光明和知识紧密相连，他们清楚上下界之间发生的事情，从而在了解劫持事实后履行调解的职责。

② 参见 Mary L. Lord，“Withdrawal and Return in the *Homeric Hymn to Demeter* and the Homeric Poems，” *Classical Journal* 62（1967），pp. 214－248，有关德墨忒尔在众神间缺席，随之而来的灾祸以及她最终的回归等可与《伊利亚特》和《奥德赛》中相似的主题进行比较。

神庙中。[①]

神界矛盾的化解深受赫尔墨斯斡旋的影响，从而使得神性特权和荣誉重新分配，四主神的关系得以重构。在一定意义上，人们可以说，厄琉息斯崇拜的主神是德墨忒尔、珀尔塞福涅、普路同和宙斯，而宙斯还是所有神和人之父。[②] 诚如尼尔森（Nilsson）的分析所示，这里存在两系神：一方面是德墨忒尔与珀尔塞福涅，母亲和少女，另一方面是“神”与“女神”（god and goddess）。[③] 两系神都被彪炳刻画在一块4世纪的浮雕上。[④] 在神话中，德墨忒尔为母亲，普路同为丈夫，珀尔塞福涅既是女儿又是妻子。[⑤]

这个业已达成的特别和解主要涉及德墨忒尔、珀尔塞福涅和普路同三者之间的关系。德墨忒尔正是因为女儿而离群斋戒，女儿的丢失使她想要一处远离诸神的居所。而后来，德墨忒尔与珀尔塞福涅重新团聚，“母女同心”（with hearts at one）（434），庆贺“彼此互为守护神”（each the other's soul and spirit）（435）。普路同一心想要留住妻子，他无须为粮食短缺和其妻之母的愤怒而忧虑。但最后，这个统治三分之一世界的冥王仍屈服于权力和智慧更胜一筹的宙斯，即他的兄弟：“狞笑一下，听从了宙斯的命令”（367～368）。珀尔塞福涅“夹在中间”，她和母亲哭喊着别离，后又惜福重聚。她带着丈夫的诺言离开——他踌躇而她渴念，“我会成为最称你心的夫君……你一回来，就可裁决这里活着和移动的一切”（263～266）。最终协

① 人们可以说信使和孩子有类似的作用。在神明世界，信使斡旋在意志坚定的敌对方，即宙斯、德墨忒尔和普路同之间。在神与人的领域，孩童使德墨忒尔有机会显示不同的角色——珀尔塞福涅的丢失使她成为“凡人的母亲”（human mother），锤炼得摩福翁的失败让她显露女神的真身。广而言之，信使和孩童起着化解矛盾（信使）和揭示伪装（孩童）的功用。

② 有关神明的列表，参见 Mylonas，*Eleusis and the Eleusinian Mysteries*（Princeton：Princeton University Press，1961），p. 238；Lewis R. Farnell，*Cults of the Greek States*，5 vols.（Oxford：Clarendon Press，1896－1909），3，pp. 130－143；and Martin P. Nilsson，“Die eleusinischen Gottheiten，” *Archiv für Religionswissenschaft* 32（1935），pp. 81－96.

③ Nilsson，*Greek Folk Religion*，pp. 46－47 and Geschichte，1：471－474；相关图示材料的论述参见“Eleusinischen Gottheiten，” pp. 131－141。

④ 吕西玛开德许愿浮雕（The Lysimachides votive relief）建立在普路同的洞穴神殿，可追溯至公元前4世纪，参见 Mylonas，*Eleusis*，p. 99 and Farnell，*Cults*，vol. 3，pl. 1，and Nilsson，*Geschichte*，vol. 1，pl. 41，fog. 1。

⑤ Karl Kerényi 唤起了人们对德墨忒尔与珀尔塞福涅之间亲密关联的注意，他认为其是母女关系之“原型”意象的典范，参见 Karl Kerényi，*Eleusis*：*Archetypal Image of Mother and Daughter*，trans. Ralph Mannheim，Bollingen series 65，Vol. 4（New York：Bollingen Foundation，1967），pp. 27－30 and 144－169。但 Kerényi 的看法是否有助于神话的分析仍待商榷。

议表明，各方皆获得合乎自己水准的一部分。母亲德墨忒尔使“果实从丰饶的土壤里迅速长出，遍地芳草萋萋”（470～473）。[①] 普路同可以将妻子留在哈得斯四个月。珀尔塞福涅每年陪伴母亲八个月，和丈夫一起生活四个月。[②] 人类在德墨忒尔的恩惠眷顾下耕作土地，还加入了给人死后以得福期望的秘仪（482）。[③] 总之，宙斯所说的是：“他已低头示意”（466）。

一方面，神界矛盾的化解象征凡人之间冲突的缓和。正如得摩福翁虽快活却终有一死，珀尔塞福涅身为妻子却仍是德墨忒尔的女儿；她在一年中的三分之一时间统领哈得斯的鬼魂，其余的三分之二则和母亲及奥林波斯众神一起生活。各方都未实现完满，却心满意足，乾坤秩序重整，危机已然释然。

然而，已有的和解方式仍有不同之处。凡人世界明显依赖神的领域：人类社会和土地产值皆视神的权力与仁爱而定。这里存在互惠性，除非德墨忒尔和珀尔塞福涅获得敬畏与崇拜，宙斯的慧黠和权威得到确认，否则诸神将归为虚无，宇宙陷入失序混沌。

并且，神界出现的统一比依从于其的人类世界更加全面完善，神界囊括时空、生死维度且不受其支配。因此，不妨说，存在一个运行于多元系

---

① 在第 477 行，我们发现了“特里普托勒摩斯”（Triptolemos）这个名字，他在神话中扮演厄琉息斯城邦执政官身边的一个次要角色。保塞尼亚斯（Pausanias）在《希腊概述》（*Description of Greece*）第 1 卷第 14 章的 2～4 节中认可了该传说，即特里普托勒摩斯是《荷马德墨忒尔颂歌》中的国王刻琉斯之子。尽管保塞尼亚斯确实提及了特里普托勒摩斯的其他出身——特洛基罗斯（Trochilos）神父与一个厄琉息斯女人之子，俄刻阿诺斯（Okeanos）与盖埃（Ge）之子，俄耳菲斯的底骚勒斯（Orphic Dysaules）以及波塞冬之子；保塞尼亚斯以一句话结束记叙，即视线阻挡了他对故事的深入研究。特里普托勒摩斯在阿波罗得洛斯（Apollodoros）的《文苑菁华》（*Bibliotheke*）第 1 卷第 52～53 行中至关重要，他作为厄琉息斯人与德墨忒尔住在一起，女神送给他一架有翼马车以将麦子播撒至全世界。他在图示法传统中更不可或缺。Mylonas, *Eleusis*, pp. 192－197 and 210－211 and plates 68 and 74, and Nilsson, *Greek Folk Religion*, pp. 55－61 and plates 19－22, and “Eleusinischen Gottheiten,” pp. 84－86，以上皆认为特里普托勒摩斯的故事在公元前 6 世纪末至前 5 世纪初颇受欢迎，它们聚焦了特里普托勒摩斯向世界传授农耕技艺的使命。Walter Burkert 提到一个晚期传说，一个罗马君王把自己与特里普托勒摩斯等同（另一个则把自己与德墨忒尔联结一体），但他最终却推断出“在古希腊时期，不死神明与有死凡人存在迥异区别”，参见 Walter Burkert, *Homo Necans*, pp. 323－324。这或许准确表明了特里普托勒摩斯在厄琉息斯城的重要地位，他因与德墨忒尔的农业恩赐息息相关而被人们纪念并神化于图像。

② 参见 John L. Myres, “Persephone and the Pomegranate,” *Classical Review* 52（February, 1938）, pp. 51－52。

③ 有关“灵魂之主”与“施恩惠者”的关联，参见 Rose, “The Bride of Hades,” *Classical Philology* 20（1925）, pp. 238－242。

之间的统一“体制”（system）。就暂时的自然演替而言，四季轮回，时间则被整齐划一地分为农耕与收获两部分，随着珀尔塞福涅羁留何处而变。另一方面，整个宇宙的清晰区分尚与时间顺序紧密相连：

宙斯：奥林波斯（宇宙整体）的父神

德墨忒尔：大地与季节之母，居住在奥林波斯

珀尔塞福涅：女儿（八个月在奥林波斯），妻子（四个月在哈得斯）

普路同：宙斯的兄弟，哈得斯统治者的丈夫

这样，两个时间范畴与等级维度就统一起来，此一致性为神明力量的神话建构结果，这种力量亦对人类活动产生影响。随着劫持和后续事件的发生，人类被迫遭受饥饿、神明面临荣誉丧失的威胁，这次拐骗甚至使得神话的多个情节转换为新的架构而远非旧事重拾。除了人神需求截然不同的背景外，秘仪与农业的实践在厄琉息斯获得它们具体的价值，并展示了它们的世界所规定的礼节。德墨忒尔的子民以及众神之间的关系说明了人神两个全然不同领域之间的紧密关联，尤其体现在因旧序重排而化解混乱危机，新群系形成之后。宙斯继续维持统治，他的智慧万古长青；但他却向德墨忒尔让步了，因为女神是厄琉息斯人民崇拜尊敬的对象。普路同获得妻子，哈得斯不再是“男人独居”（man alone）之地，而是“丈夫与妻子”（man and wife）共享之家，不再是“死亡地狱”（death alone），而是“亡灵福佑”（blessedness-in-death）之处。德墨忒尔与珀尔塞福涅仍旧是母女关系，但德墨忒尔的权力已然扩大，珀尔塞福涅也嫁神为妻。这意味着一位仁慈的王后统治着哈得斯的生灵，她和其母永享冥界的荣誉、牺牲与祭礼。

因此，神话建构了一个复杂而新异的平衡。第一，众神化解了他们之间的矛盾；第二，神与人认识到人类对神的依赖以及神对凡人的职责；第三，神与人通过农业和秘仪紧密相连。然而，神秘并非只存在于仪式中，内含礼节的关系网无法自明。神秘同样在于种子被埋藏和给予的能力，以及人类享有神所施予的另一级的福佑中。这种幸福是辛勤农耕所得，或“人亡后的美好事物”（good things once he is dead）的一部分，正如他因亲证神秘而开怀于凡胎肉体间（happy among men on earth）（480 ~484）。在厄琉息斯神话中，生前的幸福与死后的幸福如影随形，这种幸福把人的生前与死后联系起来。

我们自然无法断定神话是否为这种言说提供了一个基础，即参加仪式

便可释放密斯提斯（mystes）的神性部分，或此参与神化了密斯提斯。[①] 但神话确实使我们有理由判断，描述珀尔塞福涅遭劫持和德墨忒尔反应的神话故事使存在于众神间的关系得以重组。德墨忒尔的要求则直接介入人类世界。女神干预的结果是，农业从自然过程转变为神性佑护的人类活动，并在德墨忒尔和珀尔塞福涅的神力支持下完成。此外，农耕的辛勤也因神话而与仪式的参与密切相关，该秘仪是德墨忒尔为确保四季周而复始而发起的。聚焦德墨忒尔掌管产物供应的权力使宇宙折射卷入统一性之中：奥林波斯的统治权，人类在大地和哈得斯的存在权都视德墨忒尔而定。德墨忒尔的核心性使他们都依附于她，女神不仅仅复原更是重构了宇宙的统治与运行秩序。幸福在死后的世界不被视为赏赐，亦与生前（ante-mortem）的行为息息相关。并且，德墨忒尔借助在秘仪中对她的敬拜而施惠于冥界，此恩惠是女神的赠礼，正如她通过农耕所给予的恩赐。

如若神话的确影响了我在分析中试图呈现的这个转变，那么我们必然要追问，此变化源于何处、延伸至哪、终为何物？倘使这些可以被阐述清楚，那么我们有理由相信，神话凭一己之力构架了一种知识形态，而且这本身就是它们传递秘仪和知识的珍贵信息之源。[②]

神话以田园诗般的场景开启。珀尔塞福涅与其他神子在田野玩耍，尽情享受“孩童极乐之境”（state of childhood bliss）。德墨忒尔是珀尔塞福涅之母，宙斯是珀尔塞福涅之父。普路同是哈得斯唯一的主神。宙斯“则在他的宫殿，远离众神独据，那有人们无限的祈祷和馥郁的祭品”（27～29）。但在神话的结尾，一切皆已改变，这是如何发生的呢？

我们已经注意到，神话在复杂的关系体系中启明了一个微妙脆弱的平衡。神话的活动场景转变过三次，所以，相关事件可以明确分为四部分。故事发生在两个领域，一个仅由诸神构成，而另一个则包含神与人，这在一系列关联情节中显明。

因而有进一步的划分。仅众神出现的第一系列事件围绕着矛盾—和

---

① 参见 Carl – Martin Edsman, *Ignis Divinis* (Lund: C. W. K. Gleerup, 1949), pp. 204 – 207, and James, "Homerische Hymne," p. 303。

② 参见 Mircea Eliade, *Myth and Reality*, trans. Willard R. Trask, World Perspectives, vol. 31 (New York: Harper & Row, 1963), pp. 10 – 14, and *Patterns in Comparative Religion*, trans. Rosemary Sheed (New York and Cleveland: World Publishing Co., Meridian Books, 1958), pp. 425 – 428。

解的二元性：神话伊始展现了田园歌般的祥和，但珀尔塞福涅遭劫掠的事件威胁了这种安宁和奥林波斯众神的存在，最终的解决之道使得权力和荣誉重新分配。人神互动的第二系列事件由伪装—显明的二元性组成：人们误以为德墨忒尔是一个衣衫褴褛的女乞丐，而后来发现正是她在操控农耕和养殖之权。

从矛盾到和解，从伪装到显明，每对对立关系中都有一个关键性事件触动这种转变。在第一种情况下，斡旋必不可少，从而满足各方神明的要求：德墨忒尔需要女儿，普路同渴望妻子，宙斯的职责是维持宇宙完好。在第二种情形中，德墨忒尔失去了她“抚养的”“第二个”孩子得摩福翁，由此构成调和事件。实际上，“养育”得摩福翁不仅强调女神与人类的亲密无间，而且凸显了原初的分裂，这存在于和人类建立关系并受万物依赖的女神，与终将实现幸福欢乐却无法像德墨忒尔一样不死的凡人之间。

通过对神话和其梗概的分析，我们可以借助图表法描绘这则神话的结构与逻辑发展脉络，见图 1。

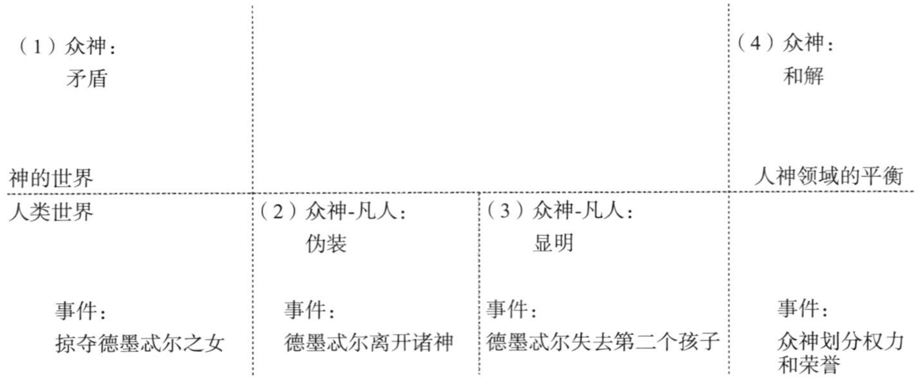

图 1　厄琉息斯神话结构与逻辑发展脉络

此外，至关重要的是，神话中的情节角色不是自主的，恰如人神世界泾渭分明的划分也并非毫无关联。再者，神话故事的背后是矛盾，它们阐明了事件得以发生的缘由；如若没有这些冲突，神话只是希腊神学中的另一个有趣的故事，它能使我们获取有关希腊神明的一些知识，但无法提供诸神关系的信息。这则神话以三种非比寻常的方式阐明了世界架构。

首先，在神话开始确有两类存在，他们在时间尺度上代表着两种迥异并毫不相称的存在等级：一些生物受制于时间而终有一死（thnetoi anthropoi），另一类存在高于时间而永生不灭（athanatoi theoi）。其次，神话中的一个深层次条件逐渐显明，即大地本身是人类（食物）和神明（牺牲与献祭）的存在方式之源。由此，大地就是神的慈爱的所指和人类活动的场景。天上的宙斯是统治和秩序的准绳，而德墨忒尔在大地享有自主的权力（这威胁到整个宇宙），宙斯是否应对此事实视而不见并拒不让步？由于逻辑上先于神明领域事件的发生，因此，厄琉息斯神话记述了德墨忒尔居留于此后地上所出现的一系列事件。诸神间的冲突和解之后，德墨忒尔“使果实从丰饶的土壤里迅速长出，遍地芳草萋萋”（471～473），“人类重焕生机”（pheresbion anthropoisin，469）。

最后，除了传授农耕技艺，德墨忒尔还教会厄琉息斯人民“敬奉她的仪式以及事关她的所有秘仪……可怕至极的秘仪，无人胆敢逾越、窥探或发声，因为对神的深意敬畏会检验嗓音”（475～479）。正如农耕是女神的恩惠，秘仪的实现同样施予人类以福佑：“幸福（olbios）属于大地之人中的他，因其见证了秘仪……”（480～481）

我们可用图表法展示内涵繁复的神话中的对立关系，见图2。

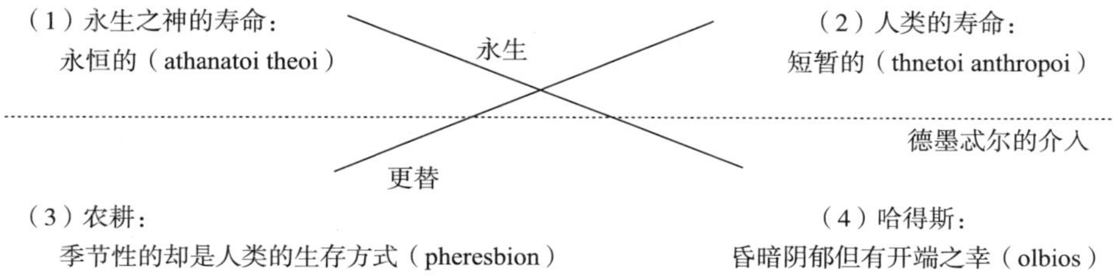

图2　厄琉息斯神话对立关系

在图2中，（1）和（2）表示生存方式的基本不同，即神的与人的，（3）和（4）表示德墨忒尔给厄琉息斯人民恩赐后的结果，尽管人类皆从（3）中接受恩泽。不过，还存在进一步的相似性，（1）和（4）虽然对立，却都经久不变。奥林波斯山上的神性生命与哈得斯的“生灵”是存在的永恒方式，不跟随深层次的更替而改变。相反，（2）和（3）则是伴随变化与更替而变的方式，农业生活是时令性的，人类的存在更是多变不定。

如图表所示的关联，涉及“永生”的题旨和其在神话中的意义逐渐显明。由于德墨忒尔对厄琉息斯的“干涉”，两大影响相继产生。首先，农业活动让人类重焕生机（469），而不再是大地创造性的表达；神话中说，人类要犁地和打捆。其次，分享德墨忒尔的第二个恩赐意味着新入会者或密斯提斯死后，可获得或多或少（aisan，481）异于无经验者所有之物：

> 快乐属于大地之人中的他，因其见证了它们（即第476行中的仪式与神秘）；
>
> 但他不熟悉这些秘仪，也未加入其中，于是陨落消蚀于（冥界的）阴暗后也无相似所得。[①]

更确切地说，人类的生命起初被视为因死亡而中断，接着步入昏暗阴郁的困顿之势，而后才有资格开启德墨忒尔设立的仪式。[②] 新入者庆幸自己

① 此处对第480～484行的翻译为笔者基于伊夫林－怀特（Evelyn-White）与亨伯特（Humbert）文本之上的自译。两者间唯一不同之处是洛布版（Loeb）在第482行使用ἠερ δεντι，而亨伯特则读作 ε ὐρ ώεντι。亨伯特的译作如下，“大地凡人中掌握这些奥秘真谛的人是幸福的；相反，那些未被授予并未参与秘仪的人，即使在无边的黑暗中死去，也没有相似的命运”（Heureux qui possède，parmi les hommes de la terre，la Vision de ces mystères：Au contraire，elui qui n'est pas initié aux saints rites et celui qui n'y participe point n'ont pas le semblable destin，même lorsqu'ils sont morts dans les moites tenebres），参见 Humbert，*Homère*，p. 57。很明显，新入者与不入者之间存在区分，亨伯特通过“相反”（au contraire）一词强调。而且，两者的差别也会影响入会仪式，并和世上福祉尤其是死后的幸福紧密相连。新入者死后获得的“眷顾”部分（a good portion）异于不入者所受。由于厄琉息斯人注重人逝世后回归宇宙的进程，因此，人们可推知新入者为回归而兴高采烈，非入会者唯为衰亡而哀叹。文章还谈及等待诸者死后所得多少，其份额大小取决于一个人被接纳与否。Φθίμενοζ περ 是指一个事实，即死亡划分了生前德墨忒尔所赐与死后所得或未得的区别。ὑπ ὺζ όφ ῳήερ δευτι 最有可能是指作为冥界地点的哈得斯，因其的确作为珀尔塞福涅与普路同的居所出现于第80行（普路同统治的范围），第402行（地下领域，哈得斯）以及最明显不过的第464行。品达（Pindar）深知阴间是生命的终点，他将厄琉息斯秘仪谨记在心，然后写下：“幸福属于在大地幽深处见证这些事情之人；他深谙人类生命所归，神明造人之初”。参见 Fr. 137 in John Sandys，*The Odes of Pindar*，*Including the Principal Fragments*，Loeb Classical Library（Cambridge：Harvard University Press and London：William Heinemann，1957），pp. 592－595，and quoted by Clement Stromata 3. 518。此处为作者自译。

② Mircea Eliade 指出区分两者的重要性，即分辨统治所有死者的冥界神明与只认可新入其领域之人的秘仪掌管者，参见 Mircea Eliade，*Zalmoxis*：*The Vanishing God*，trans. Willard R. Trask（Chicago：University of Chicago Press，1972），p. 47。Günther Zuntz 早已表明，少女哥尔（Kore）和冥界之后珀尔塞福涅在希腊多地都留存了各自的特质，但厄琉息斯却是受“宗教传说导引”（was inculcated by cult－legends）而把珀尔塞福涅与哥尔等同的极少数地区之一，参见 Günther Zuntz，*Persephone*：*Three Essays on Religion and Thought in Magna Graecia*（Oxford：Clarendon Press，1971），pp. 82－83。

“在地上”，并能在哈得斯分有好事。① 这也存在反身影响，似乎了解在哈得斯的幸福状态和参与德墨忒尔的秘仪对先于在哈得斯存在的时间有一个“逆向投射”（inverse projection）或“回溯效果”（retrojective effect）：人类在大地上深受神明博爱（prophroneos philontai，487）。

当神话谈到引导宇宙危机化解的事件之时，该宇宙架构已被抽离于神话素材。而且，和解是对状态的修缮和复原，这种状态早已先于神话中的事件而存在。一个新的宇宙降临了。我已经阐明了神与人之间重组的关系，宇宙衍生为人类的生命、祭祀的渊源以及供奉神明的牺牲，秘仪给人们在生前与死后皆幸福以可能。由这些可进一步得出两个结论，第一，宙斯认可德墨忒尔对生死和作物的掌管权，因此，德墨忒尔在大地的权威使其在宇宙统治中占有一席之地（461～462）。受矛盾化解的影响，权力的重新定位需要众神向人类表明一个态度：他们不只“使万事一笑而过”，神性存在渐渐宽爱凡人。第二，在人类宇宙的范围内，土壤的耕作与粮食的收获被置于更加无可置疑的地位。德墨忒尔的粮食馈赠与以下三者紧密结合：珀尔塞福涅和普路同的地下王国，即粮食的来源之处；人类居住的地面；以及供奉诸神的大地果实牺牲，对神而言，德墨忒尔的惠物是另一会消亡之物。此外，人类面对死亡时有了新的选择：无须听天由命或胆怯畏惧，参

① 作者翻译了第486～489行，“至福属于大地凡人中的他，其深受神明庇佑；他们迅速将普路同奉为贵宾送至他的宽敞大宅，因普路同给人以富贵恩赐”。亨伯特的翻译如下：“在大地凡人中，能够爱人的那些人是如此的幸福；他们迅速将普路托斯奉为贵宾送至他的宽敞大宅，因普路托斯给有死之人以富贵恩赐”（grand est le bonheur de celui qu'elles daignent aimer，parmi les hommes de la terre：Elles envoient aussitôt dans sa vaste demeure—et installent à son foyer—Ploutos，qui donne la richesse aux hommes mortels）。他还在其后添加了注释：“在颂歌盛行的时代，参加秘仪的入会祭品都是物质的。在生前，被接纳入教的人拥有固定财富；而不信教者即便死后无法蕲求获得与教徒等同的命运”（A l'epoque où l'Hymne a été composé，le benefice de l'initiation est nettement *matériel*. En son vivant，l'initié possède la richesse à demeure；les profanes，*même* apres la mort ne peuvent prétendre au même destin que les initiés）。参见 Humbert，*Homère*，p. 58。安德鲁·朗（Andrew Lang）则将关键行句译作“他们快速地把普路托斯奉为贵宾送至他的宏伟厅堂，因普路托斯佳赠财富予有死凡人”，参见 Andrew Lang，*Homeric Hymns*（London：George Allen，1899），p. 210。该句的语法——o ἰπ ἔμπουοι... ἐζ μ ἔγα δῶμα πλοῦτου 表明，是普路同作为宾客被欢送，但房屋属谁尚不清晰或未明了，一方面，可能是新入会者的房子，这样他们可在有生之年与普路同亲密无间。言外之意是恰因普路同施赠财富于有死凡人，所以新入会者完成仪式后便把他送往自己家中。另一方面，此房屋亦有可能为普路同所有，因为此房屋是巨宅，在这种情况下，新入会者死后能与普路同和珀尔塞福涅共居一处。另外，所有者的缺失以及与上一行（487）中在世之人的隐含对比或许暗指普路同的王国。指称歧义也是有意为之，但无论怎样，普路同、他的王国以及和新入会者的紧密关联早已显而易见。

与德墨忒尔的秘仪便可获予福祉。

或许厄琉息斯秘仪对希腊宗教最为显著的贡献在于赋予哈得斯新的意义。在厄琉息斯，哈得斯作为死后存在的场所，人们终归的黄土，因其不再是奖善惩恶之处，因而不再昏暗和阴郁。相反，死后的存在也可以是幸福的。有趣的是，死后存在的观点不是被抽离孤立于自身的一个概念，而是和宇宙脉络或系统浑然一体的主题。

（作者单位：康考迪亚学院；译者单位：北京第二外国语学院）

柏拉图的潘神祷词
（《斐德若》279B8－C3）

罗森迈尔（T. G. Rosenmeyer）/文* 崔 嵬/译

摘 要：柏拉图的《斐德若》记述苏格拉底与斐德若在城外就修辞、灵魂和书写等内容的一次私下交谈。全部交谈以苏格拉底最后向潘神的祈祷作为结尾。然而，苏格拉底向潘神的这段祈祷引发了无尽的困惑。潘神形象由来已久，众说纷纭，然其形象的双重性才真正与《斐德若》的论述主题相关，并借此暗示了言辞的对内与对外之别，笔者以为这才是苏格拉底最终决定向潘神祈祷的理由，也是柏拉图书写这段祷词的意义所在。

关键词：柏拉图；斐德若；潘神；祈祷

> 敬爱的潘神，以及其他寓居这儿的神们，祈请赐予我从内心里面变得美好——无论我有何身外之物，［祈请］让它们与我的内在之物结友。但愿我把智慧之人视为富人，但愿我拥有的金子不多不少是一个明智之人能够携带和带走的那么多。①

这段祷词相当有名。现代论及《斐德若》的文字，未著一语，着实令人惊讶。仅有数处评论谈及该祷词尤其适合此处之人以及苏格拉底的目

---

* 罗森迈尔（1920～2007）为德裔美籍古典学教授，曾供职于加利福尼亚大学古典学与比较文学系，著述有《悲剧的面具》（*The Masks of Tragedy*，University of Texas Press，1963），并与 Bruno Snell 合著《发现心智：欧洲思想的古希腊起源》（*The Discovery of the Mind*：*The Greek Origins of European Thought*，Harvard University Press，1953）。

① 笔者尽力采纳贴近原文的译法。数处翻译，较为引人注目，但这类译法或多或少与原文有所偏离，会对我们进一步探询原文意思造成障碍。［译按］中译文参见刘小枫编译《柏拉图四书》，生活·读书·新知三联书店，2015，第 403 页。

的。[①] 那已是全部内容。古代的评论也未见启发性。赫尔米亚斯［Hermeias；或指叙利亚鲁斯（Syrianus）］尝试解释祷告中的数个语词，但他在这方面的评论还不如他其他的注释更有助益。于此摘录数段：

> 潘神是整全（τ ὸ πᾶν）的守护神。“祈祷我可以变得更美”：为什么，难道他不美吗？我们认为，他祈祷让自己的内心维持（*remain*）美。“而我所拥有的外在之物……”：他希望他所有的外在，包括身体和物质均可与灵魂维持和谐状态，不要因外在的拖累而变得迟钝不堪，或因外在缺陷而被腐蚀。“财富”：富人所拥有的财富能够使他自足；智慧的人则满足于他所拥有的事物；因此，智慧之人即是富足之人。“至于金子，愿我拥有的数量……”：过度的财富产生肆心，会扼杀智识性的进步。[②]

表面来看，赫尔米亚斯在解释这些祷告的细节之时，并未遇到任何困难，他自己倒是十分满意，但可以明确地说，这些解释算不上非凡且深刻。其他文献的不足，同样指明其解释的弱点。这令人惋惜；笔者意图表明祷告并不如其表面看上去那样无关紧要。无论是古代注疏家还是现代批评家均对其无甚兴趣，原因或许在于对神的祷告词，最好用于演说，或专心聆听，而非去做一些不相关的分析。但笔者亦承认对许多事情均感到困惑。为何向潘神祈祷？为什么要坚持内在事物与外在事物之间的和谐？笔者所翻译成“和谐”（in agreement with）的原词有怎样的效用？[③]携带和带走的

---

① 哈克福斯（Hackforth）的观察是一个很好的样本：“文本的祷告与对话文本并无特别联系，却是真实苏格拉底的显著特色，他用精神之善对比外在和身体之善，并贬低后者。”参见 R. Hackforth, *Plato's Phaedrus*, Cambridge University Press, 1952, pp. 168 – 169。另参见 H. Leisegang 的修订文章，卷 20，第 2 章，1950，第 2478 ~ 2479 页；他认为，这段祷告再次将苏格拉底的第二段演说词的动机结合到了一起。唯有弗里兰德（Paul Friedländer）的《柏拉图》（*Platon*）一书曾尝试探讨祷告词的隐含意义，参见 Paul Friedländer, *Platon*, Berlin, 1930, pp. 502 – 503。

② 参见 P. Couvreur ed., *Hermiae Alexandrini in Platonis Phaedrum Scholia*, Paris, 1901, pp. 265 – 266。

③ φ ί λιοι［友好的］和 καλ ός［邪恶的］将祷告词与阿尔凯奥斯（Alcaeus）、忒奥格尼斯（Theognis）和诛弑僭主的传统联系起来，也与会饮和ἑταιρ ί αι［交友的］精神联系起来。其他与这一研究方向相关的《斐德若》原文可参见 234e2、243e4、257d9 和 264a8 等内容。柏拉图发掘出了贵族友谊和保守理想的术语。用一个例子可以指明柏拉图在转换这些古老关系时的高度自由。在祷告词中，ἔ ξωθεν δ ἐὅ σα ἔ χω 一语初看起来指外在事物的种类，即在ὑγια ί νειν μ ὲ ν ἄ ριστον 的知名注释中指人一生之中的善，参见雅典娜乌斯之书（Athenaeus, 15, 694）。即是说，指财富。我们继续阅读，似乎相关的问题已经解决：πλο ύ σιον δ ὲ νομ ί ζοιμι... 然而，正如该文章的论述将表明的那样，τ ἀἔξωθεν 和 πλοῦτος在祷告词之内属于正相反的一对。最终，社会的排他性被智识性的友谊所取代。

金子究竟是什么意思，金子是智慧之士的财富或者是理智之人的负担？至于说外在的事物，苏格拉底当然不会在这里指身体的美？个人的希望奠基于内在价值与身体之美的古老和谐，在苏格拉底的口中，已经不太可能，或至少是不太现实。①

让我以如下的第一问题开始：为什么是潘神？普罗克洛斯（Proclus）对《克拉底鲁》（*Cratylus*）408b～d的注疏现已散佚，或曾论及潘神，能为后世读者提供线索。赫尔米亚斯的解释明显不足，不过潘神在廊下派传统中象征并主宰着整全（τὸ πᾶν），这对于新柏拉图主义者也已足够明显。②除此之外，众神学家所公认的解释仅余《俄尔甫斯教祷歌·致阿波罗》（第34首，第24～27行）中对潘神之名的解释了：文中潘神等同于凯歌手阿波罗（Apollo Paian）。此外，在忒俄克里托斯（Theocritus）诗集注疏中（4～5，Duebner），有一更奇特的说法：潘神是佩涅洛佩（Penelope）与所有求婚人所生的孩子。以上内容均无法解释潘神在斐德若祈祷中所起的作用。

显然，潘神在古代相较于其他神明而言，出场次数更少，让我们做个时间的跳转，直接看看斐齐诺（Ficino）的说法。斐齐诺常遵照廊下派传统，将潘神理解为整全（τὸ πᾶν）之神。③ 但在某处，我们可做如下理解：Socratem afflaverunt：Dionysius（sic）praestitit mentis excussum，Musae poesim，Pan facundiam，Nymphae varietatem。④这便是说在激发苏格拉底诸神明中，狄奥尼索斯（Dionysus）提供精神的激奋，缪斯带来诗意，宁芙女仙塑造多样性，而潘神则赐予人雄辩之才。若我没有看错，斐齐诺没有在其他任何地方重复这一非凡的评论。该章的标题是 Quomodo dii quatuor modis multiplicentur［多重韵律何以更少神意］，⑤ 其中未曾提及潘神，既然所论及

---

① 罗宾（L. Robin）在其翻译的《斐德若》（Budé版）页96注1中提到《会饮》215ab、216c及以下和219e及以下的内容，在这些文字中，均提到了苏格拉底的萨图尔式（Satyr）面容与他的内在之美之间的区分。希腊雕刻家成功地将苏格拉底的形象加以美化；可参见泰尔梅博物馆（Terme Museum）收藏的苏格拉底头像，出自施弗尔德（K. Schefold）之手；以及 Redner and Denker，*Die Bildnisse der antiken Dichter*，Basel，1943，p. 83。不过，苏格拉底会认同这一做法吗？

② 参见 O. Kern，*Die Religion der Griechen*，*vol.* Ⅲ，Berlin，1938，p. 127及以下。廊下派的学说同诸多学说一样，均出于柏拉图。参见 *Prolegomena* 15，209，3ff.。

③ 参见 Marsili Ficini，*Operum Tomus Secundus*，Basel，1576，p. 1386，ch. 53。

④ 参见同上，第1384页，章39中关于翻译的注释。该陈述模仿了《斐德若》265b2～5。

⑤ 参见同上，第1370～1372页。

的神明均超越天宇，那么唯一有可能出现的就只有潘神了。

斐齐诺在何处发现潘神与雄辩之才相关呢？一篇谈及柏拉图幼儿时的故事浮现眼前。① 柏拉图刚刚出生之时，他的父母把他带到伊米托斯山（Hymettus），希望将这个孩子奉献给当地的神明潘神、宁芙女仙和诺米俄斯的阿波罗（Apollo Nomios）照管。当这孩子躺着的时候，三只蜜蜂用蜜涂满了他的嘴，据此有了一种说法：从他的嘴中流淌出的文字比蜜更甜（《伊利亚特》第 1 卷，第 249 行）。这正是奥林比奥多洛斯（Olympiodorus）告诉我们的事情。在潘神的统治下，柏拉图口若悬河，雄辩滔滔。在柏拉图的故事与斐齐诺对苏格拉底的评论之间，存在怎样的联系呢？显然并无联系。硬币上有潘神的形象，不过布若墨（Frank Brommer）教授提醒我，facundia 传统或其相关的座右铭从未出现过。或许，文艺复兴时期的一部典型著作可为我们提供进一步的信息，但对于此问题的关键探究失败了。阿尔西阿提（Alciati）视潘神为欲望的象征，该欲望还混合着某种智慧（带着如下头衔：Natura；Vis Naturae）。若我们用欲望（lust）替换了爱欲（Ἔρως），那么爱欲与智慧（σοφία）的结合让我们更接近“言辞诱惑”（πειθώ），笔者认为该词是相关的希腊语语词。但并无直接的公开论述表明潘神与辩才之间的关系。

潘神作为恐惧之神的概念也毫无帮助。牧人传统的作品塑造了一种潘神的形象，他运用“令人恐惧”这种天赋取得劝服的效果，或运用色情或其他天资达到这种效果。尽管柏拉图在《第七封书信》（344b）中再次阐明相关要点，但我也敢说，我们不应该寻找柏拉图在雄辩之才与非理性之间的恰切联系，即便在《斐德若》中亦不可能。总之，最好相信斐齐诺的评注并非柏拉图评注传统的一部分，而仅仅依托《斐德若》本身，还结合了一点《克拉底鲁》的内容。在《斐德若》（263d5 ~ 6）中，苏格拉底承认潘神是其言辞的激发者：阿喀洛斯（Achelous）的女儿宁芙女仙和赫尔墨斯（Hermes）的儿子均显得“擅长……言辞”（τεχνικώτεροι... πρὸς λόγους），尤善措辞，胜过了克法洛斯（Cephalus）之子吕西亚斯（Lysias）。潘神与宁芙女仙一道，成为对话的真正制作者（λογοποιλόυς）。据斐多所述，

① 参见 Olympiodorus，*In Alcibiadem*，1，2，24ff.；Wesetrink，*Prolegomena* 2，p. 197，p. 38ff.。Hermann 的论述基于 Olympiodorus，他去掉了潘神的名字，或由于他无法理解潘神在故事中的角色。

潘神是逻各斯（λογό υς），引导着谈话人。[①] 这与我们在《克拉底鲁》（408d2）中发现的情况相符：若潘神是赫尔墨斯的儿子，那么他既非逻各斯，亦非 αδελφό υς［同胞兄弟］。最初（408ab），赫尔墨斯的名字与 εἴρειν［说话］相关。整个论述十分含混：赫尔墨斯发明了言辞，或与言辞相关；潘神是赫尔墨斯的儿子；因此潘神就是言辞，或者是言辞的兄弟。[②]

不过，在神话性的戏谑外观背后，存在某种实质性的声称。我们已知潘神的双面性，既和缓优雅，又粗暴低俗，正如言辞（λό γος）亦具双重性，即真与假的混合（408c3）。即便廊下派的思想此也已先行预知（c2）："你知道言辞指向整全，并一直以之为拱顶而缠绕着它"。[③] 言辞掌握经验异质性的能力早令人深信不疑，或许也过于深信这一点？现在没有人会怀疑，《斐德若》亦同整个关于言辞的复杂问题密切相关：对话挑战演讲，书写文字挑战口头言辞，言辞的多样性及其灵活性回应着其他的言辞刺激，言辞多变的能力还可用于自我修正，并用不统一的术语使其与真理相符；简而言之，《克拉底鲁》里的所有事物均由言辞的 κυκλεῖν［环绕］和 πολεῖν［争吵］所决定。那么，若潘神是最后的祈祷所呼告的对象，这里是否存在某种可能性，即祈祷者意图指明他将对话视作整体的主要关切？

---

① 更准确地讲，潘神是苏格拉底第二篇讲辞开场对话的言辞制作者。在此之前，缪斯女神（237a7）和宁芙女神（238d1 和 241e4）是对话的推动者，她们掌控着对话，而该对话是激发式的（因此既非控制性对话，亦非展示性对话），非哲学式的。不过，也应该注意到，柏拉图常将哲学（φιλό σοφος）与音乐（μουσικό υς）等同起来，或许在 248d3 更加强调了这一点。还要注意音乐被分作了数种类型，其中一种［如卡里俄普（Calliope）和乌拉尼亚（Urania）］与推动哲学对话（259c6 ~ d7）的权威相符。但这些细微的让步与合并无太大作用，事实的真相是，当潘神首次出现在对话中时（263d2 ~ 6），他明显与ὁ ρ ί ζεσθαι［划定］相关联，意即散漫的逻辑与定义。同样引人注目的是，在对话之初（230b7）引介该地方的神明之时，潘神并未列入其中。柏拉图继续写作，随着对话朝向清晰与分类自然推进，潘神渐渐出场。这种出场不会为如下人员所认同，他们通过潘神圣所的认定或潘神浮雕的发现来确定斐德若的场所；参见 G. Rodenwaldt, *Pan am Ilissos*, *Athen*, Mitteilungen 37, 1912, pp. 141 – 150。即便这里有阿喀洛斯、宁芙女仙和赫尔墨斯的圣所，以及如伯林（Berlin）所表明的那样，潘神有"清洗者浮雕"（launderers' relief；参见 J. E. Harrison, *Mythology and Monuments of Ancient Athens*, London, 1890, p. 227），事实仍然是潘神在对话进行到后半部分之时才出场。"清洗者浮雕"（包括 IG II. 3, 1327）可追溯到 4 世纪中叶，或更晚些时候。这些重要的清洗者读过柏拉图的《斐德若》吗？

② 参见 L. Robin, Budé edition of *Phaedrus*, p. 56。

③ 参见 *Prolegomena* 15, p. 209, n. 3ff。Hermann 以为，柏拉图使用对话体的原因正在于其丰富性，这种丰富性是宇宙丰富性的反映。

让我们再来分析祈祷者的特殊困难，将我们的注意力转向 πλοῦτος［财富］概念。将智慧（σοφ ί α）等同于财富，并无什么难处。[①] 对该等同的反驳可能在厄里克西亚斯（Eryxias，394a5 及以下）及其他各处已被清除了。我们或许会将其视作理所应当，即智慧者当然是富裕的，在事物的自然序列中，他是拥有财富的那一级，而祈祷者只是为了将某种可能的希望转换成一种确信。[②] 短语 μ ή τε φ έ ρειν μ ή τεἄγειν 究竟何意，或许指我已经拥有够了，与一个理智之人所能够拿走与带走的数量一样多？这个短语拥有一种谜语式的环形结构。阿斯特（Ast）的辞典亦无助益；若我领悟了他的词条，他似乎意图指明，这段文字中这两个动词的意思是“带走”。让我只拥有那么多的黄金，即数量跟一个明智之士能带走的数量一样多。这句话并不十分具有启发意义。[③] 在另一部文本，即《法义》卷十中（884 和 885a；其中ἄγειν 位于 φέ ρειν 之前），阿斯特以为意义是“取走”，即“占用”。或许，柏拉图意图正在于此，谜语应该首先被理解成一种悖论：我可以拥有的黄金的数量仅和一个谦卑而不贪婪之人所能窃取的一样多。不过，尤其重要的是应该记住，柏拉图所谈论的财富并不是一个物质性的存在，可以被身体运走或取走。

《法义》（817a5～7）中的另一篇文字更为相关。[④] 雅典人描绘了肃剧诗人的这样一种形象，他们来到城邦，并求问邦民：“我们应该前往你的城邦……κα ὶ τ ὴν πο ί ησιν φ έ ρωμ έ ν τε κα ὶἄγωμεν，抑或什么才能令你们快乐？”在这个句子之中，两个动词的意思明显不是“取走”或更直接的“带上”。此处概念的本意指做生意，即拿来与取得，开业与散伙，以及某种合成或交替行为。动词 φέ ρειν 和ἄ γειν 并非同义词，他们也无法强化彼

---

① 该认同取消了《斐德若》228a3～4 所做的区分。事实上，斐德若犯了双重错误，他推崇的演说及对该演说的记诵均与智慧无关。

② 希腊语短语 πλοῦσιον δ ὲ νομ ί ζοιμι τ ὸν σοφ ό ν 与它接下来的一个前提相关，该前提又与最终的结论相连。在目前的问题中，前提和结论放置于某种形式的愿望或希望之中。尽管有祈愿式语气，该句还是十分接近于一种公理，即一种 κοιν ὸν ἀξιο ύ μενον。

③ 修订省掉了该要点。Hildebrandt 用 ο ἶ ον 替换了ὅσον，仅用于服务于引介动词质的因素与量的因素之间的冲突：K. Hildebrandt，tr. and introd.，*Platons Phaidros*，Kiel，1953，p. 222。

④ 这段文字的相关性为 W. H. Thompson 所否定，参见 Thompson，*The Phaedrus of Plato*，London，1868，p. 148，note ad loc.。另参见 Thompson 对于祈祷者的评论，以及他所提到普鲁塔克的 De frat. Amore，486e，其中ἄγειν κα ὶ φ έ ρειν 是在“管理者”的意思上使用，似乎看起来并无多大帮助。

此的意思，却指明了某种行动张力。[①] 因此，他们尤其适合财富的概念，该概念唯有在不断谈判、交换与流通中才能发挥适当的效用，知识的储备需要友好的交流和交换才会有所增进与交融。若真是如此，祈祷者指向了知识的可交谈性，接着斐德若一直关注着的特殊困难也开始主张向潘神祈祷。不过，首先我们应该探究进一步的困难。我们可以视作理所当然的是，文本中的 καλός［美］与 σοφός［智慧］同时。为什么柏拉图先提及“美”，而非“智慧”？在谈论“美”的语境之中向潘神祈祷，比在谈及“智慧”的语境中有怎样的好处？此外，若ἄνδοθεν 一词就是指灵魂，或仅指灵魂，为什么柏拉图不直接用 τὴν ψυχή ν 一词，尤其是在后面的对话中，无论何时谈及灵魂的生活，他都不再这样腼腆？我觉得很显然的是，柏拉图作为哲人中的一员，当他想谈灵魂之时，就会直接用灵魂这个词。

ἔξωθεν 与ἔνδοθεν 的对比出现在对话的另外两处平行的场景中。[②] 第一处是 245e：“每个需要外力推动的物体都是没有灵魂的；若其运动出自自身则是有灵魂的”。在一个具体的情况中，ἔνδοθεν 安排在了更有价值的一边，而ἔξωθεν 则在更少价值的一边。更为重要的是要认识到，那些拥有自我运动源泉的ἔξωθεν 之物，则构成了物质宇宙世界中事物之间的必然秩序。没有这些事物，灵魂就没有办法发挥作用。第二处是 275a 的塔幕斯（Thamus）与忒吾特（Theuth）故事：字母的发明及其运用“会引发那些学会使用之人灵魂中的遗忘，因为他们会忽略记忆的源泉，转而依赖外在的书写技艺，不是去用他们自己的力量，他们内在的力量去记忆”。在思想的世界之中，正如在物质运动世界中一样，ἔξωθεν 指向低级的内容，而ἔνδοθεν 指更高级的内容。不过，正如在前面的文本中一样，外部力量的使用，诸如此处的字母的使用，是不能被排除在外的。埃及学者可以构想出一个远古的天堂，在那里不需要文字。柏拉图知道更多；他知道在一个更大且更复

① 参见 E. B. England ed.，*The Laws of Plato*，London，1921；文中引用《法义》817a 和《斐德若》279c 为证据，表明柏拉图常将寻常语句用作非寻常意思。应该补充说明的是，当两个动词的混合意思是“取走利润”之时，ἄγειν 通常并不总是在 φ έ ρειν 之前。参见 *Thesaurus Linguae Graecae* vol. Ⅰ coll. 561ff.；另参见 vol. Ⅷ col. 717。柏拉图的洞见，即此处存在某种交流，强化了赫拉克利托斯在黄金教诲方面的争论，正如在 B90D－K 中的典型论述；黄金与利益总是可以不断地交换。另参见 Epistle 2，314a5－7。

② 我省掉了一些小的平行之处，如 247b7 的ἔξω πορευθεῖσαι，其区分了 οὐρανός的内与外，与我们此处的问题关系不大。

杂的社会，没有文字的交流是不可能的。[①] 塔幕斯与苏格拉底或许不需要文字记录亦可过得很好，但碎片化的人性从那样的禁言之中收益甚少。

总的说来，ἔξωθεν 与ἔνδοθεν 的区分当然属于“内”与“外”的不同。[②] 家里的墙是ἔξωθεν 与ἔνδοθεν 之间最自然的限制。这一限制变得极为重要，因为内部人员与外部人员已经明确区分开了（圈内与圈外，用现在的术语讲）。毕达哥拉斯曾说，并非所有的事情都要讲给所有的人听［参拉尔修《名哲言行录》8，15，引用了阿里斯托克诺斯（Aristoxenus）的内容］。所以，他们以口传的方式避免让外人知晓。隐微（esoteric）与显白（exoteric）这两个术语与亚里士多德的写作相关，现在成为学者论争的题目之一。[③] 传统的解释可以追溯至普鲁塔克（Plutarch）和盖利乌斯（Aulus Gellius），这一解释或出自安德罗尼科斯（Andronicus），直接关注毕达哥拉斯学派对口语与书面语之间的区分。普鲁塔克（Vita Alex. 7）记录了亚历山大听说他的老师发表了一些更深刻问题的思考，便在一封信里抱怨亚里士多德，不应该把教给他的那些东西搞得人尽皆知。二者的区别就在于一种属于口传，而另一种属于公开发表。再强调一次，口传的教室就是界限。

当然，最终所谓的显白内容与所谓的隐微内容均被写了下来，而这两个术语便用来指称两类书写作品。最初这一区分是指的口头交流与书写文字之间的区别，或许也指两类口语交流的区别：同一个屋子里的两个相似灵魂的交流更轻松、更随意，这样的关系同样存在于教师与学生之间，既包括对话，也包括论述；艺术作品中的此项活动经过抛光打磨，或经过某种反映之后，送出去读给外面之人听。换言之，这是柏拉图式或学园式的区分。与毕达哥拉斯的禁忌不同，也与某些毕达哥拉斯的后继者的偏好不同，柏拉图从来没有包容这样的观点，即不要（not communicating）把哲人的进展传给外人。注意柏拉图在《泰阿泰德》152c1 中对智术师的这种保密行径的批评。古代的评论者早就认识到了这一点。（参 Olympiodorus，Vita

---

① 要注意到塔幕斯提到无文字的问题，主要是为了反对用小册子（275c5）实现教育的目标，而非反对将现场讨论记录下来。

② 另一旁证来自欧里庇得斯的《厄莱克特拉》第73~75行，厄莱克特拉对她的农民丈夫说：“你处理好家外面的事务（τἄνξωθεν），而我则把家里的事务（ἐξευτρεπίζειν）打理好。”

③ 参见 W. Wieland 最近的分析，载 *Hermes* 86，1958，p. 323ff：显白的写作就是亚里士多德作品的写作，或许是受与伊索克拉底（Isocrates）论战的刺激，伊索克拉底在他的论述中使用了修辞术。对比 F. Dirlmeier 翻译的亚里士多德《尼各马可伦理学》（Darmstadt，1956，pp. 274－275），他以为亚里士多德所说ἐξωτερικοὶ λόγοι 一词，实指写给漫步学派之外的人阅读的作品。

Plat. ch. 6，Hermann）柏拉图放弃了苏格拉底交往方式；同时也放弃了毕达哥拉斯的神圣庄严（σεμνὸς ὄγκος），即紧闭院门的政策和自我言说（αὐτὸς ἔφα）的政策，而让所有的人觉得他更容易靠近。[①]

对我们而言，对柏拉图同时代的人以及其学生而言，他都仅是一位伟大的作家。推荐《斐德若》的理由是反对书写的观点已经不再广为人们所接受。[②] 对话第二部分定下的有机规则不可能用于口头对话。[③] 书写作品与背诵作品的对应结构同样可与思想结构进行类比，思想结构从口头对话之中产生，或就暗含在口头对话之中。在《斐德若》276a～e中做了一个区分，言辞是书写在了灵魂之中，而书写则是外在的 εἴδωλον［形象］。[④] 书写以及书写作品并不像思想那样具有内在的价值，尤其是辩证的思想，它隐藏于文字之后。[⑤] 书写并不是因为这个原因而受到无边的责备。如果它是真正思想与哲学的恰当和负责任的反映，那么就应该受到推崇，且事实上不可或缺。

由于这个理由，柏拉图不同于伊索克拉底和阿尔西达马斯（Alcidamas）。伊索克拉底也喜欢口耳相传，而非书面文字（或5.25～27；另参《致狄奥尼索斯书信》2～3），但他的标准不是与真理相关，而是与效用、说服（πειθώ）有关。对柏拉图而言，理论上讲，书写文字可与口传文字同样真实，[⑥] 但亦可声称书写文字基于口传文字。无论如何，伊索克拉底的口头交流大部分由演讲所代表；交流在其中并不发挥作用。[⑦]

在深入论述了老生常谈的隐微与显白的论题之后，笔者总结一下相关的论述，并适当论及对话中的ἔξωθεν与ἔνδοθεν的使用，及这些用语在希腊

① 不同于苏格拉底——他只愿意在他行动的戏剧之墙的范围之内。为了将苏格拉底引出封闭的圈子，走向更大的舞台，柏拉图正式告知读者，《斐德若》中的苏格拉底是一个新的苏格拉底，柏拉图化的苏格拉底。

② 参见苏格拉底在258d1～5的明确宣称。

③ 尤其重要的是亚里士多德《诗学》中的诸多论述均基于《斐德若》中的材料。参见Gudeman's Index，另参见F. Pfister，*Der Begriff des Schönen und das Ebenmass*，Würzb. Jahrb. 1，1946，pp. 341－358。

④ 这个区分出现在275a提到与文字相关的问题中，ἔξωθεν与ἔνδοθεν的区分之后。

⑤ 这是柏拉图的一个旧概念；参见《普罗塔戈拉》329a2及以下：书无法应答，或提问，而演讲者的情况也相似。

⑥ 因为柏拉图强调ἀλήθεια［真理］，所以要注意，在灵魂视野的伟大的神话中，ἀλήθεια变成理念整全世界的影子，248b6。

⑦ 斐德若对文字学的疑虑，参见257c6，另参见278c7，或可是伊索克拉底关于书写的恰当代表。另参见E. Mikkola，*Isokrates*，Helsinki，1954，p. 187ff，p. 191ff.。

语中的本来用法。笔者以为，柏拉图安排向潘神祈祷，处理的是交流的问题。此处存在一种知识的体系，或存在某种获取知识的技巧，这种技巧限制在智慧之人的灵魂之中，并且/或者限制在智慧之士教学的房屋之中，即学园之中。按照恰当的习俗，柏拉图祈祷永远发展与完善。不过，没有理由讲清楚这种知识或技艺为什么不应该传播到个人灵魂或教师的房屋之外。这件事情的完成要么通过书写，要么通过公共言辞。要注意的是，书写与大众传播同知识和信条保持一致，这些知识和信条是学园中哲学讨论的最初成果。[①] 相反，一种无法被广泛传播的知识是不值得拥有的，就像我们在《理想国》的洞穴喻中所学到的那样。

向潘神的祈祷处理的是一般意义上的公开传播的问题，而非柏拉图对苏格拉底形象的使用的特殊问题。普遍承认的是，在柏拉图的晚期对话中，他在对话的形式上遇到了一些问题，[②]或可认为祈祷是一种尝试，以站在柏拉图的立场上维护他关于形式的记忆。然而，我倾向于认为，祈祷与形式上的危机毫无关系；事实上，我们并无足够的证据得出结论认为柏拉图遇到了那样的危机；不过，《斐德若》的确反映了柏拉图一生在学园中进行讨论的各种形式（或者，为那个目的而发生的智识人间的聚会）。祈祷适用于对话形式的各个阶段。那就意味着，意图从对讲词的引介来确定《斐德若》的时间注定是要失败的。

从ἔξωθεν与ἔνδοθεν中探究一种对学园的隐射，或至少是部分的隐射，难道不是一种幻想吗？这一问题的一个答案定是，苏格拉底与斐德若之间的关系不同于其他人与苏格拉底的关系，这一点已经人所共知。[③] 斐德若显然是一位坚定的门徒，而非朋友或伴侣。但更重要的是，他作为一名学生，刚从竞赛之中收获良多，又回到家里重新定位新的学习。这类精神，包括其形式，是制度化的，而非个性化的。树和小溪是学园小树林的象征，市

① 没有哪种概述或重述会像斐德若对吕西阿斯演讲的重述那样起作用，参见228d1～4。至于我的愉快假设则是，写作与措辞的模式，以及所讨论的主题，均反映了学园中所发生的事情，我应该立即承认 H. Cherniss 对学园计划的怀疑是无法辩驳的：参见 Cherniss，*The Riddle of the Academy*，Berkeley，1945，ch. 3。然而，基于同样的标记，若有可能揭开学园工作的可能性，那么相关的阐述肯定来自对话，尤其是出自《斐德若》中的内容。

② 参见 W. Jaeger，*Aristotle*，Oxford，1948，p. 26。另参见 P. Merlan，*JHS* 8，1947，pp. 409－410。

③ 向潘神祈祷与学园的功用相关，可参见 E. Bickel，"Platonisches Gebetsleben，" Arch. f. Gesch. D. Philos. 14，1908，pp. 535－554。Bickel 另外引用了早前的尝试以解释该祈祷。他自己着手在祈祷中发现一种反应，以针对他所称的 Gebetsphilosophie der griechischen Aufklärung。其余的内容，他的解释均比较传统。

场或体育场，或私人住宅绝不会如此。我们不应该忘记一处笔误——或真是笔误吗？——柏拉图让苏格拉底称他自己和身边同伴为“宙斯的信徒”（250b7）。这是一种暗示，以让我们知晓历史上的苏格拉底与柏拉图心中的苏格拉底相差甚远，以及学园的经验如何使作品的语言及其问题着上学园的色彩。①

无论ἔξωθεν与ἔνδοθεν的关系是指个别的灵魂，还是指一组灵魂，② 祈祷者均与历史上的苏格拉底或他所代表的价值无关。正是柏拉图自己渴望帮助，以完成自己的独特使命，用书写的形式宣传哲学，这种哲学配得上智识群体的氛围，而其哲学的目标正在于塑造这种氛围。因此，祈祷者对于《斐德若》中的其他祈祷而言是一个恰当的垂饰，即对于向爱若斯（257ab）的呼告而言，爱若斯有助于个人产生哲学思考。正如爱若斯掌管着更加私人性的口头 λό γος，而潘神则掌管着更大范围的 λό γος，即负责启蒙灵魂的迷幻圈子内产生的观念的外在交流。以这样的方式理解，对潘神的祈祷呈现了一种对某种错误的必需矫正，而这种错误本该或已经出自柏拉图对书写 λό γος的讨论（277e ~ 278a 及其他各处）。柏拉图本人的信念，正如在吕西阿斯讲词的最后文字（278bc）中所陈述的那样，就是书写文字可与口语真实相一致；外在的事物可与内在的美相一致；即便最少量的财富也值得在所有理智的人之中传播并讨论，只要这些内容不落入那些人手中，诸如缺乏必要的审慎（σωφροσύ νη）的狄奥尼索斯（Dionysus）。③ 事

① Hildebrandt 在其所译《斐德若》（Hildebrandt, *Platons Phaidros*, Kiel, 1953）一书第 54 页指明，在 250B7 中，柏拉图想到的是他自己和狄翁（Dion）。哈克弗斯在其书（Hackforth, *Plato's Phaedrus*, Cambridge, 1952）第 93 页的注释中提到：“柏拉图更多地隐射的是他自己，而非苏格拉底。”在 250b ~ c 中的复数形式指的是一系列经验，而非个人的义务。真实的情况是，传统（可靠吗?）将学园与对缪斯的崇拜而非与对宙斯的崇拜相结合。不过，官方的、仪式性的缪斯祭仪一方与对宙斯的精神崇拜之间并不存在冲突，如像在 252b 中所提到的哲学本质那样。

② 在知识与幸福的增加实现之中，个人灵魂与群体灵魂之间的复杂互动最清晰地出现在 276d4 ~ 277a4 中的关键文字之中。尽管十分明显的是，这段文字描写的过程仅涉及两个主人翁，苏格拉底对论辩性与接受性的灵魂施加影响，这种影响可被视作自动转移至其他两个品质相当的人物之间。此外，将 λόγοι 植入接受性的灵魂中所产生的富有及可靠的成效是，这一植入对于植入者自己而言也是富有教益的：276e7 中论及……λόγους οἵ ἱαυτο ῖς τῷ τε φυτεύ σαντι βοηθε ῖ ν ἱκανοί……

③ 参见 275e1 ~ 3 中提到，这类条款已经形成，担心书写文字落入不合格者的手中。另参见 276d4 中将 σώ φρονες［审慎］视作 πάντες οἱ ταὐτὸνἴχνος μετιόντες。他们正是这样的一帮人，知道如何处理书面文字，这些人把书面文字当作交流的方式，而非将其书写文字本身当作一种财富。

实上，真正的财富总是超出我们的掌控能力。柏拉图的主要且最终的信念是没有人是审慎的（σοφός；278d3～6），这迫使人们承认，将智慧等同于财富结果相当于认为，只有神是富足的。尽管哲人并不富足，但他有最恰当的方式来展示他的努力。正是这有限的黄金是柏拉图意图以恰当的方式加以分散的。形容词 καλός的使用（本期待他使用 σοφός或至少 φιλόσοφος）让人注意到，祈祷就像它作为结论的对话本身一样，强调了 λόγος的审美层面，且意味着 λόγος本身除了其他品质以外，还具有可传播性和说服性。①如果他们没有美，哲学心智的产品会保存事物，保存在学习的房子之中，而不是将其转换为重要思想的活生生的流通形式。②

（作者单位：美国华盛顿大学；译者单位：北京第二外国语学院和社会科学文献出版社联合培养博士后）

① 参见 258d7：τίς ο ἆωὁ τρόπος τοῦ καλῶς τε καὶ μὴ γράφειν；这个问题引出了对话的第二部分。另参见 259e1～6 中提到 καλὸς λόγος据说起到了 διάνοια εἰδυῖα τὀἀληθές所发挥的功用。语言的爱欲序曲，参见原文页 35 注 1。在《斐德若》中，κάλλος作为爱欲与群体欲望的对象，被转换成了宇宙视野的对象，此后在 252e1 及以下内容中又被转变成了教育的能量。另参见 255c6。正如在《理想国》及其他文本中，柏拉图教授友谊与同伴情谊之类的事物，却无法提供教育的价值；哲人的视野置入其中。爱欲的 κάλλος和哲学的 κάλλος产生，且自己还运用修辞和文学的 κάλλος，以最终实现对可接受灵魂的转变。一个美丽的事物可刺激对美本身的回忆；因此，如果 λόγος是美的，我们便可以更靠近理想的知识领域，或至少是其中的某一个领域。因此，正确的 κάλλος是某种完全不同于修辞学 δόξα 的内容，而修辞学的原则却构筑起 259e4～260a3 的内容。σώ φρων 的任务则是对二者进行区分。关于美的功用是联系哲学的真理，另参见新康德主义式的评论，G. A. Levi，“Il bello nel Fedro platonico，” *Humanitas* 7，Brescia，1952，pp. 479－485。笔者从 H. Cherniss，“Plato Bibliography，” *Lustrum* 4，1959，p. 135 中获益良多。

② 笔者从 W. S. Heckscher、F. Brommer、P. O. Kristeller、A. D. Nock 和 L. G. Westerink 诸位教授之处获益良多。笔者曾写信咨询过他们关于后古典时期将潘神视作修辞象征的问题，均得到了他们的答复。

荷马：师中之师*

丁格尔（Steven S. Tigner）/文　李露艳　李静宜/译

摘　要：荷马是“师中之师”，是希腊精神文明之源，富于教学指导意义。首先，荷马在史诗中表明，学生不仅需要知识和教化，还需要灵感与鼓励。其次，荷马在《伊利亚特》中展示了一位教育工作者最本质的工作，即帮助我们从错误中获益。此外，荷马为如何处理争议问题设定了一个标准，即鼓励多种争论，以一种既不忽视也不掩盖的同情和公平进行判断。最后，荷马意识到并成功引导我们的欲望与天性，将我们的知识和灵魂穿插其中，教导我们如何成为一名万世之师：反思更多必然的东西、更好地获取信息、积极鼓励学生。

关键词：荷马；伊利亚特；灵魂三分

荷马的多样魅力

公元前334年，当亚历山大大帝出发征战亚洲时，他带着一本由他的老师亚里士多德做注的荷马的《伊利亚特》。翌年，当其在伊苏斯击溃波斯王大流士三世（Darius Ⅲ）时：

> 负责看管大流士行囊和珍宝的人将其中最珍贵的宝匣呈献于他，他问他的朋友们，自己应该把哪一个宝贝放进去。大家提出了许多不同的建议，最后亚历山大说，他打算将《伊利亚特》的副本封存在宝匣里。（普鲁塔克，1973，第281页）

1882年2月，还不到两岁的海伦·凯勒因疾病而突然聋哑。但她仍在

* 感谢托亚·杰格（Tonya Geckle）和威廉姆·万斯（William Wians）对本文早期草稿的有益建议。

老师安妮·沙利文的耐心帮助下克服了严重的聋哑双重障碍。在老师的教导下，海伦·凯勒找到了一种“希腊，古希腊，使我有种神秘迷恋”的感觉。随后她解释说：“是《伊利亚特》让我觉得希腊就是我的天堂”（凯勒，1965，第1卷，第65页）。

1941年，冒着被逮捕的风险，聪慧而勇敢的西蒙娜·薇伊（Simone Weil）带着她仅有的几件衣物和《伊利亚特》待在马赛（Poole，1992）。其终生得意之作——《伊利亚特，力量之诗》于当年上半年问世，文章上半部分总结道：

> 欧洲各国人民创作的所有作品中，没有一首能和《伊利亚特》相提并论。也许，当他们学会接受没有任何东西能与命运比肩，学会如何永不向敌人屈服，学会如何憎恨敌人，或者蔑视受难者时，他们会重新发现那史诗般的天才。但是他们需要多久学会还是个未知数。（薇伊，1997，第183页）

西蒙娜·薇伊的结论清晰地表明，在道德层面，她对《伊利亚特》持有极高的评价。但是为什么亚历山大这样伟大的军队统帅也将《伊利亚特》视若珍宝呢？《伊利亚特》又有着什么样的神奇力量而让一位十七岁的聋哑女孩视古希腊为天堂呢？

如果普鲁塔克的话可信的话，那么“亚历山大确实将《伊利亚特》视为战争技艺的宝典”（普鲁塔克，1973，第259页）。而西蒙娜·薇伊如此崇敬这部作品的背景原因很难找到。海伦·凯勒是这样陈述她的原因的：

> 是《伊利亚特》让我觉得希腊是我的天堂。在我读原著之前，我就对特洛伊的故事非常熟悉，在学习了相关语法知识后，我读希腊文的原著一点也不费力。伟大的诗，无论是英文还是希腊文写就的，除却一颗能产生共鸣的心外不需要任何翻译。那些费力阐释的人反而会使这部伟大的史诗变得面目可憎，强加与费劲的书写评论都会使简明珍贵的道理被掩盖！人们并不是必须理解每一个词语，通晓所有的语法语序才能理解和欣赏一首好诗。我知道我所学的专业知识能让我从《伊利亚特》中挖掘更多的价值，但是我并不贪婪。我知道有许多人比我知识渊博，但是他们所拥有的广博知识却并不能从这首伟大史诗的

欣赏中得到很多欢愉，我也是如此。当我读到《伊利亚特》最有意思的一页时，我有意识地让一种升腾着的灵魂体验带我远离人群喧嚣，从生活现实抽离，我的肉体缺陷被忘却——我的世界凌驾于现实之上，不见边际且有如天堂一般（凯勒，1965，第65页）。

出于不同的原因，迥然不同的三人均狂热崇敬《伊利亚特》：亚历山大大帝找到了战争技艺的真谛，海伦·凯勒被希腊文明的光辉照耀，西蒙娜·薇伊被它讲述的道德层面的内容打动。正如奥古斯丁（1962）在教义中所言："不要轻视这三种目的中的任何一种：为了指导，为了快乐，为了感动。"

灵魂整体的溯源

《伊利亚特》全面展示了荷马的创作初衷，即通过诗行给予人们战争技艺的指导、道德感动、希腊文明之光。借用柏拉图经常被引用的词句（1935，X，606e），荷马也因此成为"希腊之师"。谢莉（Shelley，1951，p. 452）的宣告"我们都是希腊人"是正确的，毋庸置疑，荷马是我们的老师。但是除了战争技艺的指导、道德感动、希腊文明之光，荷马还带给我们更多：他教给我们如何教授。尤其对于师范专业的学生而言，荷马的教育学课程是非常重要的基础课程。

荷马不仅歌颂智慧，还为灵魂整体而歌。在这个论述中就蕴含着荷马教授的教育学第一课：除了说教式的教导外还需要教授更多。最好的教育除了说教，还应给受教者带来愉悦与感动。答疑解惑的同时，也用各种各样的方式激励我们。这在四个多世纪之后柏拉图所构建的人类灵魂的模型中可窥一斑。

在柏拉图的《理想国》（1935）第4卷中，主人公苏格拉底强调，从人类的日常行为来看，人类的灵魂可分为三部分。柏拉图将它们分为理智、激情和欲望，虽然在英语中这三个单词的含义相对于柏拉图赋予的内涵范围太过狭窄。在第9卷，苏格拉底作为一位非常优秀的老师，通过新的模式与文本话语重新对灵魂三分进行了阐释。他让我们想象人的内部是由三种直观的生物构成的：一个是本质上的人，表现出理性（这部分指示行动上的指导）；一个是一头狮子，表现激情（这部分指示感动）；一个是多面的野兽，表现出欲望（这部分指示欢愉）。在《蒂迈欧篇》（1977）中，他将这三部分与头颅、胸腔、腹部联系起来。这与1930年到1940年间威廉·赫伯特·夏尔顿（William Herbert Sheldon）的心理学调查得出的结论惊人相仿。在《性格的种类》（1942，参照Strang，1982）中，夏尔顿提出人类这三种孤立型组合的变异，而且他将其与柏拉图的灵魂三分进行追溯类比：大脑、躯体、内脏。

荷马是一位伟大的老师，通过我们对其伟大成就的反思，他帮助我们牢记在心的是，学生作为一种具有多重属性的存在，不仅需求信息与智慧，还需要激情与鼓励，满足感以及幸福欢愉。整体灵魂教育是教师应该追寻的目标。

下文出现在《伊利亚特》第4卷的尾声，荷马在这部分文字中第一次描述了争斗的场面。这是法格尔斯（Fagles）的译文［1990a，第4卷，547～564（473～488，希腊）］：

> 这时埃涅阿斯（Telamonian Ajax）杀死达那奥斯人的
> 两个最英勇的战士、狄奥克勒斯的儿子
> 克瑞同和奥尔西洛科斯，他们两人的父亲
> 住在建筑精美的斐赖城，是个富翁，
> 他的世系出自那流经皮洛斯人的
> 土地的阿尔费奥斯河，阿尔费奥斯河神
> 生奥尔西洛科斯，广大人民爱戴的国王，
> 奥尔西洛科斯生心高志大的狄奥克勒斯，
> 狄奥克勒斯生孪生子奥尔西洛科斯
> 和克瑞同，他们精通各种战术。
> 孪生弟兄成年时，乘坐黑色船只
> 随阿尔戈斯人来到饲养良马的伊利昂，
> 为阿特柔斯的两个儿子阿伽门农
> 和墨涅拉奥斯争赔偿，死亡罩住了他们。
> 有如险峻的山岭上有两匹凶猛的狮子，
> 由它们的母亲养育在森林的茂密处，
> 它们劫掠牛羊，给人们带来危害，
> 直到它们被农夫用锐利的铜枪刺死，

兄弟俩也这样被埃涅阿斯强有力的手臂
征服倒地，就像高大的冷杉倒下。

我们可以透过荷马的重重包装感知到，这些文字带着悲悯而迷人的魅力。他并未直接向我们呈现埃阿斯杀死塞莫修斯的场景，而是通过车轮如何制作这个明喻呈现。我们为这个年轻人的死感到悲伤，“还未婚……他的生命就消逝了”。我们又为塞莫修斯的诞生与名字的获得感到开心。这位大师级的老师旨在让我们获得全面的灵魂体验。

诉诸理性

现在让我们来仔细思考一下荷马是如何运用上述方法培育学生的。首先，我们来看他建构理性、理智或思维的方式。

正如我们所知，没有什么比荷马对“史诗式”或“荷马式”明喻的运用更能体现其艺术风格的了。荷马在文章中构建出由明喻构成的庞大体系，其中所蕴含的必然性超出荷马的想象。1787 年，当托马斯·杰斐逊（Thomas Jefferson）在任职期间出使法国的时候，给他的朋友——《美国农民的来信》（*Letters from an American Farmer*）的作者——海克特·史蒂芬·约翰·克雷夫科尔（Hector St. John de Crèvecoeur）的信中也说到了上文所提到的文章：

亲爱的先生：

我在今天早晨的日报里看到，他们又从我们这里抢夺了一项发明给英国。这位作者，其实只是复原了希腊人中人人皆知的技艺，即如何用一块材料制造轮子的具体方法。这个方法是新泽西的农民最早将之付诸实践，并代代流传的。富兰克林博士（Dr. Franklin）在去伦敦的一次旅行中，提到了申请轮子制造法专利的伦敦人，这个方法使他备受震撼。博士去了他的店铺，答应协助他一起研制单一材料来制造轮子的方法。泽西州的农民首先砍断一棵嫩树苗，趁着它翠绿而多汁的时候弯成一个圆。然后静置，直到它完全熟制。但是伦敦没有嫩树苗，那么最棘手的问题就是如何使老木材具有嫩树苗的柔软度。博士和伦敦匠人通力协作了数周，终于成功了。于是这位伦敦匠人申请了专利，这为他带来一大笔财富。我是在伦敦的店里遇到了他，他给我讲述了他的完整的故事。他不仅讲述了制作车轮这个想法的起源，还提到了富兰克林博士的大力协助。匠人在说起时是满怀感激的。我认为富兰克林博士也是这样想的。据我所知，在费城，第一次推广这种伦敦轮子时，英国人视其为厉害的发明，费城人却在看到农民们的推车都在用这种轮子时，仅把它当作周日特拉华州聚会上的笑谈。这篇文章的作者猜测，英国匠人的发明灵感来自荷马。但这更像是从泽西州农民那里获得的灵感，因为我们的农民是唯一能读懂荷马的农民。而且，泽西州的农民是按荷马一步步做的，而英国匠人的却大有不同。以荷马的语言风格来描述就是（以这位少年英雄被埃阿斯杀害类比小树苗和工匠）："他倒在地上，就像一段在西部的草场上生长的十分光滑的杨树木，顶部的树杈被砍光。这可能是一个双轮马车的制造者用他锋利的斧头干的，把它做成了一个漂亮的双轮马车的轮子。他躺在河岸上。"这和泽西州农民在细节上的做法都十分吻合：1. 生长在潮湿地带的树苗，充满汁液，容易弯折。2. 在它嫩绿的时候砍下。3. 完成轮子的形状。4. 放在平地上晾干。您是一位能熟练得体地运用法语的人，应该写一篇文章，夺回属于我们的农民的荣誉。再见，亲爱的先生。

巴黎，1月15日，1787年

（杰斐逊，1984，第877~878页）

正如亚历山大大帝从荷马的《伊利亚特》中构建出自己的战争技艺一样，我们18世纪的泽西州的农民——"唯一能读懂荷马的农民"，也从中掌握了轮子制造的技艺。

荷马对明喻的运用驾轻就熟，不仅在此处而且在其他地方都显得别开生面，教益多多。在杰斐逊写信给克雷夫科尔的同一年稍后一点，玛丽·沃尔斯通克拉夫特也出版了其小册子《教女心得》（*Thoughts on the Education of Daughters*），这是一部开拓之作与启蒙之书。在该书里，她明智地建议天下母亲们：

首先要想办法让女儿们在思想意念之间建立联系，这些想象更为有用，因为孩子要学会比较那些在某些方面类似的东西和某些方面有差异的东西。而我希望他们通过教育学会如何思考。（沃尔斯通克拉夫特，1878/1974，p. 22）

荷马不仅在精神上鼓舞、感动、愉悦我们，还教会我们如何思考。荷马的《伊利亚特》包含着两百多个巧妙运用对比技艺的例子，包括对史诗性比喻的一些拓展延伸。这和稍后几个世纪的柏拉图的对话集，亚里士多德的《工具论》（*Organon*），欧几里得的《元素论》（*Elements*）有异曲同工之妙，他们都是在教授人们如何组织自己的想法。

然而，《伊利亚特》和《元素论》构建了不同的逻辑模式。前者是“发散”的，这个叫法是吉尔福德（J. P. Guilford）在1956年的一篇文章里提出来的。而后者是“集中”的。发散思维经过调查后得到无数种不同的答案。诗人荷马运用海量的事件来比喻埃阿斯屠杀西摩伊西俄斯（Simoisius）。集中思维的目的是寻求一个相对独特的答案。例如，关于找出如何使一个正方形加倍，或者找到一个圆的中心这样的集中性答案。

在有关方面，西摩伊西俄斯比喻中出现的形象颇为相似，但在其他方面也迥然不同。《伊利亚特》讲述的是一个青铜时代的故事，展示给铁器时代的观众看。西摩伊西俄斯被一把铜矛击倒，但他被比作一个用铁斧砍伐的树苗。把这个明喻的几部分拆分来看，诗歌部分内容依托作品人物，另一部分依托读者的经历与体验。这是诗歌可以让读者产生共鸣并获得强大力量的原因。生动的比较反映了这两种情况之间的对比。这种安排完美地回应了沃尔斯通克拉夫特所呼吁的可以教会给人们如何思考比较法和对比法。

标准的荷马式明喻在口头上要求是夹层型的，比较法的实质是在两个正在被阐明的事件的陈述之间进行迂回。因此，在我们一直的讨论中，这个比喻试图促使我们回想起埃阿斯杀死西摩伊西俄斯的场景。荷马将初始状态比喻为“像一段轻盈的黑色白杨木”，结束状态为“他摔倒在尘土中”，即“安瑟莫尼（Anthemion）的儿子西摩伊西俄斯，被英勇的埃阿斯砍倒。”

从寓言中我们可以看到荷马的做法如同一位好老师一样：给出结论之后，再与观众们一起进行逆推，通过找出和听众们的经历相仿的元素调动他们思考，当其在脑海中形成这样一种类比时，再回到出发点。如果我们正确地解读荷马，我们能从他身上学习到很多事半功倍的教学法。

荷马创造的史诗性比喻和不同的逻辑方式，对科学的兴起做出了重大贡献。例如西西里诗人兼哲学家恩培多克勒斯（Empedocles），在苏格拉底之前的那一代，定义了知名的宇宙四大要素——土、空气、火和水。恩培多克勒斯用史诗性的诗句写下了许多天马行空的比喻，其中一些是我们所称的科学模型的最早形式。关于这一点，请参看其著作的第100个片段，即通过操作漏壶来解释呼吸的那个有名的实验。

> 这就是所有东西吸气和呼气的方式。总而言之，肉体内的血管延伸到身体的深处。在血管的最远端有紧密排列的小孔，使血管在保持血液流动时，空气通道被切断。然后，每当细腻的血液从血管流出时，气体就会猛然涌入，当血液涌出时，万物再度呼气，就像一个小女孩把玩闪亮的青铜漏壶一样。当她用可爱的手抵住壶嘴，并把它浸入银色的水中时，没有液体进入壶体，壶内大部分都是空气，从内部压紧密封孔，保持不动。直到她松开手，空气被从壶体排出，水一涌而入。同理，当水占据漏壶且手堵住壶嘴与通道也是一样。在液体排出前，空气就急切地挤入，过滤小孔把控着路径的入口，如同她的手起的作用一样。反观之，当空气进来时，水适时流出。按上述方式，血液在四肢的血管里横冲直撞时，也会被这样的阀门冲撞的反弹，空气会在这时立刻涌进来。而当血液重新回流时，也回流同样体积。（恩培多克勒斯，1994，第249～250页）

荷马在我们的脑海中充满艺术性地巧妙培养的对相似点和不同点的关注，至今还在影响着我们认知世界。秉持着这种思维方式，大科学家德米特里·门捷列夫（Dmitri Mendeleev，1834－1907）得出了元素周期律。

> 我是按原子质量以及原子独特特质来书写元素周期表的，不同卡片上的元素有相似的原子质量。这让我相信，元素的质量是周期性的。（引自布洛克，1993，第311页）

布洛克（William Brock）增添了一些非常迷人的小细节。

> 首先在卡片上写出元素名称与元素特质，然后像在火车旅途中玩单人纸牌游戏那样，把它们依次排列，门捷列夫用这种方法逐渐填补

> 空缺。虽然占据主导地位的一向是元素质量，但门捷列夫发现了化学价，并在相似性的引导下，发现了同构性。（引自布洛克，1993，第320页）

当人类试图理解一些新事物、一些当前经验之外的事物时，这时的经验是没有借鉴的，当人们问“他像什么？”的时候，换言之，“在我的经验界有什么可以与之做比的事物？”时，高中生常会猜想昆虫通过复眼所看到的世界是什么样子的，她会问她姐姐大学是怎么讲的。她会猜想约翰·西伯尔长什么样子。通过对相仿的事物的了解去认知广阔世界，一位好老师会就这一方式进行开拓挖掘，而在这点上，没有谁比荷马做得更到位了。

荷马也在其他的思考方式上给予教诲：比喻的聚焦方式与扩散方式。当足智多谋的奥德修斯经历二十年征战返回伊塔卡岛（Ithaca）时，他把自己伪装成乞丐，以便在暴露身份前确定自己的处境是安全的。甚至他忠贞的妻子佩涅洛佩都没能认出他来，虽然她对他的好奇心已经被唤醒。在《奥德赛》的第十九卷，她逼迫他给出理由，他说他几年前曾经在克里特岛招待过奥德修斯。为了证明他说的是实话，佩涅洛佩让他描述奥德修斯和他的伙伴们，他也非常有说服力地回答了。她于是相信了他曾经招待过奥德修斯这件事。（详见《奥德赛》第19卷，第215～248行）

亚里士多德将这个情节作为一个过于肯定结果，反而产生误解的经典案例。他说“荷马都教导了其他诗人用正确的方式说谎”，佩涅洛佩在这里的想法相当有趣，即乞丐如果真的招待过奥德修斯，他应该准确地描述这个人，然后“乞丐”提供描述，从而她错误地断定他关于招待奥德修斯的故事是真实的。

是什么使这个例子被称为逻辑的教训，而不是简单的一个错误的推理？亚里士多德为什么说荷马教过诗人呢？荷马在这里教授传达给人们的，不仅仅是所叙述的这个虚构推理的事例，因为他不仅给观众呈现了一个清晰的推理过程，而且嵌入了它的背景，使得最终导向的推理是错误的。听众们不仅知道佩涅洛佩想到了，也认为这是她应该想到的。谬误提供给我们一个最好的学习的场合，剧中人物的所作所为让我们意识到他们是错误的，我们可以看到他们如何纠正错误。作为老师，荷马巧妙地把他的听众放在这样的位置上。

荷马对于我们关于理解、智慧或思想的直接传授并不是目的，只是向我们提供信息，他旨在教给我们如何思考，这一过程中也告诉我们如何传授。

诉诸精神

除上述内容之外，荷马与我们的心灵相通之处还有很多，包括感动、沮丧、鼓励、愤怒或平静以及渴求尊重。阅读荷马如何悲怆地描述西摩伊西俄斯的死亡，我们就会注意到荷马的书写方式是多么值得学习，引申出的教育方式对于教师有多重要。

战争和它所带来的悲怆几乎是人类共通的体验。当特拉华州的德拉瓦族（len-a-pee）部落的战士与敌人作战时，他们唱着这首歌：

啊！可怜的我！
马上就要上战场与敌人交锋。
不知何日是归期！
不知能否归来紧拥我的妻儿！
啊！可怜的生灵！
自己的生活无法掌握在自己手中，
对于自己的身体更没有权力支配。
为了使命拼尽全力，
为了国家的幸福。
啊！伟大的神灵在上！
保佑我可怜的妻儿！
不要让她们为我悲伤，
保佑我此战必胜！
我将奋勇杀敌，
衣锦还乡！
与我最爱的亲人与朋友，
举手共庆！
啊！可怜可怜我吧！
赐予我力量与勇气英勇对敌！
得以幸存再见我的妻儿！

亲爱的战友们！
怜悯我吧，留我一命吧
我也愿为你做出牺牲！（Hollander，1993，第 661 页）

这些令人感动的词句，有着普遍的共鸣。我们了解其中所涉及的痛苦情绪，并对忍受这些悲痛的战士产生同情。但是这首歌没有出现的是，如果真的能出现什么让我们心疼的东西，即使是在敌方，他们也会同样痛苦。但这正是荷马在《伊利亚特》中严谨地提到的。荷马与我们分享的西摩伊西俄斯之死是发生在敌人阵营中的死亡！这是荷马的天才特征之一，就是这样的描写如此感动西蒙娜·薇依，并带给她微弱的希望，即人们可能会从荷马这里学到“永远不要佩服或者讨厌敌人，也永远不要鄙视受害者”的道理。

《伊利亚特》被置于特洛伊战争的框架之内，但这场战争本身并不是荷马首要的描写对象。他以史诗般的开场白告诉我们，他的主题是阿喀琉斯的悲伤和愤怒。正如乔纳森·谢伊（Jonathan Shay，1994，第 26 页）最近通过对细节的关注所提出的主张那样，《伊利亚特》是“析读阿喀琉斯性格的故事”。当荷马最终进入实战阶段时，在第四卷末尾，显然他的意图不是赞美战争，而是赞美希腊人。

荷马明确表示希腊人之间的大规模冲突、希腊第一勇士阿伽门农和阿喀琉斯之间那激烈的恨仇、赫拉和宙斯的煽风点火，以及英勇的埃阿斯成功打倒了“坚强的西摩伊西俄斯”，并为这个年轻人死亡而悲伤，对于人类没有太大的意义。这不是一场正义对付邪恶的战争。这也不是一个非个人的力量和一个不露面的敌人的战争。我们应重点了解战斗者的名字以及双方的美德和缺陷。

战争本身就是一个典型的充满争议的情形，战斗者的精神世界充斥着激情和愤怒，而不是由洞察力和理性主导。处理争议和有争议的问题，有时需要教师付出大量时间和精力。在这里，荷马建立了一个标准，推荐大家遵循《伊利亚特》的模式，即要对冲突的多方面进行争论，它们通常是智慧与愚蠢、美德与恶习、力量与软弱的混合体，并以同情与公正的态度看待，对于善恶既不忽略也不掩盖。

当然，荷马不可能是完全没有倾向的。但毫无疑问的是，目前没有作品可以在处理争议方面的博爱和公正上与荷马比肩。荷马深知傲慢会在他的思想中占据一席之地。他的聪明才智是伴随着谦卑的，我们发现这种谦卑的智慧——或更恰当地说，明智的谦卑——在人类中是很少见的。本杰明·富兰克林（Benjamin Franklin）提供了一个非常公正的例子。1787 年除了上述引用的杰斐逊的信、沃尔斯通克拉夫特的思想，还有一个重大事件，即在经过漫长而激烈的争论《费城公约》后，通过了美国宪法。就在最终投票之前，詹姆斯·威尔逊（James Wilson）代替已经八十四岁的身体不便的本杰明·富兰克林上台致辞。富兰克林在为宪法拉票时承认：

> 长期以来，我做了很多我有义务去做的事情，都通过更完善的信息收集或更充分的考虑，甚至颠覆了我曾经认为是对的重要意见。因此，我越发容易怀疑自己的判断，也更尊重其他的判断。当你召集许多人来集思广益时，你不可避免地要面对他们的偏见、他们的激情、他们的错误观点、他们的各自利益以及他们自私的观点。（富兰克林，1987，第 1139～1140 页）

这里，荷马的《伊利亚特》成为富兰克林发人深省的宣言。但重要的是要注意到，如富兰克林预想到的，这是一个双面的评论。与人们的偏见、激情、错误、地方利益和自私观点混合在一起，这至少是某种程度上的智慧。在适当的情况下，智慧可以发挥决定性的作用，就像最终在制宪会议上所表现的那样。

荷马（1990a）以希腊的指挥官阿伽门农为我们提供了个很好的例子。在《伊利亚特》中，阿伽门农的行为都倾向于表现出他不友好的一面，弥漫着欲望、错误、地方利益以及自私。他是“最贪婪的人”（“most grasping man alive”）[第 1 卷，第 143 行（第 122 行，希腊文）]，他用一种错误的方式——把阿喀琉斯战争的胜利品布里塞伊斯据为己有——弥补自己不得不放弃克律塞伊斯的损失，从而违背了正义。尽管他在这里扮演的是反派角色，荷马坚持了合理的判断。我们终于明白为什么阿伽门农常被称为“上帝的人”。他确实是一位伟大的指挥官，几个世纪之后，他的领导经验将很好地为亚历山大服务，就像这些经验在今天仍然可以为我们服务。

第 10 卷以夜景作为开场。从阿喀琉斯退出后，对于希腊来说，战争进行得并不顺利。阿伽门农夜不能寐。事实证明，他的兄弟墨涅拉奥斯（Menelaus）也不能入眠。他们见了面。阿伽门农在前去寻求老智者涅斯托尔

（Nestor）帮忙前，让墨涅拉奥斯叫醒船长：

> 你无论到哪个军营都要放大声音，
> 称呼每个人的氏族名称和他们的父名，
> 尊重所有的将士，心里切勿傲岸。
> （《伊利亚特》第10卷，第78~80行）

涅斯托尔建议阿伽门农派遣一名间谍潜入敌军营地。狄奥墨得斯自愿前去但要求一个同伴，希望“二人同行”。阿伽门农告诉他：

> 提丢斯的儿子狄奥墨得斯，我心中的喜悦，
> 你就选择你最中意，他们中最好的人，
> 做你的伴侣，因为许多人都盼望中选。
> 你可不要碍于情面，把好人丢下，
> 选中较差的做伴侣，屈从于敬畏之心，
> 注重出身，尽管他更具有王者气质。
> （《伊利亚特》第10卷，第234~239行）

亚历山大将《伊利亚特》珍视为“战争艺术手册”，我们在这里看到了原因。阿伽门农知道如何赢得手下的心——就像柏拉图所说的赢得他们精神世界的忠诚。他知道寻求和听从明智忠告的重要性，并且知道公平和尊重下属的重要性。他也知道真正的能力应该优先于地位等级的表象。

第10卷告诉我们阿伽门农从在卷一所犯的错误中吸取了教训，卷一中他惊人的傲慢贯穿每个场景。他向自己最能干的士兵炫耀自己的军衔，阿喀琉斯对他既不认同又不尊重，涅斯托尔一直给以他明智的建议，而他却不予理睬。后果就是一片混乱。卷十告诉我们阿伽门农已经受到了教训——荷马的听众也是如此。亚历山大在晚年可能不会犯相同的错误，荷马再次使用教育方式把错误陈列出来，确保我们明白他们是错误的，然后告诉我们需要纠正错误。

亚历山大的导师亚里士多德在此提出了狄奥墨得斯的“二人同行”的建议。亚里士多德在《尼各马可伦理学》的卷八中开始了对友谊的讨论和观察。

> 中年人也需要朋友帮助他们行为高尚［高贵］，因为“当两人结伴时”，——无论在思考上还是做事情上都比一个人强。
>
> （《尼各马可伦理学》第8卷，115a，第14~16行，引文来自《伊利亚特》第10卷，第224行）

战场上的领导权至少与课堂上的领导权有很多相似之处。军事指挥官和教师都需要成为那些他们所负责的人的激励和鼓励的来源。他们需要一种鼓励性的方式与下属的精神世界建立联系。荷马这位教育家，巧妙地为我们展示了建立这种联系的最基本的要求：领导者的公平和尊重，以及领导者之间的支持性伙伴关系。这会使他们“更有能力去思考和行动”。

诉诸欲望

最后，荷马的灵魂三分法及其对欲望的分析也呈现在我们的教化三重目的论中。当海伦·凯勒解释《伊利亚特》使希腊成为她的天堂的原因时，说道：

> 当我读到《伊利亚特》中最好的段落时，我感觉到一种灵魂上升的感觉，这让我超越了我生命中狭窄的、有限的处境。人的身体的界限被遗忘了——我的世界是向上的，天堂之长远，天堂之宽广，都在我眼前展现。

她的话语暗示，在众多段落中，她铭记于心的是卷八的结尾。这是围攻特洛伊的第十载，一个特别的夜色已深的日子。战争的趋势已经转向支持特洛伊人。他们迫使围城的希腊军队撤退到他们在海滩所设立的防御墙的后面。

> 有如高高的天际，明亮的月轮旁边
> 星光闪烁，大气无风一片宁静；
> 险峻的山峰、高耸的海岬、幽深的峡谷
> 全都呈现，广漠的大气自天上裂开，
> 全体星辰可以看见，牧羊人心喜欢；

阿尔戈斯人的船只和克珊托斯流水之间
特洛亚人在伊利昂前的篝火也这样繁多。
成千堆火在平原上面熊熊燃烧，
每堆旁边有五十个人坐在火焰的光亮里。
马儿啃着白色的大麦、黑色的裸麦，
站在车子旁边，等待宝座上的黎明。
（《伊利亚特》第8卷，第555~565行）

伯纳德·诺克斯（Bernard Knox）（1990，第30页）称这些为“《伊利亚特》最奇妙的线条”。亨利·大卫·梭罗（Henry David Thoreau）（1985）因它让人印象深刻而引用。韦斯特（1980）也将它们单列出来，以说明荷马对明喻的使用。注意，这一优美的文章是从特洛伊的视角来描述这一处境的。就像荷马可以描写失败的敌人以唤出我们对于苦难的感受一样，他也能从敌人的视角激发我们对于美的感受。

在阅读特洛伊战争的相关材料时，荷马不遗余力地引导我们对两方内部斗争中的双方抱以同情和理解。荷马是所有教育者的榜样，他们必须合理安排双方。就像老师和学生能在教室、走廊、游乐场、教师会议、家长会或学校董事会会议上和平共处。最主要的一点是，参与竞争的各方都是性格好的人，他们的优点和缺点我们都可以欣赏。因为，总的来说，我们自身分有了他者的一部分。但荷马笔下的他们主要还是悲剧的。

当众神介入荷马所写的“人类玩家”的生活时，悲剧有了残忍的转变。世界成了一个可怕的竞技场，人类的安全无可救药地超越了任何可控因素。但是，当我们看到人被描绘成彼此孤立的个体时，人与神是不同的。他们的滑稽表演主要是喜剧性的，就像鲨鱼和食人鱼突然从自由水域被移到水族馆的安全观景一样。他们像卡通人物似的始终有自己固定的边界。就像但丁《地狱篇》里的居民一样，他们是永远被谴责的，而他们也不想引起我们的同情。这些破坏人类的努力和不想唤起我们同情的破坏者们，之所以做出这样的行为，其意图不在于简单的破坏，而在于追求一种永恒。就像走鹃和郊狼一样永恒不朽。他们是被嘲笑的对象，因为他们本质上是可笑的。

你是不是第一个品尝搞阴谋的恶果！

> 或者你忘了我一次怎样把你吊起来，
> 把两个铁砧挂在你脚上，手上捆了根
> 永远挣不断的金链子？你吊在太空和云气里
> （《伊利亚特》第15卷，第17~20行）

我们不为所动，是因为我们知道这个情节是在一个连续的循环中运行的；它是一部没有结局的肥皂剧。荷马所写的众神内部的阴谋争斗就像连环漫画的中场休息，而这些只是特洛伊战争悲剧的主要插曲。荷马的《伊利亚特》是一部有众多神性漫画点缀的战争纪录片。并且从一开始，他们就很有趣。

在第一卷中阿喀琉斯在向他的母亲海神之女忒提斯倾诉自己愤怒的原因时，

> 她儿子请求的事，她从海波里升起来，
> 大清早登上广阔的天空和奥林波斯。
> 她发现克洛诺斯的鸣雷闪电的儿子
> 远离众神，坐在奥林波斯群峰的
> 最高岭上。她坐到他面前，左手抱住
> 他的膝头，右手摸着他的下巴，
> 她向克洛诺斯之子宙斯这样祈求："……
> 暂且给特洛亚人以力量，使阿开奥斯人
> 尊重我的儿子，给予他应得的赔偿。"
> （《伊利亚特》第1卷，第496~502行，第509~510行）

"父亲坐在那里一言不发，仿佛化为永恒。"最后他回应道——这些是宙斯父神在史诗中的第一句话——

> 她会用一些责骂的话使我生气。
> 她总是在永生的天神中同我争吵，
> （《伊利亚特》第1卷，第519~520行）

这个伟大的、俊朗的、巨大的、令人发指的、虐待的、玩弄女性的宇宙之王，居然是一个惧内的丈夫！这一场景中令人讨厌的紧张气氛瞬间化成笑声。在笑声中，公元前7世纪的观众和20世纪的读者之间的距离被消解了。

《伊利亚特》中诸神之间的插曲又为我们提供了依据，诉说着又一层次的充满欲望的灵魂。卷十四提供了一个最好的例子。赫拉走近阿弗洛狄忒，助她分散宙斯对战争的注意力，这样他就不会注意到波塞冬对希腊人的助力。阿弗洛狄忒满足了她的请求：

> 她这样回答，从胸前解下那条彩色的
> 绣花腰带，蕴藏着她的全部魔法。
> 那里有爱情、欢欲，还有蜜语甜言，
> 那言语能使聪明人完全失去智力。
> （《伊利亚特》第14卷，第214~217行）

赫拉和荷马的策略都成功了，赫拉分散了宙斯的注意力，而荷马赢得了我们对欲望灵魂的关注。

欲望是重要的；它们是我们心灵的一部分。在柏拉图看来，这部分是最重要的。有些时候它还提供了教育学生最简单可行的方法。一位成功将“乐趣”融入课程的教育者，比不这样做的人具有更大的优势。正如我们在荷马案例中所看到的那样，欲望不是教育者吸引学生的唯一途径，荷马通过对《伊利亚特》中的奥德修斯的形象描绘，给予了我们一个关于理性与欲望相平衡的画面，而这一画面富有启发。奥德修斯天性理智，“多才多艺”，是一位“伟大的战术家”，但是“也了解食物对人类的重要性”。当阿喀琉斯最终被唤醒，重新投入战斗，他对战争的热情再度燃烧，几乎没有人能够阻止他回来。

> 佩琉斯之子，阿开奥斯人的杰出战士，
> 你比我强大，枪战技术也远超过我，
> 但我在判断力方面也许比你强得多，
> 因为我比你年长，见识也比你多广，
> （《伊利亚特》第19卷，第216~219行）

他建议道：

都应该认真安排饮食，这样才能
以充沛的精力永不疲倦地同敌人厮杀，
（《伊利亚特》第19卷，第231～232行）

这给我们的教训是：简单明了的营养在教育的要求和战争中同样重要。营养不良不仅会影响学生，也会影响士兵。

有些欲望可能在教育开始之前就已经被满足了。其他的欲望为教育提供更多可能性。重复和演练可以构成游戏。幽默可以激发远距离文本和当前意识之间的联系。荷马是一个大师级诗人，拥有关于欲望、乐趣、游戏和其他方面的知识。这虽然不是哲学意义上的理解，但被柏拉图和亚里士多德所提出。

事实证明，快乐、欲望以及胃口不是灵魂欲望部分的唯一范围，而灵魂的较多部分是理性。但这些联系必须得到培养，并且教育在这里是关键。通过合作式的劳作，柏拉图的灵魂部分产生新的理性、新的野心、新的高兴和快乐。凯勒在阅读荷马时所体验到的快乐是通过艰辛劳作而得来的。她的这种快乐是一种修养式的快乐，不是原始欲望的放纵，而欲望的产生是野心和理智协调运作的产物。阅读荷马，就像练习乐器一样，在成为一种乐趣之前，这是一种典型的苦差事。就像凯勒所做的那样，在希腊文字交出它的宝藏之前，她不得不跋涉于语法的边缘。

勃朗宁（Robert Browning）在他去世那天（1889年12月12日）发表的《人生之旅》（*Development*）一诗中给我们提供了又一个令人满意的例子。但在这里，我们很高兴看到因特洛伊城遭围攻的故事而促进和激励的求学问道。

我父亲是个学者，懂希腊语。
当我五岁的时候，我曾问过他，
“你读到了什么？”
“围攻特洛伊。”
“什么是围攻，什么是特洛伊？”
当时他用椅子和桌子帮我堆成一个镇子，

让我做普里阿摩斯，把我们的猫称作——
海伦，被引诱离开家（他说），
邪恶的帕里斯，蹲伏在，
在板凳脚下某个隐秘之所，胆小如鼠，
但是她呀，是勤勤恳恳的可怜小女孩
阿特拉黛寻找着陶盆和托盘，还有我们的狗
以特洛伊为家——当阿喀琉斯不再生闷气的时候，
（我的马驹在马厩里）即将腾跃
并且击溃赫克托耳——我们的小听差
这教会了我谁是谁，什么是什么：
到目前为止，我正确地理解了这个事例。
在五岁，这被证明是一个巨大的快乐
还能证明——多亏了那个智者导师
我的父亲，他比我更清楚
在弱者无知的眼神中学习
或者，更糟的是，让弱视的眼睛变得盲目，
满足于黑暗和空虚。

两三年后，诗歌继续述说，他的父亲给他蒲柏译本，不久他又开始了希腊语的学习。

时光流逝，我有点成熟了：美好的一天
“为《伊利亚特》准备好了吗？
这是海涅，大书挡着书架：
不要遗漏一个词，词典莫离手！”
我抓牢书册，不漏一字，直到我学会了
在荷马的言语中，如何为人处事，
然后，学习结束。

勃朗宁十二岁的时候便熟知这一点。快乐仍然存留，但已经变成了一种充实而有见识的快乐，而且会在进一步思考的基础上继续成长。勃朗宁从荷马学习的课程变成了整个灵魂的课程，并且，这将伴随他的余生。

> 我的目标是像佩琉斯之子，去憎恶
> 作为地狱之门的谎言；像赫克托耳去爱我的发妻，
> 爱此生此世的一切。（勃朗宁，1896，第89~94页）

他沉思着说，相比于亚里士多德的《伦理学》，《伊利亚特》使人们更早更容易地获得这些课程。

在他看来，尽管不清楚为什么，但从《伊利亚特》比从亚里士多德的《伦理学》更容易获得这些教训。这不仅是说荷马很容易使用教育技巧，而亚里士多德不擅长这种技巧，而且是因为，荷马是对整个灵魂讲话，而亚里士多德只关注智力。

荷马认识到并试图去解决人类欲望的本性，并巧妙地将人类的诉求与教育者对人类的知识和精神的教育交织在一起。在这一点上，他的行为就像艾萨克·沃尔顿（Izaak Walton）可能称之为"有造诣的教育家"的那种主人翁，他的广度和技巧从未被超越过，我们可以继续加以学习。

万圣师表

柏拉图认为荷马是"希腊人的教育者"（"the educator of the Greeks"）。亚里士多德称他为"诗人的诗人"（"the poet of poets"）。我想在这里展示的是，他也应该被认可为"老师的老师"（"teacher of teachers"）。他为我们树立了一种至高无上的榜样，这种展现在观众面前的榜样的灵魂是好的，这是最好的教学方式，而他显然是想让听众接受教育。《伊利亚特》不仅仅是一个有趣的故事。它既令人愉快又令人感动。它对教学具有指导意义。

学生是多种形式的存在，不仅需要知识和教化，还需要灵感与鼓励、享受与满足。荷马为我们建立了一个完满灵魂的模型。他教我们如何"组织思想"，如何思考，如何以明喻技术进行发散思考，如何集中思考。用明喻手法，荷马让我们看到一位良师如何传道授业：陈情述事，使思想深入听众深心，其办法是吸引听众远取近譬，切身体验，然后以比喻装备他们的心灵，将思想推回到原点。

荷马展示了一位教育工作者的天分：帮助我们在错误中汲取经验和教训。当我们看到错误的想法时，我们就会意识到它是错误的，并且知道应该如何纠正它。当我们看到权力以错误的方式运行时，我们也能明确地做出修正。我们在与下属打交道时懂得了公平和尊重的重要性，以及在挑战中给予支持的友谊的价值。

荷马在处理争议问题上有自己的技巧。他们通常将智慧与愚蠢、美德与恶习、力量与弱点混合在一起，以同情与公平的态度进行，既不忽略也不掩盖，任何一方无论是善还是恶都是平等的。

荷马认识到并强调了我们的欲望天性，巧妙地将对它们的诉求与他对我们的知识和灵魂部分的教育交织在一起。他向我们展示了高级教育者的形象：更清晰地思考，更好地知情，更多地鼓励以及更加主动。

原文尾注

1. 与柏拉图的灵魂三分相关，斯特拉波（Strabo）（公元前后 1 世纪）以同样的修辞视角看待荷马的教育。他在书中暗示，在将荷马史诗中的历史（旨在表明真实）从神话（旨在使人愉悦）和心理素质（旨在引起移动效果）中分离开来时，地理学家使用了三分的方法（斯特拉波，1917，1.2.17）。

2. 这里提到的漏壶（偷水的装置）是一个形状有点像现代淋浴龙头的装置，更像是一种实验室吸管的设备。正如莱特（M. R. Wright）所说："短短的 25 行诗里所蕴含的内容却如此丰富。"参见 *Empedocles*：*The Extant Fragments*，第 244～248 页。

3. 顺便说一下，在这一描述中，我们首次了解到奥德修斯的启蒙者——欧巴忒斯（Eurybates）——一个黑人。荷马在《伊利亚特》第二卷中首次对他做了介绍。罗伯特·菲茨杰拉德（Robert Fitzgerald）这样描述欧巴忒斯："一个陪伴在奥德修斯身边并年长于他的智者；有着圆肩膀，一头暗色的茂密的头发；他的名字是尤里·贝茨——后来奥德修斯把这个名字赐给了他军官；他有着精明的头脑，就像船长一样。"（荷马，1990b，19.289～294）。荷马生活在尚不存在"肤色偏见"的时代，那是一个人的性格涵养比肤色更重要的时代。人们或许会觉得，这是一个不可能的梦，但这样的时代确实是存在的。参见 Frank M. Snowden，*Before Color Prejudice*（1983）。

4. 富兰克林在谦卑这一主题上的实践智慧可能会转化为对教师的卓越建议，这集中体现于其《自传》（*Autobiography*）的第二部分末尾。关于这一点，在美国图书馆所收藏的富兰克林的《创作》（*Writings*）中也可见到。

5. 1715年出现了用押韵的对仗句式翻译的第一本译本（见荷马，1943年）。伯纳德·诺克斯（Bernard Knox）（1990，第7页）非常重视这本书，并宣称这是有史以来最好的"《伊利亚特》的翻译版本"。这确实是一部完美的翻译。正式的英语诗歌包括押韵和抑扬格，就像是希腊语的长短格的诗体。蒲柏译本《伊利亚特》原本就是一首英文史诗。然而，翻译总要权衡。在韵律节奏上保持韵味的对仗句式总不可避免地会造成文本意义上的扭曲和不通顺，而这些问题在自由体诗句或散文式的翻译中是可以避免的。正确使用英语诗歌翻译《伊利亚特》来让学生听起来悦耳，这重要吗？为了听起来悦耳，看起来对仗舒服，法格斯（Fagles）朝这个方向做了努力。他的翻译（参见荷马，1990a）不管是听起来还是看起来都像诗一样。与希腊文相比，他的翻译虽然不太正式，但对希腊语的意义和语气的模仿非常贴切，甚至比20世纪诗歌和散文前辈的作品更易传唱。

6. "有人把事情藏在心里，嘴里说另一件事情，在我看来像冥王的大门那样可恨。"在《伊利亚特》中，阿喀琉斯这样说道（荷马，1990a，第9卷，第312~313行）；赫克托耳在第六卷末尾与妻儿的最后诀别是《伊利亚特》中最温柔的段落之一。

参考文献

Aristotle. (1984). *Nicomachean Ethics.* In The Complete Works of Aristotle (J. Barnes, Ed., Vol. 2). Princeton, NJ: Princeton University Press.

Aristotle. (1987). *Poetics* (R. Janko, Trans.). Indianapolis: Hackett.

Augustine. (1962). De Doctrina Christiana. In *Opera* [Works], part 4. Corpus Christianorum, Series Latina (vol. 32). Turn holti, Italy: Typographi Brepols.

Brock, W. H. (1993). *Norton History of Chemistry.* New York: W. W. Norton.

Browning, R. (1890). Development. *In Asolando: Fancies and facts* (pp. 89-94). London: Smith, Elder.

Franklin, B. (1987). *Writings.* New York: Library of America.

Guilford, J. P. (1956). The Structure of Intellect. *Psychological Bulletin*, 53, 267-293.

Hollander, J. (Ed.). (1993). *American Poetry: The Nineteenth Century* (Vol. 2). New York: Library of America.

Homer. (1943). *The Iliad* (A. Pope, Trans.). New York: The Heritage

Press.

Homer. (1990a). *The Iliad* (R. Fagles, Trans.). New York: Viking Penguin.

Homer. (1990b). *The Odyssey* (R. Fitzgerald, Trans.). New York: Vintage Classics Edition.

Jefferson, T. (1984). *Writings* (M. D. Peterson, Ed.). New York: Literary Classics of the United States.

Keller, H. (1965). *The Story of My Life*. New York: Airmont.

Knox, B. (1990). Introduction. In Homer, *The Iliad* (R. Fagles, Trans., pp. 1 – 64). New York: Viking Penguin.

McKirahan, R. D., Jr. (1994). *Philosophy before Socrates*. Indianapolis: Hackett.

Plato. (1935). *The Republic* (P. Shorey, Trans., Vol. 2). Cambridge, MA: Harvard University Press.

Plato. (1977). *Timaeus and Criteus* (D. Lee, Trans.). New York: Penguin.

Plutarch. (1973). *The Age of Alexander: Nine Greek Lives by Plutarch* (I. Scott-Kilvert, Trans.). New York: Penguin.

Poole, A. (1992). War and Grace: The Force of Simone Weil on Homer. *Arion* (Third series), 2 (1) 1 – 15.

Shay, J. (1994). *Achilles in Vietnam: Combat Trauma and the Undoing of Character*. New York: Atheneum.

Sheldon, W. H. (1942). *The Varieties of Temperament*. New York: Harper &Brothers.

Shelley, P. B. (1951). *The Selected Poetry and Prose of Percy Bysshe Shelley* (C. Baker, Ed.). New York: The Modern Library.

Snowden, F. M. (1983). *Before Color Prejudice*. Cambridge, MA: Harvard University Press.

Strabo. (1917). *Geography* (H. L. Jones, Trans., Vol. 1). Cambridge, MA: Harvard University Press.

Strang, C. (1982). Tripartite Souls, Ancient and Modern. *Apeiron*, 16 (1), 1 – 11.

Thoreau, H. D. (1985). *A Week on the Concord, and Merrimack Rivers.* New York: Library of America.

Weil. S. (1977). *The Simone Weil Reader* (G. A. Panichas, Ed.). New York: David McKay.

West, M. L. (1980). Homeric and Hesiodic Poetry. In K. J. Dover (Ed.), *Ancient Greek Literature* (pp. 10 – 28). New York: Oxford University Press.

Wollstonecraft, M. (1787/1974). *Thoughts on the Education of Daughters: With Reflections on Female Conduct, in the More Important Duties of Life.* New York: Garland.

Wright, M. R. (1981). *Empedocles: The Extant Fragments.* New Haven, CT: Yale University Press.

（作者单位：托莱多大学；译者单位：北京第二外国语学院跨文化研究院）

荷马的冥想与神圣的缪斯

——作为创造与启示的史诗颂歌

弗兰克（William Franke）/文　赵博/译

摘　要： 从《伊利亚特》到《奥德赛》，史诗的颂歌者们经历了从神性到人性、从神灵启示到发现自身内在的神圣性的历程。最初要颂唱史诗英雄们的事迹，需要呼告文艺女神缪斯获得神圣启示以及神明附体般的效果方能吟诵。但随着《奥德赛》中体现出的人的自我觉醒以及不断逃脱诸神的掌控的尝试，语言与修辞蕴含的创造性作为技艺体现在人类自身，让人因而能够从内在中挖掘自己的潜在神圣性，这一过程被作者揭示为世俗化的不断发展，并可与《圣经》的启示性进行对比，最终得出启示性的存在不仅来源于内在的神性，更来自人性本身，人类世俗化的塑造自我的进程因不断混杂的神性与人性而更具光辉。

关键词： 神性；启示；颂歌；世俗化

启示观念常被认为多属于圣经研究而非荷马史诗研究。圣经多用诸如神话（在创世纪当中尤为如此，以神造万物、人类原初的堕落、大洪水等神话为载体）和历史史诗（如出埃及记），以及寓言（如以赛亚记等内容）等文类，以实现上帝启示与上帝选民的天佑行为之间的相通，并最终实现启示与全人类的相通。关于圣经研究中的这些体裁，同样明显可见于《奥德赛》（*Odyssey*）的神话和史诗形式之中。因此，一方面，荷马之诗即为希腊神话的起源；[①] 另一方面，全体希腊人均视荷马笔下故事及其中英雄为真实历史人物，从这个意义上讲，史诗成了历史。

此外，尽管稍显不明，但荷马史诗仍具预言性。虽然这些细节并非圣经意义上的预言，却以其独特形式解释了特洛伊战争的历史（至少从故事

---

① “神话”于此作为一种不带有偏见的可能性事实而引用，尤其是在希腊意义上关于人类存在的基本条件与神的关系的“故事”中。

层面进行了解释），还在神启的光辉下照亮了其结局：这一切都是以神圣的缪斯视角来观察的。《奥德赛》开篇说道——“请为我叙说，缪斯啊，那位机敏的英雄……”① ——祈求神祇的协助来代为叙述奥德修斯的故事。② 荷马所描述的吟游诗人，是一位“神启的颂歌者”（θεῖος ἀοιδὸς，Ⅳ. 17），“受到神的灵感激发”（ὁρμηθεὶς θεοῦ，Ⅷ. 499）。身处希腊文学开端的荷马通过这些词语，将他的诗性创造力表述为受到神的激发的产物。③

文艺（又译作缪斯女神），可被视作诗人对神圣的真知的速记，这种神圣之力无所不在，尤其是在诗作中叙述天宇与历史诸事之时。④ 这类描述显见于《伊利亚特》（*Iliad*）第2卷第484～493行，在对舰队的描绘中，向缪斯呼告是因为神祇不同于凡人，前者无处不存在，知晓一切，而后者唯凭道听途说。因此迪莫克（George Dimock）认为“通过她们［缪斯九女神］，他［诗人］能够仿如置身其中一样直接接触万物，但人类的传统却是间接的、有缺陷的，且易朽坏的……”⑤ 然而这种更高级的力量却在人类的能力中不断延续着。在吟游诗人的颂歌中，对于这种高等级的力量，通常存在一种观念上的暧昧感，疑惑其究竟属于神启与灵感，或仅是模仿了（resembling）神的造物。这种暧昧感出自奥德修斯对得摩多科斯［Demodo-

---

① ［译按］中译文参荷马《奥德赛》，罗念生、王焕生译，人民文学出版社，2003，第1页，第1行。（下引仅注卷码、行数）

② 此处引用库克（Cook）英译本（斯坦福大学编译版），该版本具有与希腊文版本行数相对应的优点。

③ 在研究这一课题的冗杂繁多的专业书目当中，最为有用的包括：Wheeler，“Sing，Muse…：The Introit from Homer to Apollonius，” *The Classical Quarterly*，Vol. 52，No. 1，2002，pp. 33－49；Clay，*The Wrath of Athena*：*Gods and Men in the Odyssey*，Princeton，1983，pp. 9－25；Goldhill，*The Poet's Voice*：*Essays on Poetics and Greek Literature*，Cambridge，1991，pp. 1－68；以及 Segal，*Singers*，*Heroes and Gods in the Odyssey*，Ithaca：Cornell University Press，1994，pp. 113－141。

④ 缪斯的观念即是一种对“记忆”的占有，且无所不知，能预见未来，“现在如何，将会如何以及过去如何”，还可借助神秘的宗教力量破译不可见的世界，这一希腊传统在 Detienne 和 Vernant 笔下已被广泛研究。至于与希腊化世界的对比视角，则可参见 John Leavitt. ed.，*Poetry and Prophecy*：*The Anthropology of Inspiration*，Ann Arbor：U. of Michigan，1997，pp. 1－60和 Norah K. Chadwick，*Poetry and Prophecy*，Cambridge：Cambridge University Press，1942，pp. 1－14。

⑤ 引自 Demodocus，*The Unity of the Odyssey*，Amherst：University of Massachusetts Press，1989，p. 6，下引仅注题目、页码。同样揭示了福特（Forder）对这一问题在 *Aude*：*Human Voice* 以及 *Thespis*：*Divine Speaking* 中的分析。

cus；荷马在费阿克斯人（Phaeacians）中的化身］慷慨大方的赞美："能听到这样的歌人吟唱真是太幸运，他的歌声娓娓动听，如神明们吟咏。"（θεοῖς ἐναλ ἰγκιο ς α ὐδή ν，《奥德赛》第 9 卷，第 3～4 行）

吟游诗人的相对自主性能从《奥德赛》所叙述的内容中得到验证，因诗人改变了《伊利亚特》中完全依赖于神启的做法，从而得到了一定程度的解放。这一新的取向也体现在诗人个体兴趣的持续提升中。[①] 在《奥德赛》中，人类的替代品与神的造物并非相互排斥，而是同一事物的不同程度的关系。人与神之间的差异有时并不是那么明显。诗人本身受缪斯启发，同时也是"自我传授"。另一个荷马时代的吟游诗人，伊塔卡（Ithaca）的斐弥俄斯，在他的颂歌中也以同样的方式声称人与神的来源相同："我自学歌吟技能，神明把各种歌曲灌输进我的心田。"（《奥德赛》第 22 卷，第 347～348 行）

这一问题也隐喻在奥德修斯评价吟游诗人得摩多科斯的方式中，他称其为"敬你超越一切凡人"。他称赞得摩多科斯歌唱了在特洛伊发生的战争，以及阿开奥斯人的所作所为和承受的苦难，"有如你亲身经历或是听他人叙说"（《奥德赛》第 8 卷，第 491 行）。然而正是这种异常的能力使得奥德修斯推断出"是宙斯的女儿缪斯或是阿波罗教会你"（《奥德赛》第 8 卷，第 488 行）。在他看来，人类这种创作诗歌的非凡能力不能解释为神赐的天赋——虽是"教导"的语言，但也意味着接受教导的一方存在一定程度的参与性同化。

缪斯的启示，在荷马有关寓言和启示秩序的预设中，最为明显。同时，受激发而写就的对话，确为诗人的发明，它是一种优先视角，即神的视角对历史的解释。迪莫克对于像诗歌这种奇迹般的造物，这种神与人中间互相重叠的造物做了如下解释：

> 说到人类生命中的这种非凡卓越之处，包括杰出的、重要的或是其他使人印象深刻的语言或演讲，通常来自神。像希腊文化这样，将缪斯或某些类似的神灵具现化并作为诗歌内容及能量的共同来源，是完全自然的。（《奥德赛的整全性》，第 7 页）

---

① 参见 Montanani，*Introduzione ad Omero*，Florence：Sansoni，1992，pp. 111－112。

此外，迪莫克认为，对于荷马认为自己所感知到的缪斯，本质上我们可理解为是荷马自身的想象。这种内在神圣性的意义在于，它是作为一种强有力的方式存在，这种方式体现了人们对于神启的潜在理解及接受能力，同时也是人类进行诗性幻想的重要建构因素。

> 如果再创造最大的部分是——从我们的观点看来——非历史性的，它仍是一种伟大的心灵——荷马的——充满热情地相信已发生之事，被他所感知到的世界运转方式所控制……术语层面的“缪斯”，给予了荷马创作虚构之物的自由；但是我们不应忘记，他和他的听众都认为这一虚构来源于真实之口。[①]（《奥德赛的整全性》，第8页）

这说明，在荷马的特例中，人类解释，甚至是在完全自发的情况下，作为诗性想象的创新形式，亦可成为理解真正神启的必要通道。缪斯代表了持驻在西方传统思想源头的神性启示：在某种意义上，他们的“信息等同于创造性传统”。[②] 以这种方式，圣经与异教文本才有可能从文学视角，尤其是按诗歌的视角解读为一种启示。

圣经预言的选段就足以说明，神启如何综合了诗意形式和人类演绎。[③]对文本中人性的发现是按他者的同时显现为参照——这种他者我们称之为“神圣”。在这一传统中，人性被认为是按照“上帝形象”所创造。尤为有趣的是，这种形式不仅包括圣经信仰的特定宗教内容，还包括诗歌解释本身的形式，而正是诗歌解释赋予了人与神这种共同含义。解释过程本身的内在性，特别是在其语言和文本的化身中，体现了启示的基本结构和动态。语言中事件理解的某些“超验”方面激发甚至必要化了这种对所发生事件的神学解释，这种超验直接而又明确地表明圣经与荷马史诗采用了相似的

---

① 人类对于颂歌这种“神圣礼物”的领悟能力真切地存在局限性，这一观点也是由塔尔曼（Thalmann）强调的。

② 参见 Nagy，*The Best of the Achaeans*：*Concepts of the Hero in Archaic Greek Poetry*，Baltimore：The John's Hopkins UP，1979，p. 16。更多解释见纳吉所著文章“Ancient Greek Poetry，Prophecy，and the Concepts of Theory”。

③ 我在即将出版的书作 *The Revelation of Imagination*：*From the Bible and Homer*，*through Virgil and Augustine*，*to Dante* 中将继续研究这一课题，书中观点即来自对本文内容整编。

神话结构与富有想象力的形式。[①]

就类似圣经启示而言，在西方文化另一源头即希腊-罗马传统中，荷马史诗也能呈现出宗教启示与人类诗作之间隐秘的亲和关系，甚至是内在吻合关系之见证。这种见证差异甚巨，却又奇特地相似。所有生命形式在荷马史诗中都或多或少隐喻地加入了神性的光环。无论何时，更高级的世界都能够闪耀并穿透到人类世界中，并借此显现、贯穿于自然或人为事件当中。这些事件随即突然有了神灵现身——象征着不朽的世界短暂地为人类世界所见。荷马的世界通常都被这种魅力光环所触及、照亮。

荷马确实是希腊宗教不可或缺的来源，鉴于此，它被理解为一种美学性的宗教。它天生就犹如诗歌一般。关于这一点的隐喻已在黑格尔（Hegal）《精神现象学》（*Phänomenologie des Geistes*，CC. Ⅶ. B）中冠以“艺术宗教”（Die Kunstreligion）之名提出。神性被认为是直接且客观的，而不是神圣超验的隐秘暗示。它的内在神秘性是由圣经的崇高所传达的，我们已经完全将神圣存在的表象具现化成了具体之物。[②] 西方世界主导的世俗主义精神——给出一个客观的、最终能够被科学研究的外部世界——在胚胎中便已能识别出来，就像荷马史诗中的命运一样，尤其是在《奥德赛》当中。将神学的启示理解为诗性内在——通过语言的工具性来客观理解人类制造的形式——不可避免地引导着发现与承认人类自主性和世俗性世界观的道路。

布维尔（David Bouvier）主张，《奥德赛》通过人类传统与技术带来了颂唱者神圣灵感的“相对化”。吟游诗人的颂歌不再被认为是完全由缪斯绝对馈赠（donnée absolue）：“神圣的灵感不能被系统地识别；它不再完全依靠赋予，而是可以通过技术标准进行判断的，甚至可能与一个知情人的简

① 解释学思想的思辨传统丰富地反映了思想与交流的超验结构，这就要求对一般性谈话中揭示的信息进行神学解释。从施莱尔马赫（Schleiermacher）到蒂利希（Tillich）和斯查尔曼（Scharlemann）的宗教思想家的经典文本触及沟通与启示之间的关系的部分到克莱姆（Klemm）这里聚集了起来。

② 参见 Auerbach，*Odysseus's Scar*，*Mimesis*：*The Representation of Reality in Western*，Princeton：Princeton University Press，1953，pp. 3－23，奥尔巴赫在书中所提出的发展观点被科恩肯（Köhnken）在 *Die Narbe des Odysseus. Ein Beitrag zur homerisch—epischen Erzahl technik*，Antike und Abendland 22，1976 中所批判，进一步的重新审视由瓦伦提出，参见 Whallon，*Biblical Poetry and Homeric Epic*，Parnassus Revisited：Modern Critical Essays on the Epic Tradition，Chicago：American Library Association，1973，pp. 214－220。

单认知相混淆。”[①] 布维尔认为，荷马实际上并不与传统的颂歌者相等同，他们由斐弥俄斯、得摩多科斯和克吕泰墨斯特拉（Clytemnestra）的颂歌者这些人所代表，后者被放逐到荒岛上自生自灭（第3卷，第267行及以下），而是与奥德修斯相等同，他就是一个被描述为像颂歌者一样的人。《奥德赛》诉诸神的启示，反而更体现了奥德修斯本人所具有的人类智慧和创造力。[②] 奥德修斯没有召唤缪斯，而是以一种精通修辞学和技艺技巧的身份，用诗性的方式调词遣句，即一种组织语言艺术的“混合型智慧”。

事实上，布维尔辩称，《奥德赛》成了一种“颂歌者神圣灵感的世俗化”，在这种诗性灵感的新形式中——这种新形式尤其要致敬《伊利亚特》——颂歌在技术层面上被前景化了，马赫勒（Herwig Maehler）也持有这一看法。此外马赫勒强调，无论怎样，《奥德赛》中的颂歌者，以及奥德修斯自己，当他成为一个神话的讲述人，便能够施展魔法（θέλγειν）。在《伊利亚特》中这是一种被神所保留的能力，吟游诗人的颂歌仅仅诱导出“享受”［ιέλπειν，马赫勒，《奥德赛的颂唱者》（*The Singer of the Odyssey*），第10页］。[③] 而在《奥德赛》里，从诸神之手中获得了自我掌控能力之后，吟游诗人的“神圣性”（θεῖον）变得更加可感——见于得摩多科斯（第8卷，第43行），斐弥俄斯（第16卷，第252行；第23卷，第33、143行），以及墨涅拉奥斯的孩子们婚礼上的颂歌者这些人身上（第4卷，第17行）——这些场景中所展现出的更多是他们自身的自由、创造性的自我表达，以及惊人而又明显的力量。

诗歌使人迷狂出窍，感动到落泪，甚至对人施以魔法，这些力量并未减弱，甚或可说是得到了增强，但这不再是神所专有的技艺，吟游诗人因其自身魅力为人关注，而不再仅仅作为神的喉舌或代言人：“他陈述对他个人而言重要之事。”并且“明显地使人为他的创造性力量而自豪”。[④] 颂歌可

---

① 参见 Bouvier，“Le pouvoir de Calypso”，p. 80。

② 然而，麦凯（Mackie）指出了一些叙事手法上的不同，比如在《奥德赛》中讲故事的方式和吟游颂歌之间的差异。

③ 此处亦参见沃尔什（Walsh），*The Varieties of Enchantment：Early Greek Views of the Nature and Function of Poetry*，Chapel Hill：University of North Carolina Press，1984，pp. 3 - 21。在史诗中，悲恸与喜悦交织在一起表现为一种掌握经验的方法，雷德菲尔德（Redfield），*The Making of Odyssey*，Chicago：American Library Association，p. 153。

④ 参见 Maehler，*The Singer of the Odyssey*，pp. 2 - 3。随着《奥德赛》对诗歌本身及其来源和权威的不断深入的反思，泽巴（Zerba）在 *Odyssean Charisma and the Uses of Persuasion* 强调了在《奥德赛》中激发诗歌创作乐趣的修辞手法。

被人类所塑造，并且与更普遍的大众利益相关——比如渴望了解准确的时事信息的兴趣，即使是塞壬海妖的歌声也不是依靠魔力或者奇迹来引诱人的，而是单纯地依靠陆地上发生事件的信息为诱惑重点（第 12 行，第 184 ~ 191 行），颂歌所蕴含的神力更完全地变为了人性化的力量，《奥德赛》提出了一种新的更加人性化的诗的模型，不再像《伊利亚特》的缪斯那样继续走过去的末路［参见普奇（Pucci），《塞壬之歌：关于荷马的文章》（*The Song of the Sirens*：*Essays on Homer*），第 1 ~ 9 页］。在某种程度上，人类化的塞壬仍在模仿《伊利亚特》的缪斯，奥德修斯必须从她们妖异而又令人发麻的咒语中逃出。当然，幸亏女神喀尔克的警告，他才逃此一劫。因而我们再次看到，关于人类自律和神圣行为的预言意义模糊，几乎是自相矛盾，构成了相互净化和彼此呼唤的现实维度。

从主题上来说，《奥德赛》所讲述的是将人类的自治权从神的统治下解放出来。奥德修斯宣称了他的独立，通过科技与艺术来提升他的个人技艺，坚持自我的意志，坚持自我的理由来度过凡人的一生。这种决定性的世俗化结局以及尘世生活的手段代表着启示人类的神性光辉的蜕变，由世俗化——即人类力量与自我意识的主宰——在《奥德赛》中揭示了神性。在人性当中自发产生的这种自由，是一种被荷马当作神一般不知所踪、玄妙无比同时又具有无限力量的事物所化生的。

荷马似乎除了从诗歌以及神人关系的角度之外，再无法以其他形式来构思神与凡人。他描述奥德修斯与波塞冬的争斗，象征人类自主性与威权之间的冲突。然而，鉴于事件与表演的效果，远非陈述意图所能相比，神性的影响并非对人类潜能的束缚，而是释放了这种潜能，成就了这种潜能。总的来说男性与女性所能达到的“超人性力量”，呈现了在人类事务中的神圣存在与活动。

因此，与其说《奥德赛》揭示了神性的流逝，或说它还揭示了形而上学维度的“存在”，不如说它揭示了，更高的实体在人类活动及意识的记录中存在并起作用。因此，神的能动性可含混地等同于人的行为，而不仅是置于其外，或与其对立。的确，神启世俗化——或者是将人性作为启示的轨迹——已经隐含在“缪斯作为记忆女神摩涅莫辛涅（Mnemosyne；记忆）的女儿”的概念中，这是一个对诗歌创作而言至关重要的人性特征。奥德修斯对喀耳刻女神预言的记忆，被认为是神圣启示（她说“将有神明来提醒你”，第 12 卷，第 38 行）。记忆或称心智，诸如人类在独特的世俗事务与合成的经验中体验到的那种东西，似乎在其中或就其本身就拥有神圣性：

它是在人类世界中顿悟神性的一种源泉。

宗教神话是荷马在试图理解人类神秘体验时所特有的语库。其他形式的语言，包括科学语言，均可被认知、被发明，但神话这种语言，在近乎所有的原始文化中都或多或少被发现并运用，以之来探索、阐释人类初次体验的存在界限。如果将问题假设为神或众神是否客观存在，那么宗教相关的许多争论将逐渐干涸。“神”的概念一直以来都是表达人类生命的超验神秘性的方式，这种神秘性无法具体化，且出现在诗歌中的具体形象非真亦非假，无法从形象的语言中加以抽象判断：神话的具体象征是语言表现超验现实的必要步骤。①

《奥德赛》所揭示的启示非常人性化，虽方式不同却与圣经揭示的内容惊人相似。神圣之物在《奥德赛》中总是一种含混不清的状态。这就为人类留下了空间，人利用自身的经验，而不必完全遵从神性对事物的分配安排来做出决断。神性内在的纯粹超验性不再是不可表述的。启示赋予了人类一种必要的媒介。这意味着启示以新的方式在人类的具体情形中被实现化了，它被人类解释为用来观察生活与历史的途径。

现代社会对于希腊最深刻的印象——尤其是荷马作品中反映出的古希腊人——是最初从所有事物中看到神的显现，以及这种显现梦幻般的鲜明与辉煌。正是这一点受到了希腊学者和阐释者们的称颂，包括从温克尔曼到歌德、荷尔德林、黑格尔（他只涉及一些引领了德国浪漫主义希腊研究的要点）以及尼采。在荷马的史诗中，数不尽的学者与诗人重新发现了一个尚未幻灭的“前现代世界”，在这里所有天性都被揭示为与神性生命共存。这一状态被解析为“神话思维”，并且严格地与隐喻性语言相联系。②

---

① 古代传统将荷马提出的“神”理解为寓言化的诗歌表达，这种理解无从评论正误，从利基翁的特埃吉尼斯开始（公元前6世纪后期），一直持续到智者学派与亚里士多德，都在尝试让荷马所言的神合理化。菲尼（Feeney）的 *The Gods in Epic*: *Poets and Critics of the Classical Tradition*, Oxford: Clarendon Press, 1991，对此进行了详细的修订审查，尤其可参看第5～56页。亦可参见琼斯（Emlyn-Jones），*The Homeric Gods*: *Poetry*, *Belief and Authority*, *Homer*: *Readings and Images*, Eds. C. Emlyn-Jones, L. Hardwick and J. Purkin, London: G. Duckworth, 1992, p. 101。

② 参见卡西尔（Cassirer），*Sprache und Mythos*: *Beitrag zum Problem der Gotternamen*, Leipzig-B Teubner, 1925, Trans. Susanne K. Langer as Language and Myth, New York: Dover, 1946，及斯奈尔（Snell），*The Discovery of the Mind*: *The Greek Origins of European Thought*, Translate by T. G. Tosenmeyer, New York: Harper&Row, 1960 和多德斯（Dodds），*The Greeks and the Irrational*, Berkeley: University of California Press, 1951。

在荷马文化不断的复兴当中，这一观点不断被重释，尤其是在维柯（Giambattista Vico，1668－1744）之后。

维柯的《新科学》是革命的新哲学工作，其整个第三卷都在集中研究荷马。荷马为他展现了一个原始的、前理性的人类思想文化舞台。这个舞台尤其倾向于展示想象的力量，以及不受拘束的感觉与情绪。维柯认为荷马的知识是原始且率性的，而正是这些特点使它具有普适性与原创性。在这一特定层面上，诗歌在高度分化与抽象化之前蕴含着所有的知识，维柯将这种诗歌理解为神的语言。[①] 在维柯之后，赫尔德（Herder）与德国浪漫主义研究者发现了荷马对于存在问题在超验维度中的调整，荷马客观地将它隐喻为神，成为独一无二的宗教“启示”（Offenbarung）的关键。[②] 这其实是一种非常古老的观念，特别是在将荷马作为神学家，进行新柏拉图式讽喻解读的过程中发展起来的，例如，波菲利（Porphyry）的著作《荷马的问题》（*Homeric Questions*）以及《仙女的洞穴》（*De antro nympharum*）。[③]

作为希腊最早的文学作品，由于其本身的内在品质，荷马史诗在西方传统中始终代表着诗性视界的纯洁与本真——即 *iuventus mundi*（处于青年时期的世界）。席勒（Schiller）在《论朴素的诗与感伤的诗》（*Uber naive und sentimentalische Dichtung*）中认为，荷马的作品是纯真的原型而非感伤的诗歌：世界的客观性以其压倒性的魅力表现出来，而还未形成自觉的诗人内心的反思，这成为浪漫主义者中的常态。歌德（Goethe）对此也持相同态度，他曾评论荷马史诗说：“我承认它不再是一首诗，而是自然本身。”[④]

但是我们不应该遗忘这一点，即荷马无疑是悠久传统的继承者。首先关于“荷马”，或者更确切地说是《伊利亚特》与《奥德赛》，是被认为有资格作为第一篇（希腊）诗歌而流传的。格律化的语言，作为一种隐喻式的、原始的口头形式的诗，暗示着一段长期的潜伏史。在此期间，史诗的语言材料被详细地进行了阐释和提炼。在希腊青铜时代的迈锡尼时期，被特洛伊战争中的英雄所点缀的理想岁月也许会被设置在公元前 12 世纪。随后，“荷马”作为一位吟游诗人，或是那一时代吟游诗人的统称，负责在撰写过程中将当时存在的口头传统经过艺术加工融入诗歌里，这一点可以追

---

① 参见正文 836 段《新科学》的结论。

② 施莱格尔兄弟（August Schlegel、Friedrich von Schlegel）就是其中的典范代表。

③ 兰波顿（Lamberton）追溯了这一传统。

④ Goethe，*Briefuuechsel zwischen Schiller und Goethe*，Jena：Eugen Diederichs Verlag，1905.

溯到公元前8世纪左右。

诗歌的格律化语言本身就是一种直接可感的口语性指标，它将口头朗诵作为诗歌创作的原始媒介。[①] 格律对于记忆诗歌而言是必要的，因为诗人要在公众面前进行即兴创作。固定的元素，例如，确切的名字与固有的称号连接起来，放置在以长短格写作的六步律诗中某些位置恰好合适，所以在沿用的过程中，有时吟游诗人对这种方式与主题的适应性漠不关心。即使是追求佩涅洛佩的求婚者中最无礼的安提诺乌斯（Antinous），也可能会被称作是“神样的”，即使他完全配不上这一称呼。格律的应用会导致帕里（Milman Parry）所谓“不合逻辑的使用称号”［《荷马史诗中的传统绰号》（*The Traditional Epithet in Homer*），第22～23页］。这赋予了诗歌一种天真的性质：诗歌本身并不总能够意识到它所言说的内容。尽管如此，诗歌直白的简洁与率真性，是由精湛的艺术创作而成的。诗人为了文字表面的连贯，会极具自我意识地掌控意义，但艺术性并不体现在此层面上。艺术性显然超出了任何个体的思维水平。而且，有意识的艺术性以及不可预知的创造性成为故事的关键主题。奥德修斯对自身创造力的自觉对他的成功与生还而言至关重要。

细读荷马史诗便可得知这一点。但截至目前，预见并超越所有主题线索，让我们有理由表明，存在于世界中的单一超验秩序启示，怎样归属于人类的卓越性或是诗性力量，甚至如何归属于《奥德赛》散乱的结构：启示，甚至是神的启示，是由卓越的人类以及诗化的手段所达成的。荷马史诗是对生命和自然的梦幻知觉的启示——实际上，对于每一个新的观众，他们仍旧是这样自称：“对我们述说吧，缪斯。”（εἰπὲ καὶ ἡμῖν，第1卷，第10行）对于这种召神术，最重要的是诸神仍未逃离人的存在。然而，正是为了脱离神的不断操纵，按照人自我的方式生活，成为诗歌的中心主题。《奥德赛》向我们展示了个人独创性以及自我塑造的新兴力量与神话世界的危机。这种力量规划了由人类授权的新形式的发展，比如艺术与技术等方面。但是新的人类力量再次表明了它是神性启示的人类形式——而不仅仅

---

① 参见帕里的观点，即荷马是口头诗歌的基础，同时是一位王者。这一观点的引申含义被纳吉进一步深入研究并定义为诗歌作为表现力与荷马问题的方式，以及斯科德尔（Scodel）提出的聆听荷马的观点。对于缪斯在诗人诗歌创作灵感中的具体影响是由芬克伯格（Finkelberg）筛选出来的。对于荷马运用“神话”来实现诗歌中神圣仪式的意义这一问题，已经由马丁（Richard Martin）依照奥斯汀（J. L. Austin）和赛尔（John Searle）的当代行为语言理论予以证明。

是将神性从人类世界中驱逐出去。[①]

世俗有时被界定为神圣与亵渎之间的中立境界。这种领域对于宗教多元化的社会是很重要的：它们需要的是对所有人都有约束力的法治，而非依赖于个别宗教的约束性主张。这种情况在罗马帝国治下圣奥古斯丁的世界中得到了明显体现，但在《奥德赛》的世界中却并非如此，荷马的“世俗化”意味着神圣在世俗中表现出来。我所指出的悖论是当人类与神性相比变得更加独立时，它就以“与神性相区分”的形式实现自我。在人与神的两个世界之间并不存在破坏关系，而是逐渐形成并创造出介于两个世界之间的世俗化领域。有一个既包含人性也包含神性的愿景统一体——设想人类到达神性领域。人类自治的主张正在大行其道，但并没有破坏神与人的统一面的裂口。这两种存在都是从相同的想象中提炼出来的。

一　《特勒马科斯之歌》：成长及与神共生（第1卷至第4卷）

《奥德赛》的前四卷，被统称为《特勒马科斯之歌》（*Telemachy*），推迟了史诗主角奥德修斯的登场，代之以他的儿子的故事作为开端。然而，这也喻示着将要实现的结局，特别是在史诗结尾的战争，正如这个名字所暗示的：telos 即“终结”和 machy 即“战斗”（参见第3卷，第215行及以下）。这四卷内容预示着微观世界里的主要问题，此外，在叙述层面上，特勒马科斯对他父亲的追寻，也是他对自我身份认知的探索，反映了奥德修斯为归家而展开的自我发现的旅程。特别在于，特勒马科斯必须了解到人类凡人性的隐喻含义，关于这一含义的思考也操纵着奥德修斯对自己的理解。特勒马科斯的身份认知问题首先是他父亲的消失引起的。用他自己的话来说：“现在他却被狂烈的风暴不光彩地刮走，无踪无影。音讯荡然，给我留下忧伤和痛苦。”（第1卷，第241～243行）奥德修斯生死未卜，这种不确定性似乎使得特勒马科斯从经验维度考虑判断的概率要更高于从客观

① 奥德修斯主动选择命运，可是他只能从命运之神的预判中选择命运，进而为人类意识而斗争；关于这种斗争的典范价值之论述参见 Zeruneith 的论文。甚至苏格拉底关于自由的自我反省也承认了诸神的存在。泽鲁内斯援引了《理想国》620c～d，奥德修斯的灵魂对于下一世生命的自由选择也同样是遵从神圣原则或精灵。“在这一层面，苏格拉底成为奥德修斯所期待的内在化和精神化的完全发展模式”（第561页）。神圣的力量因而在人的自由中内化并精神化。

事实判断；这使他对不可见的甚至是神圣存在的感知更加敏锐。

特勒马科斯在第一卷中和雅典娜的相遇，尤为突出地阐明了人类达到自我认知极限时，接近自身力量中的神性的方式。雅典娜唤醒了特勒马科斯的思绪：她神圣的力量让特勒马科斯从麻痹和忧郁当中解脱出来。在雅典娜变相的干涉之后，特勒马科斯向求婚者以及佩涅洛佩展示了他被赋予的力量。雅典娜唤起了他心中奥德修斯的形象，同时特勒马科斯心中从前的奥德修斯形象已经逝去并被掩盖起来。事实上，他的父亲是被“卡吕普索”(来自希腊词语 καλὑψειν——掩盖或隐藏)隐藏了起来。雅典娜再次向特勒马科斯确证了他的家族不会被“湮没”(第1卷，第223行)，并告诫他要获得子孙后代的赞誉，就要像阿伽门农之子奥瑞斯特斯一样，为他被谋杀的父亲复仇(第1卷，第297～302行)。只有在这之后，特勒马科斯才能够说出他父亲的名字——整篇史诗的重要性将逐渐延展开来——告诉他的母亲佩涅洛佩不应禁止斐弥俄斯为她的丈夫歌唱和庆祝：“不只是奥德修斯一人失去了从特洛伊归返的时光。”(第1卷，第354行)让奥德修斯归来的颂歌是让他的存在在他自己家族成员的意识与心灵中重生的第一步。特勒马科斯首先必须选择成为奥德修斯之子，接受他父亲的传奇，以接受奥德修斯仍在人世的消息，并将其作为具有真实存在可能性的神谕。

雅典娜降临特勒马科斯身边的奇迹的重要意义在于，她为特勒马科斯的心中瞬间注入了无比的力量，而当她完成这一过程，

> 她有如飞鸟骤然腾起，给他的心灵
> 注进力量和勇气，使他想念父亲
> 比先前更强烈。他心中顿然领悟，
> 不禁惊异：刚才显然是一位神明。
> (第1卷，第320～323行)

这就建立了一种外在奇迹与内在需求性之间的关系。实际上，这个场景当中蕴含着强烈的心理逻辑，以此暗示着特勒马科斯看到了雅典娜，因为他需要并且想要见到他的父亲。特勒马科斯是第一个见到以门特斯(Mentes)的身份为伪装的雅典娜来到王宫的人；事实上他是唯一一个注意到雅典娜到来的人：

神样的特勒马科斯首先看见雅典娜，
他正坐在求婚人中间，心中悲怆，
幻想着高贵的父亲，或许从某地归来，
把求婚人驱赶得在宅里四散逃窜，
自己重享荣耀，又成为一家之尊。
他在求婚人中这样思虑，看见雅典娜。
（第 1 卷，第 113 ~118 行）

特勒马科斯对女神到来的敏锐察觉是对于他希望重获他心中的生动的父亲形象，从而使自己按此形象成长至同样高度的心理需求的延伸。这就可以解释为什么雅典娜关于奥德修斯内在回归的预言会故意地说成是一种模棱两可的假设，而不是被神性不容置疑的权威所保证："我现在给你作预言，不朽的神明把它赋予我心中，我相信它一定会实现，虽然我不是预言家，也不谙鸟飞的秘密。"（第 1 卷，第 200 ~202 行）这一信息是为了唤醒特勒马科斯，使他能够积极地寻找他的父亲，这种不确定性是促进探索旅程的重要助力。

特勒马科斯必须寻找他的自我认知，并且从内在去发现他的父亲——既然从外在上已经无从确证。在这件事上，所有的假设都是模棱两可的："母亲说我是他的儿子，我自己不清楚，因为谁也不可能知道自己的出身。"（第 1 卷，第 215 ~216 行）这种怀疑与内心的痛感打开了想象的内在空间，同时这也是神性在人类心灵中活动的空间。正是因为这种不确定性和必要性，特勒马科斯才将在这次探寻的航行中把自己引入他父亲的世界，他要在那里找回自己的身份。人与神之间的连贯性不再被"授予式的权威性"或者是"神圣的保证"所强调，而是由雅典娜命令特勒马科斯：

你准备一条最好的快船，配桨手二十，
亲自出发去寻找漂泊在外的父亲，
也许会有人告诉你消息，你或许会听到，
宙斯发出的传闻，他常向凡人传信息。
（第 1 卷，第 280 ~283 行）

这是为了开展一次发现的探险，而非直截了当地通过神圣启示宣告关于他父亲的事情。雅典娜的作用在于给特勒马科斯心中安插一个关于他父亲作为痛苦与惩罚的施加者的形象，奥德修斯被描绘为“寻找致命毒药”(第 1 卷，第 261 行)。因为这是特勒马科斯寻找父亲精神的关键，他不仅在身体上，甚至在头脑中都遗忘了这一形象——通过遗忘或者无法接受奥德修斯的现实。雅典娜以奥德修斯作为战士、掠夺者、复仇者的身份唤起了他的形象：“但愿他现在就能出现，站在大门边，盔帽盾牌齐全，手握两杆长枪……”(第 1 卷，第 255 ~ 256 行)

因为雅典娜起作用的形式总是符合特勒马科斯的内在需求与倾向，所以他认出雅典娜是女神是合宜的，但特勒马科斯只是因为雅典娜施予他的成功转变才会如此认为，这种人与神之间的模糊界限体现在特勒马科斯的举动中，正如后来传令官墨冬对佩涅洛佩所说的那样：“我不知道是哪位神明鼓励他这样做，或是他自己的心灵驱使他前去皮洛斯，打听父亲是否能归返，或已遭灾难。”(第 4 卷，第 712 ~ 715 行)

雅典娜可以被解释为完全内在于特勒马科斯的灵魂当中，对他而言是一个外在实体化的客观形象，但她所做的一切都与他的自身心理状态和倾向性相协调。神被理解为人类意识的内在维度，同时外化存在于客观层面上。这种连贯与重叠被雅典娜自己明确地描述为：“特勒马科斯，你自己心里仔细考虑，神明也会给你启示；我深信不疑，你出生和长大完全符合神明的意愿。”(第 3 卷，第 26 ~ 28 行)

这通常也适用于人类的行为与事件。确切而又强有力的谣言 (κλὲος) 可能是来自宙斯的信息。没有任何可供辨识的人类痕迹的信息被认为是来自天界，尤其是当这种信息来自无从解释的遥远彼方，并且迅疾而至时(第 1 卷，第 282 ~ 283 行)。与此类似，强而有力的思想也可能是神的思想(第 3 卷，第 26 ~ 27 行；第 1 卷，第 200 ~ 201 行)。这代表着一种人类普遍认同的假设，即使是在安提诺乌斯的尖刻挖苦中也有着这样的评论：“特勒马科斯，显然是神明们亲自把你培养成一个好吹牛、说话狂妄的家伙。”(第 1 卷，第 384 ~ 385 行)

这种人类能动性在神性上的叠加——神圣之物成为衡量人性高度的尺度——使人类能够真正从与神圣行为的关系中获得自由（或许是第一次被解放），比如，雅典娜借助门特斯身份的行为。在神的主动权与人的能动性动机之间不存在冲突和分歧，当他们以这种方式互相渗透的时候，在神性的影响力下，人类的能动性将竭尽所能地去完成甚至超越常规认知中的人类极限。特勒马科斯对所有朋友的建议都做出了回应，正因为他的决议所具有的非凡的意义，才证明了其中确有神的介入。人类所获得的超人力量实际上构成了神的存在和人的行为。

雅典娜鼓动了探索计划，但特勒马科斯却是自由地行动——他通过行动成就了自由。在雅典娜离开后，特勒马科斯被赋予了精神的力量和激励，他用这被赋予的力量发出了使佩涅洛佩感到惊异的话语："……因为这个家的权力属于我。佩涅洛佩不胜惊异，返回房间。"（第 1 卷，第 359 ~ 360 行）接着，特勒马科斯召集了议会，并威胁了求婚者们，他们同样非常惊异："他这样说，求婚人用牙齿咬紧嘴唇，对特勒马科斯大胆的话语感到惊异。"（第 1 卷，第 381 ~ 382 行）他甚至开始像他父亲真正的儿子一般，掩盖了他的到访者是一位神明并且宣称了奥德修斯的内在回归的事情。他向他们复述了雅典娜作为塔福斯人的首领门特斯所讲述的故事。"特勒马科斯这样说，知道那是位神明。"（第 1 卷，第 420 行）因此，第 2 卷的舞台已被设置好，在那里，特勒马科斯手持权杖，在议会中他父亲的位置上，果断地采取行动，解决了奥德修斯是否生还的不确定性问题。

在第 3 卷与第 4 卷中，特勒马科斯的悲伤源自他在去往皮洛斯和斯巴达的航行中，所发现的关于他父亲的形象，以及他如何理解这些形象：这些形象使他如计划一般成长为他父亲世界中的男人。在涅斯托尔那里他得知了"因为所有的凡人都需要神明助佑"（第 3 卷，第 48 行）。因此，他了解到他父亲的世界中一个至关重要的方面，并对向他的父亲施恩的女神雅典娜进行了祭拜（第 3 卷，第 380 ~ 473 行）。然而，涅斯托尔仅仅代表了与众神之间传统的虔诚的关系：他被引荐祭拜了奥德修斯所蔑视的神——波塞冬（第 3 卷，第 1 ~ 341 行）。此外，在尽快归家这个问题上，他没有奥德修斯那样丰富的经历和经验："亲爱的孩子，我这样回到家，不知音讯，我不得而知……"（第 3 卷，第 184 行）尽管如此，特勒马科斯还是能够从他那里了解到奥瑞斯特斯向谋杀他父亲阿伽门农的埃奎斯托斯复仇的细节，这对于他目前的困境而言是一种显而易见的范本。

从另一方面来说，墨涅拉奥斯漫游得更远（第 4 卷，第 81 行），遭受的苦难更多（第 4 卷，第 95 行）。他常以逐字逐句的自我描述，讲述那些我们已经听说过的与奥德修斯相关的事。他的部下，也和奥德修斯的部下一样，由于饥饿难耐而宰杀了太阳神的牛（第 4 卷，第 369 行）。然而他们的一切兴衰变迁都是反英雄的，他仍旧会感到失望与被动，他的痛苦被海伦的药所消除，并因而丧失了人性：

如果有谁喝了她调和的那种酒酿，
会一整天地不顺面颊往下滴泪珠，
即使他的父亲和母亲同时亡故，
即使他的兄弟或儿子在他面前，
被铜器杀死，他亲眼目睹那一场面。
（第4卷，第222~226行）

事实上，这里所描述的背叛与墨涅拉奥斯的兄弟——阿伽门农的命运完全吻合。墨涅拉奥斯的确遭受了苦难，但他并没有在苦难中像奥德修斯那般走向成功：他宁愿在其中变得麻木，为达成这一目的，海伦本人就成了他的妙药。她的美貌使人消除痛苦的同时也让人忘记了自我。墨涅拉奥斯将通过与宙斯的女儿海伦的婚姻来得到永生，从而逃脱作为凡人的存在的痛苦（第4卷，第561行及以下）。他只是在等待释放，而不是像奥德修斯那样，将凡人的一生度至极限。作为奥德修斯的陪衬，他就像“空心的拉栖第梦（斯巴达代称）”一样空洞，他和他“擦得锃亮的浴缸”一起，坐在闪亮的宫殿里。

在造访皮洛斯和斯巴达的时候，丰厚虔诚的献祭及对于客人的款待被反复地强调，然而这种对于神的恭敬顺从的态度并不是特勒马科斯偶然习得的。他期望成长为他父亲的儿子，这个目标在他眼前不断晃动，并使得他与奥德修斯的相似点总为人所察觉，如第3卷第120~125行的涅斯托尔和第4卷第141行的海伦。最重要的是，他邂逅了其父亲作为一个痛苦的加害者的形象，即使他还没有准备好去理解并接受这一形象。尤其是在墨涅拉奥斯对奥德修斯的叙述过程中：

有如一头母鹿把自己初生的乳儿
放到勇猛的狮子在丛林的莽窝里，
自己跑上山坡和繁茂的谷地去啃草，
当那狮子回到它的固有的居地时，
便会给两只小鹿带来可悲的苦命；
奥德修斯也会给他们带来可悲的命运。
（第4卷，第335~340行）

关于奥德修斯回归的预言总是使人怀疑，结果就是那些奥德修斯所爱的人会将他们想象及渴望的奥德修斯的形象保留下来，伊普尼姆（Ipthime），即雅典娜以佩涅洛佩的姐妹为形象塑造的虚构梦境，回应了佩涅洛佩的恳求，说道："我不能详细说明你那位丈夫的遭遇，他活着还是已死去，说空话不是好事。"（第 4 卷，第 836 ~ 837 行）这重复了海中老人（第 4 卷，第 497 行）、墨涅拉奥斯（第 4 卷，第 390 行）以及涅斯托尔（第 3 卷，第 216 行）回避向特勒马科斯提议的事情。另一重世界关于此世的启示总是模棱两可的，然而正是这种模棱两可为人类提供了参与空间——不仅是事实，还有可能性、价值以及观念——以及由此而来的人类的反思与成长。佩涅洛佩只能依靠自己内心对于奥德修斯的信仰而活，在没有外界支持的情况下维持她的忠诚。她内心对于奥德修斯的这种认知也许会开启未被发现的景象，这种远景可能会揭示出她从未梦想或是无法接受的奥德修斯的存在形象。

不断的预告和预言，前置并限制了奥德修斯实际的、神奇的再次出现。所有从诸神处揭示出的心理层面的条件被荷马放在了前面，并事实上洞见了被神启所强加的人类现实。心理的维度，引人注目，荷马史诗的第二部中主人翁的高度个人化便是明证，已对现实的心理层面有较强意识，尤其是从诸神传承来的内容。宗教启示的心理基础（来源于 psyche，即灵魂）以一种令人惊奇的方式阐明，在诗歌起始之时，即将神性重叠加诸人之能动性之上。

前四卷的内容合并起来是对奥德修斯自己故事的一种推延，尽管如此，这几卷仍旧表明了整部作品的主题和核心。对主要情节和主人公的推延使得整部史诗的结构形成了一个完全的整体——在一般的浪漫史诗中——推延的策略通常是用来增加悬念（Finike，61 ~ 104，Besslich，1 ~ 154）。但这同时也是一种在思想与精神层面伸展空间的技巧，形成等待与期盼的空间。这是众神活动的维度，此维度历来引人注目，虽非全然实际且客观，却是思想潜力与创造记忆之源，在那里众神无形地推动着，而缪斯则总在其中低语。

因此，从圣经到荷马史诗的西方文学的潜在灵感，一直存在将诗歌视为神启的理念。整个《奥德赛》揭示了存在于人类生命中的神性，尤其是在最崇高的英雄以及他们最亲近的人身上。相反的是，众神被诗化为拟人化的形象，将神性生命投射在人性光辉中。在这些方式中，凡人与不朽的存在成为彼此的映刻：他们的诗性显现都揭示了人类生命的核心部分所具有的神学维度。

二 为脱离神性而与入侵的神性展开的斗争（第5卷至第8卷）

“瑙西卡”（Nausicaa）年轻而不稳定的个性进一步阐明了人类动机与神的干涉之间存在的不确定性。超自然的力量向她提出的，正是她历经岁月，基于自身倾向，自然成长形成的样子。她像一只开放的容器，接受神圣的鼓舞，毫无反抗。作为统一整体，她的人民，在这方面与她非常相似。他们最能够接受与众神相近。然而，由于这一原因，他们并没有那么重要，也缺乏具体的人性形象。奥德修斯与诸神斗争，以开拓人类自治的领域。这使他成为世俗人文主义的第一位英雄。尽管他仍旧突出地体现了神性启示的世界，但突破束缚的阶段就此而始。

我们观察到，在最初的四卷中，神的意志是如何在人类身上叠加的，从而暗示着两者之间的连续性和协同作用，甚至是混乱。[①] 在第5卷到第8卷中，神与凡人之间缺乏绝对的深渊，相较之下，圣经的神圣超验导致了神与人在共同的行为现象领域为自由而斗争。这一斗争由奥德修斯完成了范式转换，这使他成为阿多诺（Adorno）和霍克海默（Horkheimer）在《启蒙辩证法》中所暗示的启蒙英雄的原型。霍克海默和阿多诺从奥德修斯那里看出一个资产阶级个体从以宇宙为原型的神话世界中浮现出来的轮廓。从这个角度来看，《奥德赛》是与“世俗化”相关的——如何创设一个从众神永恒而又直接的操纵中解放出来的领域，而这个领域的存在和影响力又能够席卷全世界。这个新的、世俗化的世界是使人可以自由行动，收获自己行为的自然果实的地方。但完全世俗化的生活也意味着接受了凡人必然的死亡。这一结果被奥德修斯毫无畏惧地接受了，这要归功于他独特的冷酷与勇气。尽管《奥德赛》用诗性语言描绘了奥德修斯为逃离高阶力量而不屈不挠的努力斗争，以便能够按照自我的人性来度过一生，但《奥德赛》却也展现了高阶力量的普遍存在：它们通常在人类能动性的内部运作，并

---

① 英雄或半神的形象强调了人与神之间的连续性。这一课题由库尔曼（Kullmann）、厄尔波斯（Erbse）和克雷（Clay）在 *The Wrath of Athena: Gods and Men in the Odyssey*, Princeton, 1983，第170～176页中详细探究。

且通常与之相区别。[①]

这部史诗讲述的是为人类自治权而斗争，然而对这场斗争的描写却恰恰揭示了受众神影响的不可避免性。众神在人类经历、做出举动的过程中，以非凡现象展现出它的无处不在。当然，这是传说与颂歌的独特优点——也即史诗或诗歌的独特之处——用来彰显这种奇妙的品质。因此，神性启示与文学及其揭示的能力是密不可分的——就像在圣经中一样。[②] 圣经中关于造物主话语的说法与诗歌中神圣的缪斯的启示有所关联：得益于他们的灵感，他成为这个世界及其更深层次真相的揭示者。[③] 这种对于文学作品中启示的理解，在盲眼预言家的传说中有所表达：诗人接受了颂歌的礼物，包括一种超然的感知能力，以弥补他在物质层面上缺少的视觉。

因此在传统意义上，荷马被认为是盲眼的。这也标志着他具有非凡的语言性以及对于灵感的洞察力。他在他的诗中体现了这一形象，即"颂唱者"得摩多科斯："传令官回来，带来令人敬爱的歌人，缪斯宠爱他，给他幸福，也给他不幸，夺去了他的视力，却让他甜美地歌唱。"（第 8 卷，第 62～64 行）人类的自主性必须通过叛逆与反抗而非共性的忍耐力才能够与众神对抗并取得胜利，但这也必须得到神的认可。奥德修斯返乡的所有故事是从宙斯的决定开始，由雅典娜促成，从而允许他归家。引人注目的是，奥德修斯建造他返乡的木筏时，运用了他半神性的力量，用他自己的双手所掌握的技巧来塑造和引导自己的生命。但我们不应忘记，即使是这种自治的方式都是众神赐予他的。正是女神卡吕普索，给了他一切必要的工具，还带有如文本所述的那份明显的坚持：

> 她为勇敢的奥德修斯准备行程，
> 交给他一把大斧，正合他的掌型，
> ……
> 神女中的女神卡吕普索向他指明，

---

① 参见霍克海默、阿道尔诺《奥德修斯的神话和启蒙》，第 58～83 页。[译按] 中译文参见霍克海默、阿道尔诺《启蒙辩证法：哲学断片》，渠敬东译，上海人民出版社，2006，附论一。

② 我对圣经中文学体裁的启示在《想象力的启示》第一章中做了解释。更进一步的解释可以参看弗斯（Firth）和格兰特（Grant）。

③ 关于真理与缪斯，请参见阿卡梅（Accame）和斯科德尔著，*Bardic Performance*。关于诗歌与真理的内在联系考证是由普莱特（Pratt）提出的。

生长高大树干的地方，便返回洞穴，
……
神女中的女神卡吕普索又送来钻子，
奥德修斯把所有木料钻上孔互相拼合。
（第5卷，第233～247行）

这就具体说明了，即使是在人类自治的过程里，与神的合作也是必要的。反之，一旦获得了这种自治就不再反对神——正如奥德修斯对待卡吕普索那样。一旦决定了他的释放，奥德修斯就爱这位女神，而之前他一直抵制着这个女神："神女有情他无意。"（第5卷，第155行）在赫尔墨斯的干涉发生之前奥德修斯被描述为一种绝望的状态，他无法与卡吕普索共享欢愉，但当他知道他可以动身返家，他的自治性，即人类身份复苏了，所以他乐于与卡吕普索交合："他们双双进入宽旷的洞穴深处，享受欢爱，互相偎依，卧眠在一起。"之前，卡吕普索剥夺了奥德修斯作为凡人的身份，这一身份与他的妻子和家庭相对应。但随着最终归期的确认，神女之于奥德修斯而言，再次成为一场迷人的性爱冒险。

奥德修斯的人类身份是通过技术的方式获得的——这是人类特有的技艺，并且是与野兽区分的标志。[①] 荷马的艺术也是如此，建立在模仿的基础上，并且与奥德修斯赖以成名的天才般的模仿不无关联。第5卷中，一种特殊的技巧将奥德修斯与荷马人文主义的特征展示了出来，那就是明喻。明喻并不仅仅是呈现最近似或者最明显的相似性。它们的设计精心，从行为的字面意蕴中腾挪开去。明喻引入了针对叙述的远距离视角，提供了从逃离文字展开的直接性的瞬间。明喻同时也暗示了宇宙的统一性，因为它们指出了所有的事物，无论彼此距离多远，都能够分享共同原则并相互结合，从而照亮彼此。然而这种合成比较作为艺术的步骤，将人为因素引入了事物秩序之中。可以借此通过比较和假设的方式，对部分在第5卷中有特殊联系的显著明喻进行阐释：

有如一阵狂风袭来，把一堆干草，
骤然卷起，吹得那甘草四散飘落，

① 对于技艺相关的一些深远哲学喻义，参见卢克尼克（Roochnik），尤其是第18页到第23页关于荷马的内容，也可参考德蒂安（Detienne）和韦尔南特的观点。

神明也这样把筏体的长长木料打散。
(第 5 卷，第 368 ~370 行)

有如儿子们如愿地看见父亲康复，
父亲疾病缠身，忍受剧烈的痛苦，
长久难愈，可怕的神灵降临于他，
但后来神明赐恩惠，让他摆脱苦难；
(第 5 卷，第 394 ~398 行)

有如多足的水螅被强行从窝壁拽下，
吸盘上仍然牢牢吸附着无数的石砾，
奥德修斯也这样，强健的掌上的皮肤，
被扯下残留崖壁。
(第 5 卷，第 432 ~435 行)

如果有人孤身独居在荒郊旷野间，
把未燃完的柴薪藏进发黑的余烬，
用不着去向他人祈求不灭的火种，
奥德修斯也这样把自己埋进残叶里。
(第 5 卷，第 488 ~491 行)

这种比喻式的自觉艺术因而成为人类自治的新认知的一部分，尤其是在《奥德赛》中出现面对众神的情况之时。由此看来，奥德修斯成了名副其实的象征物。然而矛盾之处在于，最为典型化的人类形象仍旧是从神的形象脱胎而来。毕竟技艺本身，就与精于工匠技艺的火神赫淮斯托斯有着密不可分的联系。从第 8 卷第 286 行、第 327 行和第 332 行能够看出这一点。

奥德修斯试图为自主行为开辟出空间，以便在众神之中成为人类。不过为达成这一目的，他仍然需要女神的助力协作。究其一生所做的一切都可能是神所施予的启示，而后者还可以使奥德修斯所有的努力付诸东流。无论如何，对奥德修斯而言，此世就是一个他的个人行为与神的行为能够保持连贯性之地，既可繁茂也可消亡。这种来自不朽存在的帮助，当奥德修斯海上漂浮，长时间半淹水中之时模糊地显现了出来："神女卡吕普索所赠衣服也增添分量。"（第5卷，第321行）奥德修斯明白，来自除了他之外的任何人的帮助，尤其是那些神的帮助，很可能反而会形成阻碍，因而他开始怀疑琉科特埃［Leucothea，即伊诺（Ino）］施予他的援助，尽管这位卡德摩斯的女儿，"她原是说人语的凡人"（第5卷，第324行）。她指示奥德修斯抛弃众神的礼物——"你脱掉这些衣服，把木筏留给风浪，任它刮走，你用手游泳，努力前往……"（第5卷，第343～344行）但同时她又给了奥德修斯一条头巾让他系在胸前，并指点他"在你的双手终于触及陆地以后，你便把头巾拿开，抛进酒色的海水，要抛得远离陆地，你自己转身离去"（第5卷，第348～350行）。琉科特埃自己又如波浪一般跳入大海。对抗海洋的非凡怒火，神圣的守护是非常必要的——所以，在琉科特埃的事例中，还包含着她曾作为人类而怀有的对人类的同情心。尽管如此，奥德修斯仍在努力争取一块自己的立足之地。只要能够依靠自己，他便对这些机会加以计量，尽管他知道最终他仍是处于众神的"慈悲"之中。奥德修斯性格中典型的坚忍顽强与警惕的"镇定"（ἐπτφροσύνην）使他能够在河流处登陆，从而避免了撞在岩石上，当然这也是由于雅典娜的举动："这时他定会在命定的时刻之前死去，若不是目光炯炯的雅典娜又给他出主意。"（第5卷，第436～437行）

因此，即便是奥德修斯的自我意识也没有完全从神的影响中独立出来。在他就像对神明祈祷一样向河流祈祷后，他的祈求被听到了，也因此而获救。相似的神圣力量在鼓动下形成人类主动性的直接从属，或者完全是这两股力量之间的巧合，尤其是在人类的举动超出了其自身所能达到的极限时，就像在之后一卷中瑙西卡面对奥德修斯一样："雅典娜把勇气灌进她心灵，从四肢驱除恐惧。"（第6卷，第139～140行）

最重要的是，在第9卷到第12卷中人类与神圣能动性之间的协商是通过诗歌创作而成的术语进行的。诗人所说的人类发明创造取代了没有被援引的缪斯的神圣启示，第9卷到第12卷是一出"戏中戏"，在叙述中再行叙述：奥德修斯自己似乎成了一位颂唱者（ὡςὅτ'ἀοιδὸς，第11卷，第368行），叙述了他的冒险经历。这首诗指出了在诗歌创作中人类技艺更加彻底地侵占了神圣力量的地位。在奥德修斯的诗歌当中，最为关键的就是他下到地下世界的传奇。

三　终极叙述与启示：奥德修斯造访冥府

《奥德赛》是一部充满异域风情的传奇故事，其内容错综复杂、充满伪装、情节曲折，并不适合作为天启启示的候选篇章。然而，类似天启性这类事物，我们在下降到冥府的那段故事的核心部分可以找到，至少在最初的情形如此。天启在这一刻获得了一种再现，对于定义西方人文传统的核心主线而言至关重要，在后续的西方史诗文学作品中保持了固有的范式，这尤其要归功于维吉尔和但丁。重要的是，《奥德赛》对于人类命运的终结乃至世界末日的揭示，都强调了凡人生命内在存在价值的实现，而非任何超越性的超验领域。

天启启示在此处的疑问集中在奥德修斯必然的死亡中：在描述奥德修斯未来的死亡时达到顶点。正是他必然的死亡使奥德修斯能够看清生命的最终目的和意义，并且确切得知他的自我身份。他在第 9 卷到第 12 卷重述的冒险经历开启了他追求人类自治身份认同感的变迁历程。这个传奇本身就是一种精巧的身份认知的建构。他的主人阿尔基诺奥斯（Alcinous）承认了这一技巧："你简直有如一位歌人，巧妙地叙述阿开奥斯人和你自己经历的可悲苦难。"（第 11 卷，第 368 ~ 369 行）

奥德修斯的传奇告诉我们，受难与向他人施加痛苦是建立人类身份的关键，最终，死亡将固定这种身形所具有的轮廓。人类的身份同时揭示了人性的特殊性，与免于死亡、苦难的神性相区别。这种下降到死亡的过程本身就是启示，是关于度过凡人生命意义的启示。若接受凡人作为人的有死性的存在，那么人就需要自主性，然则这种人的自主性并非不依靠神启：正相反，它是神性在人类领域中的进一步揭示。正是在凡人的领域中，神性与生命的崇高才能被理解并通过人类显现出来。

人类生命的重大意义能在死后被铭记。埃尔佩诺尔（Elpenor）的鬼魂曾要求在海滨修建坟墓，举行葬礼，这一点便是明证——还是避免惹怒诸神所支持的。"让后代人把我这个不幸的人纪念。你做完这些事，再把我的划桨插坟头，那是我生前和同伴们一起使用的船桨。"（第 11 卷，第 76 ~ 78 行）

埃尔佩诺尔一生的辛勤劳作象征着他的生命意义，即使在死亡之时也是这样。这是埃尔佩诺尔通过自己的双手所进行的劳作，与奥德修斯船桨的象征相同，构成了他的生命的最终意义。这个例子也许并不英勇：当然，他因醉酒而从床上摔下的行为可能比他悲惨的结局更加荒诞。然而，即使是这样的事情也仍旧会被人们所传颂。在这一层面上，这只是一个奥德修斯传奇的平庸版本，通过自主行动建立了自我的生命意义。这种行为必须刻印在他人身上并且被铭记。我们用自己的行动创造了自己生活的标记：这并非简单地由命运所决定。同样也并非由神赐予，而是通过扮演神样的角色来达成，并因此使个体成为区别于其他存在于世界之中凡人的存在。为达到这一目的，个人行动的价值与影响直接与给他人留下的印象成正比。人生的价值主要是通过经历愉悦与他人痛苦而来的。奥德修斯的意义便在于此，起源于他对自己父母的影响，其中一位早已故去（第11卷，第202行）。另一位则满怀忧伤地躺在家中，悲痛欲绝地等待儿子的归来（第11卷，第195～196行），这在之后由欧迈奥斯（Eumaeus）所证实（第15卷，第353～360行）。这是来自生命终点的标记，正如任何当下的序列一样可被理解。《奥德赛》也许是现存最早的关于“当人未曾知晓生命终结之时，能否获知自己是否真正快乐”的故事。[①] 这是奥德修斯在造访地下世界时得知的：

> 他们在一张张便椅和宽椅上相继坐下。
> 一位女仆端来洗手盆，用制作精美的
> 黄金水罐向银盆里注水给他们洗手，
> 在他们面前安好一张光滑的餐桌。
> （第11卷，第134～137行）

这显然是奥德修斯传奇以及他人生的圆满结局。当他离场时，将快乐作为遗产留给身边的人。

从这种外化并且超越于生命的视角来看，着实令人惊异，它足以肯定个人自身的幸福，也不再需要对应地强调施加于他人身上的痛苦，像其他常见的情形一样。而且，奥德修斯还被授意到内陆旅行，直到到达一个无人识得他的船桨，甚至把桨当作簸箕的地方，他将在那里献上百牲祭。这使他的生活发生了完全隐喻式的转变，并且从字面意义上远离了尘世生

① 希罗多德（Herodotus）展示了这一传统主题在公元前6世纪左右就已经达到了经典的地位。他在《历史》第1卷第32段中引用了梭伦对克洛伊索斯的警告：“在一个人死之前，不应该称他为幸福的人，而应该称作幸运的人。”

活——这与他在海上的艰难航行有着密切的联系，因此这一切都与船桨相关。

通过这种隐喻式的放逐，他就能够与神明重归旧好，并被赐予幸福的人生意义。与之相反，在现实生活中，意义与极乐总是伴随着痛苦与冲突。奥德修斯看到了自己的结局，并从盲人先知特瑞西阿斯那里得知他是真正被庇佑的。此外，他还看到很多男人和女人的灵魂，他们的故事是完整的，并因此可以评论他们生命的最终意义。他受指引去理解所有造访他的灵魂，他们却不像奥德修斯那样幸福。作为充满痛苦的人，奥德修斯却很矛盾地达到了人类世界幸福的顶点。

他在叙述中提到到访的动机是从特瑞西阿斯那里获知应该如何归家，但是这一目的在与先知的相遇中并未得到明确答复。关于他要走的路线并没有明确的消息。特瑞西阿斯的话是一种以宣言与权威组成的奇怪混合体，是为了“作真实的预言”（第 11 卷，第 96 行），一方面含混不清，另一方面：

> 但神明会让它充满艰难，在我看来，
> 震地神不会把你忘记，他对你怀恨，
> 余怒难消，因为你刺瞎了他的爱子。
> 你们忍受艰辛后仍可如愿返家园，
> 只要你能约束你自己和你的伴侣们；
> （第 11 卷，第 101 ~ 105 行）

> 虽然你自己可逃脱灾难，
> 但归返艰难迟缓，失去所有的同伴。
> （第 11 卷，第 113 ~ 114 行）

对这种下降过程的深层心理动机，需要透过时间的面纱来进行观察，以便更清楚地了解，凡人是否应该继续度过这样的生命：这种状态的获得，大概是借助对将去往之处的大致了解来实现的。然而，奥德修斯所得到的关于问题的答案，根本无法证明结果与手段相符，因为凡人存在的痛苦得到补偿的方式，以及他的努力得到回报的方式均是来世中的荣光。相反，他所听到的世俗生活的理由是相反的，也即世俗生活本身就是值得为之奋斗的。因此他的母亲敦促他返回人世，“现在你赶快返回阳世”（第11卷，第223行）。同样的信息也隐喻在与特瑞西阿斯的会晤中：“拉埃尔特之子，机敏的神裔奥德修斯，不幸的人啊，你为何离开太阳的光辉，来到这悲惨的地域，拜访亡故的人们?”（第11卷，第92～94行）

奥德修斯在下降到地下世界之前，已被剥夺了财产与伙伴，几乎放弃了自己的生命；在地下世界中，他又重新被赋予并最终学习了去爱的能力和要素。他需要继续进行的是和他所遇到的每一个亡灵学习。

埃尔佩诺尔渴求一座纪念碑是因为希望被活着的人们所铭记。阿伽门农与埃阿斯也是一样，完全地关注于如何在世上存留。但最为尖锐的是阿喀琉斯通过这种方式表达对亡者的怀念之情，尽管这是最可怕的痛苦。阿喀琉斯承认他宁愿在人世为奴，也不愿到阴界称王（第11卷，第489～491行）。

特瑞西阿斯详细地描述了奥德修斯之死，尽管特瑞西阿斯的预言——和通常的预言一样——是以一种神秘的黑暗语言来进行的。最引人注意的是，特瑞西阿斯是以一种完全开放的解释方式来揭示奥德修斯之死的。从某些角度来说，形成这种开放式的结局也有奥德修斯自身的原因。这个结局的象征符号——他的桨（已赠予埃尔佩诺尔）——是他用来航行的人类工具，在他世界闻名的冒险历程中积累了荣耀与名誉。这个工具，还是一种易受影响的隐喻的变形，最终凡人见到的它的形象，是作为另一种人类典型的劳动工具——簸箕，一种收获播种之物的工具。这里的启示其实就是“自己动手，丰衣足食”。它揭示了并非神明突如其来地赋予人类生命以一种超验意义，反而是一个人类自律的领域。然而这也是神圣的启示，是人类生命在其自由本质当中所蕴含的神性。奥德修斯必须向先知寻求他回家的方式，这揭示了在本质上是神性创造力投入了人类自我赋型以及世界的塑造（自我塑造）过程之中。这就是奥德修斯所成为的英雄，在几乎所有情况下，他均是以诗人角色出现：在核心部分是通过对抗和理解自己的死亡而得来的神圣启示，他可以把自我生命视为一个整体，并转为真正的自由。因此他的生命或许具有无限或者神圣的意味。这就是命运的启示，或者是《奥德赛》所揭示的——命运女神“莫伊拉”（Moira）。

特瑞西阿斯没有像描述奥德修斯之死那样完全透露他是如何归家的，深入思考之后，也许是人皆知必有一死，而这也能够将奥德修斯带回“家”中并使他回归到人类状态当中。对于任何一个凡人而言，在家的生活，就意味着知晓并接受死亡，视之为基本的存在事实。这一知识也为独立于命运法则的人类自主开辟了空间。奥德修斯通过学习接受死亡的必要性来理解生命的意义，他认为他的动机是拒绝卡吕普索的永生。人类生命的意义，很矛盾地存在于必死性与死亡当中，而不在不朽之神的神秘存在之中。人类的自由，在于从其有限性中理解存在的无限意义，即“神性”。福音书最终会发出类似的让人难以忘怀的信息。耶稣在十字架上被启示为神：他的神性从死亡中以对人类的无限自由与爱启示出来。

《奥德赛》中的世俗化并非对诸神世界的排斥，而是与神话生动地联系在一起，但它更充分地揭示了人类存在的具体性，以及内含的一种内在心理维度。神对人类生命和创造力的全部意义与启示是以一种开放的方式进行解释的，这使得神性不再仅仅作为神话，而是成为人类自我塑造与创造过程中的实质性的存在：神性不再被理解为单独存在之物，而是作为参与神创生命这一过程的特殊方式。世俗化表现为对神学启示的解读和转换。[①] 从这一层面来说，它有可能在某种意义上与基督教的发展呈现平行状态——上帝化身为人的教义。

《奥德赛》是对人类生命本身的内在价值的一种揭示。有限的、凡人的存在是值得为之而活的。这是世界化、世俗化的启示，然而它也是这样的一种启示：其本身并不仅是表面上看到的世界，因为它最初出现于神明世界的背景下，并通过神明的启发而被激发出艺术与诗歌的想象力。诸神存在并且贯穿于人类世界之中：事实上，这两类存在的行为是彼此相混淆的。启示不仅来自上界，也来自内在自我。在历史进程中，伴随着《奥德赛》的发展轨迹，启示逐渐开始世俗化，语言和艺术被发掘成为想象力灵感的来源，并通过非凡超验的能力表现出来，此时神与人并不能完全区分开。奥德修斯不再作为一位唤醒缪斯的诗人，他象征着史诗中世俗化进程的前行，在本质上如同宗教记忆一般。[②]

参考文献

Accame, Silvio. “L’invocazione alia Musa e la ‘verita’ in Omero e in Esiodo.” *Rivista classica* 91 (1963): 257 – 79 and 385 – 415.

① 我认为，这是近期重塑世俗现代世界的偏移的结果，以及宗教尤其是基督教世界观的一种实现。亦可参考马丁（David Martin）以及泰勒的观点。

② 参见布维尔，*L'aede ct l'aventure de memoire*，尤其是第 76 ~ 77 页相关内容，亦可参考西蒙顿的观点。

Adorno, Theodor W. and Max Horkheimer. *Dialektik der Aujklärung: Philosophische Fragmente*. 1947. Frankfurt a. M.: Fischer, 1969.

Auerbach, Erich. "Odysseus's Scar." *Mimesis: The Representation of Reality in Western Literature*. Trans. Willard Trask. Princeton: Princeton UP, 1953. 3 – 23.

Besslich, Siegfried. *Schweigen-Vervscheigen-Ubergehen: Die Darstellung des Unassgesproch Odysee*. Heidelberg: Carl Winter, 1966.

Bouvier, David. "Le pouvoir de Calypso: A propos d une poetique odysséenne." *La mytho logie et l'Odyssée: Hommage à Gabriel Germain*. Eds. André Hurst and Françoise Létoublon. Geneva: Droz, 2002. 69 – 85.

—— "L'aède et l'aventure de mémoire." *La mémoire des religions*. Ed. Philippe Borgeaud. Geneva: Labor et Fides, 1988. 63 – 78.

Cassirer, Ernst. *Sprache und Mythos: Beitrag zum Problem der Götternamen*. Leipzig – B. erlin: B. G. Teubner, 1925. Trans. Susanne K. Langer as *Language and Myth*. New York: Dov over, 1946.

Chadwick, Norah K. *Poetry and Prophecy*. Cambridge: Cambridge UP, 1942.

Clay, Jenny Strauss. *The Wrath of Athena: Gods and Men in the Odyssey*. Princeton UP, 1983.

Detienne, Marcel. *Les maîtres de vérité dans la grèce archaïque*. Paris: Maspero, 1967.

Detienne, Marcel and Jean-Pierre Vernant. *Les ruses de l'intelligence: La mètis des Grecs*. Paris: Flammarion, 1974.

Dimock, George E. *The Unity of the Odyssey*. Amherst: U of Massachusetts P, 1989.

Dodds, E. R. *The Greeks and the Irrational*. Berkeley: U of California P, 1951.

Emlyn-Jones, C. "The Homeric Gods: Poetry, Belief and Authority." *Homer: Readings and Images*. Eds. C. Emlyn-Jones, L. Hardwick, and J. Purkin. London: G. Duckworth, 1992. 91 – 103.

Erbse, Hartmut. *Untersuchungen zur Funktion der Götter im homerischen Epos*. Berlin: W. de Gruyter, 1986.

Feeney, D. C. *The Gods in Epic: Poets and Critics of the Classical Tradition*.

Oxford: Clarendon Press, 1991.

Fenik, Bernard. *Studies in the Odyssey*. Wiesbaden: Steiner Verlag, 1974.

Finkelberg, Margalit. "A Creative Oral Poet and the Muse." *The American Journal of Philology* 111. 3 (1990): 293 –303.

Firth, David G. and Jamie A. Grant, eds. *Words & the Word: Explorations in Biblical Interpretation & Literary Theory*. Downers Grove, Illinois: Inter – Varsity Press, 2008.

Ford, Andrew. *Homer: The Poetry of the Past*. Ithaca: Cornell UP, 1992.

Goethe, Johann Wolfgang von. *Briefuuechsel zwischen Schiller und Goethe*. Ⅱ. 424. 16 February 1798. Jena: Eugen Diederichs Verlag, 1905.

Goldhill, Simon. *The Poet's Voice: Essays on Poetics and Greek Literature*. Cambridge: Cambridge UP, 1991.

Hegel, Georg Wilhelm Friedrich. *Phänomenologie des Geistes*. 1807. Frankfurt a. M.: Suhrkamp, 1970.

Herodotus. *Historiae*. Vol. 1. Ed. A. D. Godley. Cambridge: Loeb Classical Library, 1920 –1996.

Homer. *The Odyssey of Homer*. Ed. W. B. Stanford. 2 vols. 2nd ed. London: Macmillan, 1959.

Homer. *The Odyssey*. Trans. Albert Cook. New York: Norton, 1967.

Klemm, David E., ed. *Hermeneutical Inquiry*. Vol. 1. Atlanta: American Academy of Religion, 1986.

Köhnken, Adolf. "Die Narbe des Odysseus. Ein Beitrag zur homerisch – epischen Erzahl technik." *Antike und Abendland* 22 (1976): 101 –14.

Kullmann, Wolfgang. "Gods and Men in the Iliad, and the Odyssey." *Harvard Studies in Classical Philology* 89 (1985): 1 –23.

Lamberton, Robert. *Homer the Theologian: Neoplatonist Allegorical Reading and the Growth of the Epic Tradition*. Berkeley: U of California P, 1986.

Leavitt, John, ed. *Poetry and Prophecy: The Anthropology of Inspiration*. Ann Arbor: U of Michigan P, 1997.

Lord, A. B. *The Singer of Tales*. Cambridge, MA: Harvard UP, 1960.

Mackie, Hilary. "Song and Storytelling: An Odyssean Perspective." *Transactions of the American Philological Association* 127 (1997): 77 –95.

Maehler, Herwig. "The Singer of the Odyssey." *Schrift, Text und Bild: Kleine Schriften*. Munich: K. G. Sauer, 2006. 1 - 15.

Markus, Robert A. *Christianity and the Secular*. Notre Dame: U of Notre Dame P, 2006.

Martin, David. *On Secularization: Towards a Revised General Theory*. Hants, England: Aldershot, 2006.

Martin, Richard P. *The Language of Heroes: Speech and Performance in the* Iliad. Ithaca: Cornell UP, 1989.

Montanari, Franco. *Introduzione ad Omero*. 2nd ed. Florence: Sansoni, 1992.

（作者单位：美国范德堡大学；译者单位：北京第二外国语学院跨文化研究院）

女巫基尔克：起源与嬗变

王以欣

摘　要：荷马虽然塑造了一位神通广大的女巫，但他描述的希腊人，即史诗中的“阿卡亚人”，似乎对巫术浑然不知。他们好像摆脱了迷信的束缚和无名的恐惧。荷马描绘的阿卡亚人是个思想比较纯净的民族，原始的巫术信仰已经消失殆尽。女巫基尔克其实也不是希腊人，而是海上女仙。首先，基尔克可能是遥远东方的太阳或黎明女神，这从她居住的埃埃亚岛的方位可以得出判断。基尔克的原型邈远难辨，但其女巫形象和神奇的法力，尤其是将人变成动物的情节，显然源自民间巫术信仰和神话传说。这种信仰和传说有其东方异域背景，但从荷马时代起已在希腊民间流行开来，逐渐成为古典世界的社会风俗，偶尔也渗透到古典文学作品中。

关键词：基尔克；《奥德赛》；荷马社会；原始巫术；民间故事

荷马史诗《奥德赛》塑造了一个女巫形象。她名叫基尔克，是海岛上的女仙，太阳神的女儿，预言家，神通广大的女药剂师，她配制的魔药能把人变成猪或其他动物。这是西方文学史上最早的女巫，也是最早的有关巫术的明确记载。在另一部年代更早的史诗《伊利亚特》中，巫术迹象却寥寥无几。而在较晚的古典时代，希腊却巫风盛行，尤其在雅典，这是有文献和考古证据支持的。那么，在荷马生活的时代，古希腊的巫术状况究竟怎样？基尔克的原型是什么？她的故事源自何方？她的形象在历史上经历了哪些变化？这些都是本文关注并试图做出解释的问题。在展开调查、分析和阐释之前，让我们首先回顾一下史诗《奥德赛》所讲述的女巫故事。[①]

---

① Homer, *Odyssey*, 10. 133 – 468.

一　埃埃亚岛的历险

希腊英雄奥德修斯在返乡途中屡遭磨难。他的舰队在巨人国惨遭屠戮，几乎全军覆没，11条船皆被巨石击沉，只有奥德修斯本人所在的船侥幸逃离。逃脱者庆幸自己劫后余生，也哀叹同伴们的悲惨命运，真是亦喜亦悲。不久，他们来到埃埃亚岛（Aeaea）。奥德修斯的船驶入一处港湾，在海岸静静地抛锚。大家疲惫不堪，懒洋洋地躺在海滩上度过两日。第三天黎明，奥德修斯走出营地，登高远眺，看到岛上的森林中炊烟袅袅，判断该岛有人居住。返回营地途中，他投矛猎杀了一头走出森林在河边饮水的长角巨鹿，将其扛回营地，与伙伴们享受了一顿丰盛的烤肉宴。第四天拂晓，奥德修斯召集伙伴们商议，告知其观察结果，打算派人前往侦察。伙伴们历经几次大难，有如惊弓之鸟，听罢个个心惊，泪流不止。奥德修斯遂将伙伴们分为两队，分别由自己和欧瑞洛克斯（Eurylochus）率领，靠抓阄决定哪个队前往侦查。欧瑞洛克斯中阄，他的22人探险队被迫含泪上路，送行者也十分伤感。

他们在山谷中的橡林深处发现一所住宅，由抛光的石头建成。这座住宅的主人可不是等闲之辈，而是一位精通巫术的女神，名叫基尔克（Circe）。她是太阳神赫利俄斯（Helios）与大洋神女佩尔塞（Perse）的女儿，科尔基斯国王埃厄忒斯（Aeetes）的妹妹，被荷马称作“能发人言的可怕女神”（δεινὴ θεὸς αὐδήεσσα）。水手们发现住宅外有很多狮子和狼，感到害怕，但这些野兽并不袭击他们，而是摆动尾巴，显出欢快的样子。原来，它们食用了女巫的魔药，完全被魔力掌控着，把水手们当作赴宴归来的主人，等待他们赏赐美食。水手们听到宅中女主人织布的机杼声以及她的美妙歌喉发出的悠扬歌声，就隔门发出询问。女主人应声而出，热情地招呼他们进屋。水手们冒失地随她进去了，只有欧瑞洛克斯留个心眼儿，没有跟进去。

女主人请客人们各自入座，然后将奶酪、麦饼、蜂蜜和一种烈性红酒混合调好，将害人的药（φάρμακα λυγρά）偷偷掺入其中，旨在使他们迅速忘却故乡。水手们享用了她配制的饮料后，基尔克就用魔杖（ῥάβδος）碰触他们，把他们变成猪，赶入猪圈，但他们依然保持人的头脑（νοῦς），却说不出来，只是流泪而已。基尔克抛给他们一些猪爱吃的饲料，山茱萸和橡实。

再说那位欧瑞洛克斯，看到同伴们进屋，久等不出，就慌忙逃回船只，向大家报凶信。他因悲伤和恐惧，紧张得说不出话来，在伙伴们的催问下才道出原委。奥德修斯听罢持弓背剑，将自己武装起来，要欧瑞洛克斯带路去寻找同伴，但欧瑞洛克斯死活不去，要大家一起逃掉。奥德修斯就让他留在船上，说自己责任在身，必须去救同伴。

当奥德修斯来到那所宅院附近时，看到一位漂亮的年轻人向他走来。这位青年本是神明赫尔墨斯幻化的形象。他问奥德修斯孤身来此意欲何为，他的同伴们已落入女巫基尔克之手，被赶入猪圈。如果他贸然而入，不仅救不了同伴，自己也难逃魔掌。他随后送给奥德修斯一根草药，名叫“茉莉”（μῶλυ），黑根，花色奶白，“凡人很难挖出来的”（χαλεπὸν δέτ᾽ὀρύσσειν ἀνδράσι γε θνητοῖσι），嘱咐他带着这根魔草去见巫女，即可保他无虞。赫尔墨斯还讲了女神惯用的害人套路，并嘱咐奥德修斯：当女神用魔杖触碰你时，你也要拔剑相向。当女神屈服于你的威力而邀你同寝时，不要拒绝，但要迫使她向诸神发誓，绝不伤害你的性命。

奥德修斯牢记神的叮嘱，来到基尔克的大宅前。女神闻声出迎，邀他进屋，请他坐在装饰华美的椅子上。她用黄金酒杯为奥德修斯配制饮料，照旧把害人的草药掺入其中，然后把酒杯递给他。奥德修斯饮下，没有任何变化。女神依旧用魔杖击他，赶他进猪圈，奥德修斯却拔出宝剑向她扑来，好像要杀了她。基尔克立刻跪倒，抱着他的双膝哀求他，询问他的来历，并猜测他就是足智多谋的奥德修斯，赫尔墨斯曾预告过他的到来。她邀请奥德修斯共享枕欢，用甜蜜的爱相互表达诚意。奥德修斯让她发个大誓，保证绝不伤害自己，才答应了她的要求。她的四位侍女上来侍奉奥德修斯。第一位侍女为他备好宽椅，第二位侍女为他布置餐桌，第三位侍女为他调制酒酿；第四位侍女为他烧水沐浴，用热水擦洗他的身体。沐浴涂油完毕，他被侍女引到宽椅上坐下，洗了手，面前摆放餐桌，奉上各种美味佳肴。然而，奥德修斯心事重重，无意用餐。女神看他忧郁的样子，就劝慰他不要担心，自己起过重誓，绝对不会伤害他。奥德修斯回答说，在看到他的同伴获释之前，他是不会用餐的。基尔克于是走过大厅，打开猪圈，把变成猪的奥德修斯的伙伴们赶出来，给他们的身体涂抹另一种药剂。他们身上的猪毛立刻褪去，恢复了人形，而且更加年轻、漂亮和健壮。他们认出了奥德修斯，悲喜交集，纷纷上前握着他的手。大厅里悲声大作，连女神也为之动容。

女神建议奥德修斯回到海边，将船拖上岸，将财宝藏到山洞里，然后带着同伴们回到她的宫殿。奥德修斯采纳了她的建议，立刻动身回到海边。焦急等待消息的伙伴们看到首领返回，转悲为喜，欢呼雀跃，向他打听其他伙伴遭受的厄运。奥德修斯告诉大家，他们的伙伴正在基尔克的宫殿里享用盛宴呢，他要带他们同去享乐，但首先要拖船上岸，收藏好财物。大家都表示赞成，只有那位受了刺激的欧瑞洛克斯阻拦同伴们前往，担心被那位女神变成猪、狼或狮子。奥德修斯气得要杀了他，尽管欧瑞洛克斯是他的近亲。大家忙上前劝解，建议让欧瑞洛克斯留在原地守护空船，但欧瑞洛克斯最后还是跟着大家走了。

奥德修斯和伙伴们抵达基尔克的宫殿时，其他伙伴们正穿着华服在那里欢宴，彼此相见，难免又伤感落泪。基尔克对奥德修斯说：不要伤心了，我知道你们在大海上历尽艰辛，受到很多伤害，现在大家尽情享用美酒和美食吧，在这里休养生息，让你们固有的勇气得到恢复。奥德修斯和伙伴们听罢都很欣慰。大家于是在埃埃亚岛上整整羁留了一年。每日享受宴饮，生活倒也快乐无忧。

二 荷马时代的巫术

基尔克是西方文学中最早的女巫之一。她离群索居，独自居住在地图上找不到的神秘岛屿上，有自己的豪华宅邸，隐藏在山谷橡树林中。同古典晚期和中世纪基督教时代的女巫不同，她不是骑着扫帚的令人恐怖的老女人，而是极具诱惑力的美丽女神，善于调制各种魔药，能把人变成动物，亦可恢复其人形。

荷马虽然塑造了一位神通广大的女巫，但他描述的希腊人，即史诗中的“阿卡亚人”（又译“阿开奥斯人”），却似乎对巫术浑然不知。他们好像摆脱了迷信的束缚和无名的恐惧。用英国古典学者赫尔伯特·罗斯的话说，他们的故事“几乎毫无例外地摆脱了阴郁的气氛和形形色色原始怪诞的恐怖形象”。[①]然而，从古典文献记载和考古实物证据看，公元前5～前4世纪的古希腊人，尤其是雅典人，也是深受巫术影响的民族。其他民族惯

① Herbert Jennings Rose, *A Handbook of Greek Mythology*, London, 1964, p. 14.

用的巫蛊厌胜之术也在他们当中大行其道。华尔特·李夫曾这样评述荷马时代的宗教状况：

> 在宗教方面，阿卡亚人明显要比古典时代的希腊人进步，最突出之处就是不迷信。符咒与巫术几乎全然不见，除了《奥德赛》某段落中用咒语止血的情节，我们别无所闻。这里确有占卜行为，但居于相当次要的地位……尽管某个征兆对观察者会有鼓励或警示作用，但从未启动或阻止任何重要的行动。对祭祀或鸟的幼稚观察不仅让古典时代的希腊人，也让冷静的罗马人延缓甚至放弃其重大的决策，但这类事情是全然不曾发生过的……我们尤其注意到，并不存在对下界可怖力量的各种形式的“冥世”（chthonian）崇拜，而对这些力量的迷信在以后的日子里却达到猖獗的程度。所有这些构成原始阶段思想特征的较低级的信仰都被涤荡干净，所残存者也不被认真看待，似乎难以掩饰这种信仰的衰落。①

荷马描绘的阿卡亚人是个思想比较纯净的民族，原始的巫术信仰已经消失殆尽。他们的精神状态尚未受到周边民族巫术气氛的影响，但对巫术也非全然不知。诗人塑造了一个掌控诸风的凡人埃奥罗斯的形象，其原型很可能就是民间擅长控风巫术的巫师。他还塑造了西方文学史上最早的女巫形象，那就是基尔克。在荷马生活的时代，即公元前 8 世纪后期，古希腊人，尤其是讲爱奥尼亚方言的人群，其精神状态是远离巫术迷信的，但他们对巫术也非懵懂不清。他们显然接触到周边民族的巫术信仰，听到很多巫术的民间故事，但还保持着某种理性精神，与巫术和迷信保持着一定的距离。

荷马塑造的女巫基尔克其实也不是希腊人。她是海岛上的女仙，太阳神的女儿，居住在虚无缥缈远离尘嚣的仙岛上。她被说成是黑海东岸科尔基斯王国的公主，国王埃厄忒斯的妹妹，标准的异邦人。希腊神话中的另一著名女巫美狄亚是她的侄女，也是科尔基斯人，异邦的公主，后与希腊英雄伊阿宋私奔。美狄亚的故事属于阿尔戈英雄远征的传说，后者曾被《奥德赛》当作插话提及。伯克特推断，《奥德赛》可能受到一部更早的史

① Walter Leaf, *A Companion to Iliad for English Readers*, London and New York, 1892, p. 4.

诗《阿尔戈英雄远征记》(*Argonautica*) 的影响，美狄亚和基尔克都是其中的角色，而这两部史诗的共同源头就是《吉尔伽美什史诗》，史诗中的女神西杜里 (Shiduri) 就是基尔克的原型。[①] 由此看来，荷马塑造的女巫原型带有明显的异域和东方背景。希腊神话和历史上的术士也常常被说成是外国人：俄耳甫斯 (Orpheus) 是色雷斯王子，扎尔莫克西斯 (Zalmoxis) 是革泰人 (Getae，色雷斯人一支)，阿巴里斯 (Abaris) 是北极人 (Hyperborean)，阿里斯提亚斯 (Aristeas) 是马尔马拉海普罗伊科奈索斯岛 (Proikonesos) 的居民，尽管从古风时代起，异域的巫术已在希腊社会渗透并逐渐本土化了。

古希腊人对巫者有多种称号，可能源自巫术性质的不同。迄至公元前5世纪，这些称呼已彼此混用。其中有一类巫者，男巫被称作 φαρμακεύς，女巫被称作 φαρμακεύτρια，亦可译为“药剂师”，皆源于 φάρμακον 这个词语，意为“药物”，也有魔法、魅力、魔力之意。顾名思义，这种巫师擅长使用各种魔药施法。基尔克就擅长此道，荷马形容她“精通多种草药”(πολυφαρμάκου)。[②] 她使用“害人的药”(φάρμακα λυγρά) 或“邪恶的药”(φάρμακον οὐλόμενον)，将奥德修斯的同伴们变成猪，又使用“其他的药”(φάρμακονἄλλο)，将他们重新变回人。[③] 奥德修斯则靠赫尔墨斯所赐的魔草“茉莉”(μῶλυ，moly) 以毒攻毒。“茉莉”是一种花色奶白的黑根植物，不知具体所指，但它是“有用的药物”(φάρμακον ἐσθλόν)，可以抗衡基尔克的“害人的药”。奥德修斯究竟是随身携带这种魔草，还是服用了这种魔草，荷马语焉不详。尽管如此，这是欧洲文学中用魔药“斗法”的最古老记述之一，说明诗人生活的那个时代，这种巫术行为、信仰及民间故事已经开始流行。

三　巫女基尔克的起源

首先，基尔克可能是遥远东方的太阳或黎明女神，这从她居住的埃埃亚岛的方位可以得出判断。《奥德赛》的注释者阿尔弗雷德·休贝克 (Al-

---

① 参见 M. L. West, “*Odyssey* and *Argonautica*,” *The Classical Quarterly*, Vol. 55 (2005), pp. 39–64。

② *Odyssey*, 10. 276.

③ *Odyssey*, 10. 236, 10. 394, 10. 392.

fred Heubeck）推断：埃埃亚岛位于环绕大地的“大洋河”（'Ωκεανός）的最东端。正如《奥德赛》第 12 卷第 3～4 行所表述的，那里是黎明女神居住和歌舞的地方，也是太阳升起的地方。基尔克曾指点奥德修斯乘船驶往地府，向已故的忒拜老先知询问归期。《奥德赛》第 11 卷开头描述说：奥德修斯的船拂晓从埃埃亚岛出发，在北风吹拂下，不用划桨，黄昏时抵达“幽深大洋的边缘”（πείραταβαθυρρόου 'Ωκεανοῖο）。那里是地府的入口。奥德修斯实际上是从大洋河的东岸启航，在北风吹拂下向南行驶，沿大洋河南侧半圆由东向西航行，用一个白天的时间抵达大洋河西岸，大地的边缘，地府的入口。他离开地府后，沿着大洋河北侧的半圆由西向东航行，用一夜时间返回埃埃亚岛。换言之，奥德修斯的冥途之旅及其返航实际上是用一昼夜时间按顺时针方向循着大洋河环绕大地一周而已。[①] 如果这种推测是正确的，那么，在荷马的观念中，基尔克的家坐落在遥远东方太阳升起的海岛上，她与太阳和黎明有着密切的关联。

如果对基尔克的名字展开词源学考证，她很可能是位鹰女神。基尔克（Circe，Κίρκη）很可能源自“鹰”（κίρκος），而鹰被认为是太阳的象征。在古埃及，太阳神的形象就是鹰。基尔克被说成是太阳神的女儿，因而与太阳有着天然的关联。她的兄长，科尔基斯的国王埃厄忒斯（Αἰήτης），其实也是“鹰”（αἰετός）。[②] 此名的第二重含义是“圆圈”，可能同老鹰的盘旋飞行轨迹有关。荷马通常用κύκλος表示圆圈，但也有一次用了κίρκος的变体κρίκος。她所居住的埃埃亚岛（Αἰαία）可能源自西闪米特语 ayyah，亦表示鹰。[③] 因而，基尔克的原型可能是一位与太阳关联密切的鹰女神。

美国学者朱迪丝·亚纳尔推测，基尔克最初的原型就是原始时代的大母神：

> 她的属性最初是包罗万象的。她既是养育者，也是摧毁者，主宰着人类智慧所不能参透的生与死的神秘性。隐藏在女神象征意义背后的最本质的认识，如其崇拜者遗留的雕刻、壁画、陶器和岩刻所显示

---

① Alfred Heubeck & Arie Hoekstra, *A Commentary on Homer's Odyssey*, Volume Ⅱ, Oxford, 1989, p. 78.

② Nikoletta Kanavou, *The Names of Homeric Heroes: Problems and Interpretations*, Berlin and Boston, 2015, pp. 116－117.

③ Judith Yarnall, *Transformations of Circe: The History of an Enchantress*, University of Illinois Press, 1994, p. 28.

> 的，是对不仅支配人类，也支配世间众生的生、死和再生的神秘轮回的认识。她的性被认为是与动植物的生殖相关联的。她的盛衰消长反映了一切生物的生命节奏。在较晚时期，她的不同属性分裂成不同的女神。①

荷马故事中的基尔克兼具了史前大母神的正反两方面的力量，即“生命赐予者与死亡支配者的两面性”。她的原型是安纳托利亚地区古老的兀鹰女神（vulture goddess），其形象最早表现在英国考古学家詹姆斯·墨拉尔特（James Mellaart）发掘的小亚新石器遗址恰塔尔休于（Çatalhöyük）的“兀鹰神祠”（The Vulture Shrines）壁画上，表现大鸟伸展双翼向无头人俯冲的场面。此神鹰兼有生死双重功能，被立陶宛女考古学家玛利亚·金芭塔丝（Marija Gimbutas）称作“剥夺生命的女神，赐予生命女神之邪恶翻版”。另一幅壁画表现一排排躯干内绘有婴孩的怀孕女子，身体两侧对称地绘有红色和黑色的展翅兀鹰，展现了兀鹰女神赐予生命的功能。她的后期形象，如新赫梯人（Neo-Hittites）崇拜的库芭芭女神（Kybaba）、弗里吉亚人崇拜的大神母库伯勒（Kybele），以及小亚爱奥尼亚人殖民城市以弗所崇拜的阿耳忒弥斯女神（库伯勒的翻版），皆以猛禽为其象征。②

在《奥德赛》中，基尔克与狮狼为伍，是驾驭猛兽的女神，因而，她也具备了“女兽主”（'ΗΠότνια Θηρῶν，potnia theron）的特征。“女兽主”是主管百兽的女神，大母神的另一表现形式，在东地中海周边地区颇流行，其悠久的传统可以追溯到小亚新石器时代。墨拉尔特在恰塔尔休于和哈吉拉尔（Hacilar）遗址发现数尊大腹便便的“女兽主”坐像：或两侧被豹子拱卫，或骑乘于豹背上。这是两河、近东和爱琴地区流行的典型的“女兽主”造型。在米诺斯人和迈锡尼人当中，女神与狮子、格里芬相伴的印章图案颇流行。历史时期的弗里吉亚大神母库伯勒（瑞亚）和狩猎女神阿耳忒弥斯的造型也常常伴之以驯服的猛狮，显示出“女兽主”崇拜的悠久历史传承。

“女兽主”是荷马对狩猎女神阿耳忒弥斯的称谓。③ 在荷马史诗中，她

---

① Ibid., p. 26

② Ibid., pp. 28 - 34; Marija Gimbutas, *The Language of the Goddess*, San Francisco: Harper and Row, 1989, p. 187.

③ Homer, *Iliad*, 21. 470.

是一位美丽的女猎人，森林中自由游荡狂放不羁欢歌曼舞的仙女们的领袖，依然保留着自然的野性和百兽主宰者的身份。她的生殖与性爱特征已淡化，蜕变为贞女神（Παρθένος），但 Παρθένος最初只表示“未婚”，并无守贞洁的含义。她的生殖特征仅残留在以弗所的阿耳忒弥斯的分娩接生功能上。她的崇拜在希腊世界无处不在，哪里有森林，哪里就有她的庙宇和圣域。她的圣域就是一座有围墙的花园，里面草木葱茏，还有驯服的野生动物。以弗所的阿耳忒弥斯女神圣域是其中最古老的花园之一。被花园环绕的庙宇和宫殿本是闪米特世界的特色。琉善的《叙利亚女神》曾提到叙利亚圣城（Hierapolis）的阿塔尔伽提斯女神的圣域，那里不仅有成群的牛马，还有老鹰、熊和狮子，它们是驯服的神圣的动物，从不伤人。这个场景很自然地让人联想起橡林深处的基尔克的宫殿，周围栖息着驯服友善的狼和狮子。①

诗人荷马据说是爱奥尼亚人，其家乡就在开俄斯岛或斯米尔纳，因而熟知小亚宗教风俗。当地的大神母、兀鹰和女兽主崇拜以及东风西渐的巫术信仰和传说可能为他构思女巫基尔克的形象和故事带来创作的灵感。

四　基尔克故事的民间文学特征

基尔克的原型邈远难辨，但其女巫形象和神奇的法力，尤其是将人变成动物的情节，显然源自民间巫术信仰和神话传说。这种信仰和传说有其东方异域背景，但从荷马时代起已在希腊民间流行开来，逐渐成为古典世界的社会风俗，偶尔也渗透到古典文学作品中。基尔克利用魔药将人变为猪的故事应是罗马小说《金驴记》之先声。在《金驴记》中，故事的主人公因误用巫女的魔药，没有变成理想中的鹰，反而变成了驴，受尽人间磨难。在汤普逊的《民间文学母题索引》中，基尔克属于“伤害、诱惑和变形的女巫”（G263）。她使用魔杖（D. 1254. 1），能将人变成动物（G263. 1），但也能扮演“助人的女巫”（G284）。在各种 D 类魔法故事中，最重要的故事母题是“变形”（D0 – D699），包括“将人变成动物”的母题（D100 – D199），可以细分为“将人变成野兽”（D110）和“将人变成家畜”（D130）等不同的母题。巫女基尔克既能把人变成家畜，也能把人变成其他的野兽。例如，

① Lucian, De Dea Syria 41; Judith Yarnall, *Transformations of Circe: The History of an Enchantress*, University of Illinois Press, 1994, pp. 36 – 43.

她将奥德修斯的伙伴们变成猪（D136）；而其住宅周围的摇尾巴的狮子和狼也应该是被她施加魔法而变形的人（D112.1；D113.1）。她将人变成动物的手段是“靠吃喝变形”（D550），具体方法是让人饮用她配制的“魔法饮料”（D1040），再用魔杖触碰他们，让他们变形（D565.2）。当奥德修斯深入险境营救伙伴时，赫尔墨斯作为“神祇帮助者”（N817）的角色出现了。他扮成年轻人模样（“神扮作凡人模样”）（D42），赠给奥德修斯一种“有魔力的植物”（D965），名叫“茉莉”（D965.5），以之为“防范巫术的护身符”（D1385.24），“抵抗魔法和诱惑的植物解毒药”（D1385.2）。奥德修斯利用这种“有魔力的草药防范女巫”（G.272.2），使女巫基尔克的伎俩失灵（G275）。基尔克于是用魔棒击打奥德修斯。奥德修斯则“拔剑威胁战胜了女巫”（G275.15.1）。基尔克还用有魔力的液体涂抹变成猪的水手们的身体，即通过“擦拭有魔法的油脂来解除魔法”（D771.2），使他们恢复人形，也就是“将猪变成人”（D336.1），还让他们比过去更漂亮（“靠魔法器物变美”）（D1337.1），等等。[①]

综上所述，基尔克的故事属于典型的民间故事，充斥着民间故事的母题。荷马从民间流行的巫术故事中汲取创作灵感，以近东和爱琴地区的大母神和女兽主为原型，赋予其强大的神通，让她与足智多谋的史诗英雄相冲突，碰撞出浪漫离奇的故事情节。

五　板桥三娘子与拉布女王

女巫用魔药将人变为动物的故事在古典世界的文学作品中并不多见，却成为世界性的故事主题，尤其流行在东方。古代中国亦有类似的传奇。

唐代有个《板桥三娘子》的传奇，讲述女店主把旅客变成驴子的故事：汴州西有个生意兴隆的板桥旅店，女老板三娘子是个女巫。她用幻术种荞麦，制成烧饼，招待住店旅客。旅客吃了烧饼就变成驴，被她卖了牟利。但她的秘密被旅客赵季和窥探到了。不久，季和再次住店，随身带来事先做好的同样的荞麦烧饼，并暗中偷换了三娘的一个烧饼。他假装吃自己带来的烧饼，也让三娘品尝。三娘误吃了自己的烧饼，立刻变成一头健壮的母驴，从此成为季和的坐骑。后来遇到一位老者。老者见到母驴，拍手大

① 以上母题编号详见 Stith Thompson, *A Motif-Index of Folk-Literature*, Rev. ed., 6 vols., Bloomington: Indiana University Press, 1955 - 1958。

笑："三娘啊！你怎么沦落成这个样子啊！先生，她虽有过，但被如此折磨，也真够可怜的，还是放了她吧。"于是，老者撕开驴皮，放出三娘。三娘拜谢而去，不知所终。[①]

这个唐代传奇包含了基尔克故事中的两个要素：女巫靠食物将人变成动物；女巫被一位有智慧的男性制服。故事中也有恢复人形的情节，但比较简单，只是撕开驴皮，没有涂抹喷洒液体的细节。两个故事在其他细节上也相去较远。基尔克神话有明显的情色成分，在板桥三娘子的故事中只是淡淡的暗示而已。

古代阿拉伯世界曾是巫风浓郁之地，盛产女巫的故事。《一千零一夜》讲述的贝德尔·巴西姆（Bedr Basim）与拉布女王（Lab）的故事，[②]在某些细节上酷似《板桥三娘子》，与基尔克的故事相比，其相似性更多。

贝德尔是年轻英俊的波斯国王，其母朱尔娜（Julnar，意为"海石榴花"）是海王的女儿。贝德尔随舅父下海，向海族公主雅乌赫蕾（Jauhereh）求婚，被其父王拒绝，导致双方冲突。贝德尔被雅乌赫蕾施法，变成一只美丽的水鸟。后被捕鸟人抓获，献给某国国王。王后是女巫，认出水鸟是中魔法的人，就用念过咒语的水泼在贝德尔身上，使其恢复人形。获救的贝德尔返国途中遭遇船难，独自漂流到一座有城池的海岛上。贝德尔想进城，却被很多马、骡和毛驴阻拦，只好游到海岛后方进城。他在城中被一位卖水果的老人收留。老人告诉他，岛上的女王是个魔法师，喜欢把外来年轻人接入宫中淫乐，厌烦后将其变成马、骡和毛驴等。阻挡贝德尔进城的那些马、骡和毛驴都是女王的受害者。他们好心阻挡他，怕他成为女王的牺牲品。贝德尔听罢很害怕，老人遂让他冒充自己的侄子，与他共同生活。数月后，女王拉布突然莅临老人店铺，要求将英俊的贝德尔带入宫中做伴。老人要女王发誓，绝不用魔法伤害自己的侄子。女王发誓后，将贝德尔带入豪华的宫中，每日同他享受美酒佳肴和曼妙舞乐，对他温存备至。贝德尔生活在酒乐声色中，十分陶醉，也对美丽的女王萌生爱慕。一日梦醒，不见女王，贝德尔追寻至御花园，看到一只白鸟栖息树上，与一只飞来的黑鸟争吵，随后恢复人形，原来是女王拉布所化。贝德尔恍然大悟，知道那只黑鸟乃女王旧爱，后遭遗弃而变鸟。贝德尔怨女王无情，愤然回

---

① 《太平广记》第286卷。

② 参见纳训译《一千零一夜》，人民文学出版社，1984，第68～114页；英文版见 http://www.mythfolklore.net/1001nights/payne/julnar_king.htm。

宫。女王见他不悦，知道秘密被他看破，但隐忍未发。转天，贝德尔向她请假，要回家探望伯父，女王准假。贝德尔将其所见据实告知老者。老者说，那只黑鸟曾是女王的爱仆，后获罪于她，被变成黑鸟。女王旧情难忘，常与其幽会。今女王知其秘密被识破，必定怀恨，图谋报复。他要贝德尔回宫后小心观察女王，明天告知其情况，他自有办法应付。老人还说自己精通魔法，但只在必要时才动用魔法。贝德尔回宫后，女王将其灌醉，乘机向他核实是否窥见其秘密，贝德尔坦承。女王抚慰他，表示贝德尔仍是她最爱之人，随后双双就寝。半夜，贝德尔在朦胧中发现，女王悄然起身，用魔法播种大麦，用幻化的河水灌溉，随后收获麦穗，将其磨成面粉藏起来，然后返回卧榻睡觉，直至天明。贝德尔转天返回店铺，将昨晚所见告知老者。老者让他携带自己的面粉回宫，嘱咐他相机行事，切勿吃女王的面粉。回宫后，女王问他为何带面粉进宫，贝德尔说，伯父用这种好吃的面粉招待他。女王说，宫里的面粉更好吃，于是将贝德尔的面粉放在一个盘里，将自己的面粉放在另一个盘里，让贝德尔吃。贝德尔牢记老者叮嘱，假装吃女王的面粉，但并未真吃。女王误以为他吃了面粉，就取水撒在他身上，诅咒他变成独眼驴，却发现魔法不灵了，于是就亲吻贝德尔，声称与他开玩笑。贝德尔假意说，他知道女王爱他，请女王也尝尝自己的面粉。女王未加戒备就尝了一口，随即就焦虑不安起来。贝德尔也取来水泼在女王身上，诅咒她变成母骡，女王果然瞬间就变成一头母骡子。老者赠给贝德尔一副马嚼子，让他驯服母骡，骑着她前往其他城市，切勿把缰绳让给他人。贝德尔离开这座城市，途中遇一老妇，以千金购买此母骡，贝德尔被迫卖给她。老妇随后在母骡身上洒水，让其恢复原形。原来老妇人也是女巫，是女王拉布之母。贝德尔随后被擒回宫。女王向他身上洒水，诅咒他变成一只难看的小鸟，锁入笼中不给吃喝。幸亏女王的一位女仆同情此鸟，偷偷喂食，还跑到店铺向老者汇报，让他早图良策。老者获悉事变，就召来一个魔鬼，让他驮着姑娘前往波斯国，向贝德尔之母朱尔娜求助。朱尔娜与母亲、哥哥募集海兵神将前往讨伐这座海岛城市，诛灭异教徒。精通巫术的朱尔娜将水洒在小鸟身上，使儿子恢复人形，母子团聚，皆大欢喜。朱尔娜太后还扶立老者为这座海岛的新国王，将报信儿的女仆嫁给老者，成为王后。贝德尔依然不能忘情于海公主雅乌赫蕾，最终与她结成美好姻缘。

这则阿拉伯故事把我们带入一个神秘的魔法世界。故事中的重要女性——公主、王后、女王、太后，个个都是法术高超的女巫，当然，还有一位混迹江湖深藏不露的男巫，那位救助故事主人公的蔬菜店老板。同基尔克一样，这些女巫多为美丽的诱惑者，擅长配制魔药，并利用魔药将人变成动物，或将动物复原为人。在拉布女王的海岛上，那些心怀善意的马、骡和毛驴让人联想起基尔克住宅周围的温和友好的狮子和狼，以及猪圈里那些保持人类思维的猪。在民间故事中，惑人的女巫（enchantress）通常有两种类型：其一是邪恶的女巫，她只是将牺牲品变成动物，然后摧毁之，而她本人最终被一位男性征服，得到应有下场；其二是美丽但同样危险的女巫，她诱惑男人上床，厌倦时又把他们变成动物，直到碰上真正的对手。[①] 在基尔克和拉布身上，两种女巫的身影兼而有之。基尔克对待奥德修斯的同伴们，不分良莠美丑青红皂白，统统赶入猪圈；拉布女王将贝德尔变成小鸟，直至将其饿死。但她们也有温情的一面：海岛上的那些马、骡、毛驴和鸟，都曾是女王的情人，但玩腻后就被抛弃了；基尔克认出英雄奥德修斯时也向他表达温情和爱，只是这种爱未必牢靠，厌倦时仍有可能把他变成猪。奥德修斯遵照神的叮嘱，要她发誓不加害自己，以防她翻脸无情，这与蔬菜店老板让拉布女王发誓一样。然而，基尔克遵守了誓言，并成为奥德修斯的帮助者，显现出较正面的特征；拉布女王则不守诺言，处心积虑地加害贝德尔。当贝德尔陷入危难时，蔬菜店的老板，那位不显山露水却道行高深的男巫，充当了帮助者，类似赫尔墨斯暗助奥德修斯。所不同者，拉布的受害者只是贝德尔一人，基尔克的牺牲者则是众多的水手。结局也不同：拉布因邪恶受到惩罚，而基尔克与奥德修斯不打不成交，反而成为相互信任的朋友。基尔克实现了角色转换，从加害者转变成帮助者。

六　维阇耶与夜叉女

帕格还举出一个锡兰版本的故事，认为该故事与基尔克的神话最相似。[②] 故事来自斯里兰卡诗体巴利文编年史《大史》（*Mahāvaṃsa*），主人公

① Alfred Heubeck & Arie Hoekstra, *A Commentary on Homer's Odyssey*, Vol. 2, Oxford, 1989, p. 51.

② Denys Page, *Folktales in Homer's Odyssey*, Harvard University Press, 1973, pp. 62 – 64. 另参见 The Mahavamsa, Chapter 7, https://www.wisdomlib.org/buddhism/book/the-mahavamsa/d/doc3214.html。

维阇耶（Vijaya）本是北印度的王子，僧加罗人（狮族）的始祖，锡兰的首位佛教国王。他在佛陀圆寂之年（公元前534年）抵达锡兰。按《大史》第七章陈述，维阇耶被其父放逐，率领七百扈从抵锡兰。锡兰守护神优钵罗华（Uppalavanna）化装成隐士见他们，告诉他们此岛名楞伽（Lanka），并向他们身上洒魔水，还给他们的手缠上驱邪的魔线，随后消失。岛上的夜叉女鸠婆娜（Kuvanna）是个女巫，专事诱惑和残害外来者。她的女仆变成一条狗出现在王子扈从面前。一位扈从看到狗，判断附近有人居住，就跟着狗走，来到一个池塘边，发现有个女人坐在树下纺线，她就是夜叉女鸠婆娜。该扈从跳入池塘沐浴，饮其水，然后采藕上岸。夜叉女呵斥他："别动，你是我的猎物。"此人遂中了魔咒，动弹不得。夜叉女想吃他，但因他手上缠着魔线，吃他不得，就把他推到一个大深坑里。就这样如法炮制，她将王子派来寻找失踪伙伴的七百扈从相继推到深坑里。

王子见派出的伙伴都未回来，感到不妙，就亲自武装，出发寻找失踪伙伴。他在池塘边看到那个女巫，猜想准是她搞的鬼，就向她打探扈从们的下落。女巫却请他先喝水沐浴，别管什么扈从。王子于是冲上去，左手抓着她的头发，右手挥动宝剑喝道："奴才，快放了我的扈从，否则杀了你！"夜叉女求饶："主啊！饶了我吧，我愿把该岛的统治权献给你，并做你的女人侍奉你，满足你的所有要求。"王子让她发誓保证不加害自己，赶快释放其扈从。夜叉女遵命发了誓，放出所有扈从，并从海边搁浅的船（水手们早已被她害死）上取来食物款待王子及其扈从。这位女夜叉于是变身为16岁少女，温柔而多情，对维阇耶百依百顺，还帮他剿灭附近的夜叉族（Yakkhas）。王子遂娶她为妻，生二子，并建城定居。维阇耶为确保其国王身份的合法性，最后还是娶了刹帝利女子，印度马吐赖城般度王之女，抛弃了鸠婆娜。后者携子返回夜叉族，却被其族人当作叛卖者杀死。

这个故事在结构上更像基尔克的神话，只是没有变动物的情节。夜叉女的戕害对象首先是王子的伙伴们，多达七百人，与基尔克迫害奥德修斯的伙伴雷同。夜叉女也是靠有魔力的池塘水害人，接触并饮用者皆变得全身麻木，大脑不能支配身体，就像变猪的希腊水手那样，头脑清楚，但身体已变形，不再受大脑支配。当夜叉女诱惑王子时，王子也像奥德修斯那样，冲过去用剑威胁她，迫使其就范，还要她发誓不再害人。最后，夜叉女同基尔克一样，实现了角色转变，从害人者变成帮助者。另外，故事中的锡兰守护神也为王子扈从们提供巫术保护，泼洒魔水，扎魔绳，就像赫尔墨斯提供魔草一样，虽未能防止受害者中魔法，但至少保住了受害者的性命。最后，按民间故事惯例，害人的夜叉女下场不佳，但《奥德赛》中的基尔克却因是女神而毫发无损。

七　基尔克故事的东方渊源

上述东方巫术故事，虽然年代上远远晚于荷马的故事，但在结构母题上却多有相似处，显示出同源性。前文也证实，基尔克的故事是典型的以巫术为主题的民间故事。古代两河流域、埃及和南亚都流行巫术，其观念与风俗源远流长，交互影响。荷马时代的希腊人，其巫术迷信观念还比较薄弱，但对东方的巫术信仰和民间故事早有耳闻，被荷马吸收到希腊英雄史诗中。荷马描述的女巫其实就是一位东方女神，一位与太阳关联密切的兀鹰女神，一位主管百兽的“女兽主”。她被吸收到希腊的英雄故事中，被加工成西方最早的巫女原型。

古典学者华尔特·伯克特指出，在史诗《伊利亚特》和《奥德赛》中，杀人者是不需要净化的，但在史诗《埃塞尔比斯》中，净洗礼就出现了。荷马描述俄瑞斯特斯时并未提到复仇女神们，但公元前6世纪的抒情诗人斯忒斯科（Stesichorus）就提到了她们。这说明，东方的巫术迷信成分在公元前7世纪已渗透到希腊的文学作品中。在荷马诗歌创作的最后阶段以及随后的时期，也就是公元前8世纪末和公元前7世纪，即所谓“东方化时期”，希腊地区的东方因素骤增。亚述巴比伦地区的巫术迷信西传至希腊世界，大行其道。各种先知、祭司、巫医等在希腊各地游历，从一座城市走向另一座城市，为人们预测吉凶，禳灾驱邪，治疗疾患，施行净洗礼等。这种巡游式的巫师在柏拉图时代仍然存在。[①] 与巫风西渐相伴而来的是埃及与近东的医药和草药方面的知识以及巫师魔法的神奇故事等。荷马活动于小亚西部的爱奥尼亚地区，很容易接触到东方的巫术传统和传奇故事，耳熟能详，将其编入史诗故事应该是很自然的事。

---

① Walter Burkert, “Itinerant Diviners and Magicians: A Neglected Element in Cultural Contacts,” in Robin Hägg ed., *The Greek Renaissance of the Eighth Century B. C.: Tradition and Innovation*, Stockholm, 1983, pp. 115 – 119; Plato, *Republic* 364b – e, *Phaedrus* 244de.

八　基尔克故事中的欧洲因素

不可否认的是，荷马的基尔克故事也充满了欧洲童话因素。美国古典学者莱斯·卡彭特认为，荷马吸收了一个欧洲版的女巫故事：

> 我们乐于相信，像基尔克这样的故事插曲，不可能是《奥德赛》的作者发明的。从童话角度看，故事中的几个细节讲错了。某些场景显示，与其说那里是地中海岛屿上的山岩，不如说是欧洲的森林深处。①

按照卡彭特的说法，基尔克的故事更像发生在欧洲深山老林中的童话，那里是离群索居的可怕女巫的藏身之所。童话中有两个途径可以找到这个远离尘嚣、人迹罕至的隐蔽之所：或是爬到极高的树上眺望，或是漫游者没头脑地追踪一个神奇动物，被引领到那个可怕的地方。在《奥德赛》的故事中，两个套路本来都有，但都变了形。奥德修斯登上海边陡峭的岩石眺望，望见森林深处的炊烟，但他还是回了营地；他看到一头大雄鹿，不是跟着它跑，而是将其射杀了。显然，荷马根据自己的故事需要在改编民间故事。接着，奥德修斯的同伴去女巫的住所，被变成猪赶到猪圈里。按童话的逻辑，这些猪是女巫准备用来吃的，荷马可能亦有此意图，但从他的描述看，一点看不出基尔克有什么恶意，这也偏离了童话的套路。至于那些摇尾巴的狼和狮子，显然也是沦为女巫牺牲品的人，但在《奥德赛》的故事中，那位欧瑞洛克斯却推测这些狮子和狼是被迫守卫女巫的大房子的，这让卡彭特匪夷所思，难道这位神通广大道行高深的女巫还需要狮子和狼保护吗？而且，荷马从未明言这些狮子和狼的来源及其最终命运。通常，童话主人公在深山老林中遭遇的帮助者是长胡子的小老头或侏儒等，在史诗中换成了化身为年轻人的赫尔墨斯神。他送给奥德修斯的魔草本来魔力非凡，是英雄深入虎穴的护身符，在童话中肯定浓墨重彩地加以描述，但荷马随后就把它忘了，而且再未提及，卡彭特说，这是因为“古典希腊人未能深入领会童话的特征”。另一个因素也能说明其民间故事来源，那就

---

① Rhys Carpenter, *Folktale, Fiction and Saga in the Homeric Epics*, University of California Press, 1946, p. 18.

是基尔克在奥德修斯威胁要杀她的瞬间认出了这位大名鼎鼎的英雄，因为赫尔墨斯曾经告诉过她，这位英雄要来造访他。这是民间故事的基本套路：故事中的反面人物在被英雄征服的那个时刻认出了英雄。他早就知道这位英雄是谁，却没有及时辨认出来而规避他。[①] 从以上分析可以看出，荷马必定取材于某个民间故事版本，但不是原样照搬，而是有所取舍。某些民间故事的重要情节被诗人改编或忽略掉了。

卡彭特的分析固然有理，但笔者毋宁相信，荷马对基尔克的住所和环境的描述，其灵感可能源自林木葱茏野兽栖息的“女兽主”的花园。这种花园虽然鲜见于海岛，却广泛分布在小亚和希腊各地的深山莽林中，如以弗所、阿卡狄亚和拉哥尼亚等地的阿耳忒弥斯圣域，只是因为荷马讲述的英雄历险故事发生在海上，基尔克的家才被移植到海岛上。荷马的基尔克故事，与其说是吸收了欧洲的童话要素，不如说是开创了欧洲最早的女巫故事模式。未来的欧洲女巫童话从荷马故事中得到诸多灵感和借鉴，形成一些约定俗成的模式和母题，给我们造成似曾相识之感。

九　荷马对民间故事的加工取舍

基尔克的故事源自民间的巫术信仰和故事，荷马将之纳入史诗的英雄冒险中，必须加以改造，有所取舍，不能照单全收。正如帕格所指出的，诗人讲这个故事时多采用写实手法，写可能发生的事，荒诞的情节要尽可能少写，因而，诗人故意淡化非写实的变猪情节，却细致地交代英雄猎杀公鹿的写实情节，后者的篇幅竟比前者多出了三倍。关于“茉莉”的描述，诗人简之又简，让后人费尽精力去揣测，这究竟是幻想的植物，还是有其现实的蓝本。甚至不交代这种魔草是怎样使用的，究竟是吃了还是随身携带着，药效维持了多久。基尔克住宅周围的那些摇尾巴的狮子和狼，诗人也不费笔墨交代它们的来历和用途。因而，荷马的故事应该是民间故事的缩略本，很多非写实的成分被荷马缩写乃至省略，有些是故意的，有些可能是由于粗心。故事里有很多拖沓和矛盾的地方。正如帕格所分析的，荷马完全可以省略欧瑞洛克斯那个成事不足败事有余的家伙，他返回营地向奥德修斯汇报时，没提供什么有用的情报，甚至不知道他的伙伴们变猪的

① Ibid，pp. 19 – 20.

事情。还是赫尔墨斯神告诉奥德修斯，他的伙伴们被女巫变成了猪，要他小心提防。最后，当奥德修斯动员余下的伙伴前往基尔克的宫殿时，欧瑞洛克斯不肯去，担心被女巫变成猪、狮子和狼，这同他早先的不知情相矛盾。当然，他可能从奥德修斯回来的陈述中获悉，他的伙伴们变成了猪，但既然已经恢复人形，为什么又畏缩不前呢？这些细节上的漏洞反映了口传史诗的粗糙之处。[①]

十 基尔克文学形象的嬗变

在史诗《奥德赛》成书后的两千多年里，基尔克的文学形象屡经改编和再创作，但基本形象是负面的：她是一位美丽的诱惑者，法力高强，但存心不良，沉湎于情欲，是个可怕的女巫。这种负面形象自18世纪后才逐渐获得改善。

1994年，美国佛蒙特州约翰森学院的助理教授朱迪丝·亚纳尔出版了她的专著《基尔克的转变：一位迷人女巫的历史》，带着女权主义的观点审视了基尔克从前荷马时代至20世纪的形象演变历史。她认为，基尔克在《奥德赛》中的形象还是比较正面的。她与奥德修斯的故事不是谁征服谁、谁战胜谁的故事，而是体现了荷马的两性平等信念，即两性和谐相处共同生活的潜在需要使他们放弃了彼此的敌意，建立起相互信任的关系并和谐地生活在一起。在荷马的观念中，基尔克不是诱惑人的邪恶女巫，而是古老强大的近东大女神。她有令人生畏和任性的一面，对男性抱有戒心和敌意。她无意色诱奥德修斯的水手，而是直接把他们变成猪。她的生活文明优雅，住在豪华宫殿中，家具器物皆十分精美。她唱歌，织布，被美女们侍奉着。故事开头表现的两性紧张关系和敌意反映了男人对原始女性力量神秘性的恐惧，对强大的东方女神的敬畏，也反映了“女性力量受到新兴父权制的压抑所弥漫的社会紧张”。然而，当基尔克遇到她所钦佩的异性对手的挑战时，却放弃了敌意，代之以信任和悲悯，对她属意的英雄做出郑重承诺，将其伙伴还原成人，还与对手共享枕欢。基尔克并不是被奥德修斯征服的，她是不死的女神，始终保持着强大的神通。她是自愿放弃敌意的，自愿与其钦佩的凡人对手建立起平等互信的关系。她不同于奥德修斯

① Denys Page, *Folktales in Homer's Odyssey*, Harvard University Press, 1973, pp. 53－55, 57.

后来遭遇的多情女仙卡吕普索，后者试图用爱、享乐和永生特权把奥德修斯永远羁留在身边。基尔克从未利用其强大法力强迫奥德修斯就范，迫使他做出违背心意的抉择，而是充当其导师和帮助者，助其返乡与家人团聚。她比卡吕普索更了解那个男人的真正需求，并尊重他的意愿，潇洒地与他分别，绝不拖泥带水。奥德修斯也投桃报李，以信任回馈她，与她琴瑟和谐地生活，并服从她的指导。因而，荷马为他的凡人英雄和东方女神搭建了平等互信的两性关系，让可怕的女神多了很多人类温情。荷马将两性平等观念融入了这个神人相恋的浪漫故事中。[①]

亚纳尔的这种看法是否合乎荷马时代的真实两性观念，是否将荷马过于理想化，其实大可存疑，但不可否认的是，荷马塑造的基尔克形象确有某些新意。她保持了东方女神很多令人生畏的特征，但也拉近了与人的距离，被赋予了很多慈悯助人的品德，亦正亦邪的双重特征，增添了这个人物的朦胧性和复杂性。诚如查尔斯·西伽尔所云，从基尔克身上，“人们会想起《吉尔伽美什史诗》中的那位强大但同样朦胧的伊什塔尔，她也试图引诱英雄，并靠危险的变形威胁其恋人。荷马的基尔克，其女兽主的特征将其与大女神，性爱女神，植物周期生长的死而复生的女神部分地联系在一起，因而既有生命赐予的功能，也有破坏的功能：她掌握着爱与死亡的钥匙”。[②]

然而，后世的诗人和哲学家们并未领会荷马所表达的两性平等信念。他们受到毕达哥拉斯和柏拉图学说的影响，将男性和女性对立起来，认为前者象征灵魂与精神，后者象征肉体和自然。基尔克于是成为肉欲和身体的象征，诱惑和危害着代表理性的奥德修斯。她被塑造成邪恶的女巫，可怕的诱惑者，女施虐狂、变态的单相思者和无情的妖女（La Belle Dame Sans Merci）。她的负面形象得到加强，而其正面的形象——文明的生活、优雅的气质与慈悯助人的德行却始终受到压抑。这反映了古代两性观念的演变，男权的强化和对女性偏见的加深。在维吉尔的史诗《埃涅阿斯纪》中，基尔克的岛屿变成埃涅阿斯的船队避之犹恐不及的地方。岛上的狮子、野猪、熊和狼发出可怕的吼声。它们原本是人，却被女巫的魔药变成了野兽。

① Judith Yarnall, *Transformations of Circe: The History of an Enchantress*, University of Illinois Press, Chapter 1 & 2, 1994.

② Charles Segal, “Circean Temptations: Homer, Vergil and Ovid,” in *Transactions and Proceedings of the American Philological Association*, Vol. 99 (1968), p. 428.

在奥维德的《变形记》中，基尔克简直就是肉欲的化身。凡是妨碍其欲望满足的人都被她变成各种动物和怪物。皮库斯因拒绝她的爱情被变成啄木鸟，他的同伴也因谴责女巫而被变成各种野兽，她的情敌斯库拉被变成长着六颗狗头的女妖。① 这种形象一直延续到文艺复兴时期和现代早期。直至19～20世纪，基尔克才重新回归强有力女性的正面形象。

结　论

基尔克，西方文学中最早的女巫之一，可能源自上古近东地区代表自然生殖力的大母神，与太阳关联密切的兀鹰女神，生命的赐予者与摧毁者，主管百兽的“女兽主”。在荷马生活的公元前8世纪末和公元前7世纪初，即希腊“东方化”进程的起步阶段，希腊人虽然尚未受到巫术观念的严重影响，但已开始接触到源自东方的种种巫术信仰和民间传说。近东的巫医术士将巫风引入希腊，在各地四处巡游。《奥德赛》的诗人将其吸收到主人公奥德修斯的历险故事中，利用近东和爱琴地区神通广大的“大女神”或“女兽主”形象，塑造了西方文学中最早的女巫。故事中的很多情节源自神话和民间故事的母题和类型，也为后世的巫术故事和女巫形象奠定了原型，影响深远。荷马的故事塑造了亦正亦邪的基尔克女神形象，显示出比较朴素的两性观念，但随着时间的流逝，基尔克也经历了文学史的嬗变，从比较正面的女神形象演变成诱惑人的邪恶女巫、肉欲的化身，反映了两性观念的演变和对女性偏见的加深。这种状况直至18世纪后才逐渐改观。

（作者单位：南开大学历史学院）

---

① Virgil, *Aeneid* 7.10－24；Ovid, *Metamorphoses* 1－74, 308－440.

作为时事正剧的《俄狄浦斯王》

犹家仲

摘　要：索福克勒斯的《俄狄浦斯王》创作于希腊史上的伯利克里时期，取材于《奥德赛》，其内容包含了真实的历史内容，具有历史真实性，同时作者利用这一历史题材，重新进行创作，从而有力地表现了他所处时代的社会风貌。《俄狄浦斯王》是用旧题材表现新主题，创作意向是为他那个时代服务，而不只是重复一个过去的神话或宣扬所谓神秘的命运。

关键词：《俄狄浦斯王》；历史碎片；戏剧范畴或类型；社会风貌

对《俄狄浦斯王》的研究成果，用汗牛充栋这个词来形容毫不过分。这部剧本作为特定历史时期的产物，反映了特定历史时期的社会风貌，却很少有人关注其包含的历史内容和体现出来的历史真实性，或者比一般历史叙述更真实的一面。以下这篇文章将引导读者从历史叙事的角度，对一个人们耳熟能详的剧本进行一番新的理解。

一　《俄狄浦斯王》研究概述

目前中外学术界对《俄狄浦斯王》的研究主要还是在伦理、命运或神的旨意等方面，如认为这部剧主要体现的是俄狄浦斯“弑父娶母后，伦常的破坏使家族遭难，国家受污”。或是“在神的无所不及的安排之下，人没有控制自己命运的自由而只有如何面对命运的自由。俄狄浦斯是在毫不知情的情况下弑父娶母的。但在知道以后，他就通过自己的自由动作挖出了自己的眼睛”。并且青年俄狄浦斯到老年后坦然接受了神加在他身上的命运，“他深知自己弑父乱伦之罪在动机上是清白无辜的，深知自己弄瞎眼睛的突然举动是合乎情理的。俄狄浦斯王的高贵在俄狄浦斯老人身上得到了净化”。[①] 这类研究在当今学术界仍然非常突出，每年都仍有不少研究成果出现。[②] 特别是以英语为工作语言的研究者们，对《俄狄浦斯王》的命运、伦理等方面的研究仍然给予了极大的热情，初步浏览相关论文，仅近十多年来的重要研究成果就不少。[③]

稍列其后的是弗洛伊德学说角度对《俄狄浦斯王》的研究。[④] 西方学术注重新思维，对《俄狄浦斯王》的心理学的研究顺应了这一学术范式，或者反过来说，对这个剧本的心理学研究在西方科学研究传统下应运而生。在这方面，英语学术界跟国内学术界比较接近，且学术成果丰

① 〔英〕哈蒙德：《希腊史》，朱龙华译，商务印书馆，2016，第431、541、543页。

② 命运类研究近十五年来主要有如下。孔德猛：《从〈俄狄浦斯王〉看理性与命运的冲突——以俄狄浦斯能否自救为视角》，《外语教学》2016年第5期。刘淳：《〈俄狄浦斯王〉中命运的表达》，《南京师范大学文学院学报》2014年第3期。魏朝勇：《俄狄浦斯的命运与城邦的信靠》，《浙江学刊》2011年第2期。王静：《索福克勒斯关于“命运”的思考——两部“俄狄浦斯”的悲剧观比较》，《中南大学学报》（社会科学版）2010年第4期。张帆：《命运的悲剧——以〈俄狄浦斯王〉为例》，《陕西师范大学学报》（哲学社会科学版）2009年第1期。傅守祥：《〈俄狄浦斯王〉：命运主题与悲剧精神的现代性》，《世界文学评论》2006年第1期。冯丽军：《抗争？超越？——试析〈俄狄浦斯王〉中的命运观》，《戏剧文学》2003年第10期。陈卓：《多维角度的探究——对〈俄狄浦斯王〉悲剧命运的再认识》，《文学界》（理论版）2013年第1期。许纾：《悲剧的命运形式新探——重读经典〈俄狄浦斯王〉》，《河南师范大学学报》（哲学社会科学版）2006年第5期。杨德煜：《关于索氏俄狄浦斯悲剧的几点澄清》，《宁波大学学报》（人文科学版）2005年第4期。

③ 这类研究论文如下。Drina Hočevar，“Dialogue and Transcendence in Sophocles's Oedipus at Colonus，” *Chinese Semiotic Studies*，7（1），2014；Malcolm Davies，“Oedipus and the Riddle of the Sphinx，” *Trends in Classics*，6（2），2014.

④ 这类研究论文如下。居飞：《俄狄浦斯：从弗洛伊德到拉康——以哈代的〈意中人〉为引》，《南方文坛》2016年第1期。刘妙桃：《精神分裂分析：解析资本主义的新视角——读〈反俄狄浦斯：资本主义与精神分裂症〉》，《学术探索》2013年第1期。杨秀敏：《从认知史角度比较荷马史诗与〈俄狄浦斯王〉中的卜释质疑》，《河北学刊》2012年第2期。向弘慧：《俄狄浦斯与拉康“镜像理论”》，《大众文艺》2011年第2期。Anders Zachrisson，《俄狄浦斯：寻求自我认识——视而不见》，对于“索福克勒斯悲剧”与“精神分析过程”中蕴含的冲突与知识的说明，见IPA中国委员会、IPA世纪委员会、中国心理卫生协会《弗洛伊德与亚洲—发展与变革：亚洲背景下的精神分析——IPA首届亚洲精神分析大会论文摘要》，IPA中国委员会、IPA世纪委员会、中国心理卫生协会，2010。崔增宝：《从“精神分析”到“精神分裂分析”》，硕士学位论文，浙江大学，2010。黄文杰：《论弗洛伊德对〈俄狄浦斯王〉的符码性解读》，《戏剧艺术》2015年第2期。

硕。[①] 弗洛伊德心理学对《俄狄浦斯王》的研究最重要的贡献便是提出了“俄狄浦斯情结”，或称“恋母情结”。今天，这个术语几乎成了一个妇孺皆知的心理学名词，并在多个研究领域中得到普遍实际的应用。比较突出可见的便是借用“俄狄浦斯情结”去解释其他文本或社会现象。[②] 同样，这一范式在英语学术界也很普遍且收获颇丰，即充分利用“俄狄浦斯情结”或《俄狄浦斯王》这一传统资源解释新的文本。[③]

---

① 这类研究论文如下。Yan Liu, Chencheng Wang, “Oedipus Complex in Literature Works,” *Journal of Language Teaching and Research*, 2 (6), 2011; Anders Zachrisson, “*Oedipus the King*: Quest for Self-knowledge-denial of Reality. Sophocles' Vision of Man and Psychoanalytic Concept Formation,” *The International Journal of Psychoanalysis*, 94 (2), 2012; William H. C. Propp, “Oedipus in Midian: Analyzing Ancient Israel,” Int. J. Appl. Psychoanal, *Studies*, 12 (1), 2015; Rosemary H. Balsam, “Oedipus Rex: Where are We Going, Especially with Females?” *The Psychoanalytic Quarterly*, 84 (3), 2015; Raul Hartke, “The Oedipus Complex: A Confrontation at the Central Cross – Roads of Psychoanalysis,” *Psychoanal*, 97 (3), 2016; K. Färber, “Love and Psychotherapy in the Maze of Oedipus,” *Balint*, 14 (1), 2013; Siegfried Zepf, Burkhard Ullrich, Dietmar Seel, “Oedipus and the Oedipus Complex: A Revision,” *The International Journal of Psycho-analysis*, 97 (3), 2016; Kenneth A. Fuchsman, “Fathers and Sons: Freud's Discovery of the Oedipus Complex,” *Psychoanalysis and History*, 6 (1), 2004; Mia Wege, Marthán N. Bester, Derek S. van der Merwe, Martin Postma, “Oedipus Complex in an Antarctic Fur Seal Pup?” *Journal of Ethology*, 29 (3), 2011; Cynthia D. Coe, “The Sobering up of Oedipus: Levinas and the Trauma of Responsibility,” *Angelaki*, 18 (4), 2013.

② 这类研究论文可参考如下。富冬青：《卡夫卡与反俄狄浦斯——浅析德勒兹对卡夫卡的反俄狄浦斯化解读》，《文艺争鸣》2015年第9期。苏琼：《抗战时期的俄狄浦斯情结：赵清阁剧作论》，《戏剧艺术》2014年第6期。雷体沛、吴冶平：《从自由意志的迷失中回归完美之原点——〈俄狄浦斯〉的启示》，《杭州电子科技大学学报》（社会科学版）2014年第3期。邱业祥：《〈俄狄浦斯王〉：启蒙浪潮下传统信仰的更新》，《外国文学研究》2013年第2期。陆扬：《为什么反俄狄浦斯——德勒兹和伽塔利论欲望的囚禁与解放》，《文艺研究》2013年第1期。耿宏伟：《样板戏中的俄狄浦斯情结——对样板戏意识形态机制的精神分析学研究》，《文史哲》2011年第6期。陈兵：《劳伦斯〈木马赢家〉中的俄狄浦斯情结问题》，《解放军外国语学院学报》2011年第3期。吴娟：《“明”和“矇”——从“俄狄浦斯的双眼”看现代性危机与文明反思》，《理论界》2011年第2期。王晓升：《社会历史就是控制“欲望生产”的历史——德鲁兹和瓜塔利〈反俄狄浦斯〉的历史观分析》，《福建论坛》（人文社会科学版）2009年第5期。史阳：《印度尼西亚的“俄狄浦斯”故事——〈覆舟山故事〉的叙事结构分析》，《国外文学》2009年第1期。王建仓：《〈俄狄浦斯王〉与〈红楼梦〉结构诗学及生命哲学比较》，《陕西师范大学学报》（哲学社会科学版）2009年第1期。杨瑞仁：《老船夫的俄狄浦斯追求——〈边城〉与〈俄狄浦斯王〉悲剧因素比较》，《吉首大学学报》（社会科学版）2008年第2期。

③ 这类研究的学术论文如下。Vitali Kiryushchenko, “Peirce's Semiotics and Russian Formalism: The Story of Oedipus Rex,” *Semiotica* (189), 2012; Rosanna Lauriola, “Revivals of an Ancient Myth in Modern Art: Oedipus and the Episode of the Sphinx. From Jean Auguste – Domenique Ingres to Michael Merck,” *Trends in Classics*, 3 (1), 2011; Isabella Pezzini, “Nothing is More Open than a Closed Text: The Case of Oedipus,” *Semiotica* (206), 2015.

再次是从文化学的角度研究《俄狄浦斯王》的悲剧，如对剧本的自身神话的研究，或“替罪羊”“家族”等的研究，以及主题学等方面的研究。这方面的研究也是大有成果的。①

除了以上几类最“大众”的研究外，从其他角度对这一剧本进行研究的也不少，且成绩卓著。大致说来有：从理性、意志自由等角度的研究；②从文学批评角度的研究；③ 从戏剧学角度的研究；④ 从叙事学角度的研究；⑤从语言学角度研究；⑥ 从存在主义哲学角度进行研究；⑦ 甚至从侦探小说的角度进行研究。⑧

---

① 这类论述非常丰富，如下。黄玉洋、常文娟：《“替罪羊”——俄狄浦斯的形象“实质”》，《戏剧文学》2017年第3期。魏策策、魏玉芳：《俄狄浦斯母题的现代嬗变》，《河北工业大学学报》（社会科学版）2011年第3期。唐卉：《文明起源视野中的俄狄浦斯主题研究》，《江西社会科学》2009年第6期。唐根希：《人间的神祇：俄狄浦斯神语的神话解读》，《南京邮电大学学报》（社会科学版）2009年第2期。李南：《英雄与罪人的转换——解析〈俄狄浦斯王〉中“罪人”的身份的演变原因》，《大众文艺》2013年第3期。顾明生：《被逐的“伊俄卡斯忒”——试论〈俄狄浦斯王〉中女性话语的消亡》，《外语研究》2008年第1期。

② 这类研究的论文如下。刘华：《“别问我是什么人”——对〈俄狄浦斯王〉中理性与个体关系的阐释》，《文艺争鸣》2016年第7期。胡健：《悲剧中的自由精神——重读索福克勒斯的俄狄浦斯》，《贵州大学学报》（艺术版）2016年第3期。唐根希：《理性与疯狂：〈俄狄浦斯王〉对人性的双重解读》，《南京邮电大学学报》（社会科学版）2014年第2期。徐常宾、徐樱月：《论俄狄浦斯身份焦虑的本质》，《前沿》2012年第10期。李咏吟：《权力/意志：俄狄浦斯家族悲剧的神秘性与现实性》，《江西社会科学》2011年第3期。

③ 这类研究的论文如下。桑迪欢、楼倩倩：《人性的缺损——〈俄狄浦斯王〉悲剧原因再探》，《戏剧文学》2008年第9期。耿幼壮：《永远的神话——索福克勒斯〈俄狄浦斯王〉的批评、阐释与接受》，《外国文学研究》2006年第5期。安国梁：《“不可能”的布局、结构性反讽及其他——〈俄狄浦斯王〉的艺术》，《郑州大学学报》（哲学社会科学版）2006年第3期。刘世祥：《论〈俄狄浦斯王〉主题深化的手法》，《河南师范大学学报》（哲学社会科学版）2005年第5期。刘淳：《斯芬克斯与俄狄浦斯王的“智慧”》，《外国文学》2014年第1期。

④ 这类研究的论文如下。黄增喜：《为什么是眼睛——从视觉优先性看俄狄浦斯的悲剧》，《海南大学学报》（人文社会科学版）2015年第5期。丛小荷：《极简之下的空洞——〈俄狄浦斯王〉与古希腊名剧的缩编》，《戏剧文学》2014年第1期。毛丽娜：《由〈俄狄浦斯王〉谈悲剧如何令人产生快感》，《大众文艺》2010年第19期。

⑤ 这类研究的论文如下。张连桥：《论〈俄狄浦斯王〉中“神谕”故事的伦理叙事》，《江西社会科学》2012年第3期。

⑥ 这类研究论文如下。宁慧霞：《俄狄浦斯身份悖论的言语行为分析》，《戏剧文学》2011年第7期。

⑦ 这方面的研究论文如下。王庆勇、谭晓春：《俄狄浦斯：一个存在主义英雄》，《戏剧文学》2009年第1期。

⑧ 这类研究论文如下。袁洪庚：《〈俄狄浦斯王〉中的侦探小说因子》，《外国文学研究》2008年第6期。

在英语学术界，由于其语言方面的优势，以及西方学术界的传统特点，对《俄狄浦斯王》的研究出现了在中文学术界没有的特有内容。如：文献考据方面的研究；[①] 政治学角度的研究也颇受关注。[②]

根据以上所列研究成果，中外共同关注关于命运的研究以及心理学领域对这一剧本资源的利用等。中国学术界对《俄狄浦斯王》的研究更广泛，比如涉及了文化学、戏剧学、批评学、哲学等，而西方学术界对《俄狄浦斯王》的研究有其强烈的传统特色，如文献学，体现了西方学术界在这一研究领域所占据的语言优势，政治学方面的研究则显示了传统学术的政治批评特长。

《俄狄浦斯王》作为特定历史时期的戏剧脚本，却一直未受到历史研究方法的特别关注。[③] 历史学术界更关注的是《俄狄浦斯王》产生的历史背景、反映的社会历史内容的真实性程度等。比如，索福克勒斯的悲剧作品《俄狄浦斯王》原典在荷马史诗中。荷马史诗是由荷马对当时流传在今希腊、小亚细亚（即今土耳其西部）一带的民间故事整理而成的，荷马自己把“各种希腊传说以文学形式写定之时，他们仍很接近于口头传说的本源，他们自己也是以真正的希腊人的态度把传说看作实事而非虚构”。[④] 因此，可以推断诗中混杂着史实与虚构，并且这种情况也因后世作家写作时对这些传说故事的采用而延续到了文学作品中，比如史诗中的那些显贵人物，“他们都有明显的个性，不受当时社会的常规惯例的约束，在夺取权势的斗争中，他们不惜弑父杀兄，多数人对‘胞族’或‘部落’的呼吁也无动于衷”。[⑤] 当国王已死而其子尚幼时，王位就通过王后而由她的后夫继承。[⑥] 古希腊的传说故事不仅保存在荷马或赫西俄德等作家的史诗作品中，同时在其他学者的学术著作中也有所保存，如亚里士多德的《雅典政制》等，他

① 这方面的研究论文如下。Patrick J. Finglass, “The Ending of Sophocles' Oedipus Rex,” *Philologus*, 153 (1), 2009; David Kovacs, “Do We Have the End of Sophocles' Oedipus Tyrannus?” *The Journal of Hellenic Studies*, 129 (129), 2009.

② 这类研究论文如下。Peter J. Ahrensdorf, “Blind Faith and Political Rationalism in Sophocles' *Oedipus at Colonus*,” *The Review of Politics*, 70 (2), 2008; Andrés Fabián Henao Castro, “Can the Subaltern Smile? Oedipus without Oedipus,” *Contemporary Political Theory*, 14 (4), 2015.

③ 这类研究论文如下。叶然：《俄狄浦斯是僭主吗——索福克勒斯〈俄狄浦斯王〉中城邦的自然》，《学术月刊》2016 年第 5 期。

④ 〔英〕哈蒙德：《希腊史》，朱龙华译，商务印书馆，2016，第 76 页。

⑤ 〔英〕哈蒙德：《希腊史》，朱龙华译，商务印书馆，2016，第 91 页。

⑥ 〔英〕哈蒙德：《希腊史》，朱龙华译，商务印书馆，2016，第 92 页。

们之间可以互相解释。

因此，从历史的角度，或从《俄狄浦斯王》作为索福克勒斯生活的时代，即伯利克里时代，历史的投射的角度，是可以对这一作品进行解释的。但长期以来，这一角度被其他研究方法淹没了。本论文就是要从历史的角度对《俄狄浦斯王》做一个历史的或时事的解释。

二　《俄狄浦斯王》中可能的历史碎片

要从历史的角度理解《俄狄浦斯王》，我们还是从这一作品的取材及荷马史诗的内容说起。

这一作品取材于《奥德赛》。[①] 荷马史诗是由荷马整理成书的流传在希腊一带的许多民间传说或民间故事，作为民间故事便既有真实的内容，也包含着虚构的成分。但是实际上，正如上文已经指出，在荷马写作或整理该史诗的年代，人们并不认为这部作品记载的内容是虚假的。相反，人们认为它们都是真实的。站在今天的角度看，荷马史诗的内容是有真实的历史基础的，即使其中混合着虚构的成分。为了理解这个充满虚构与真实的混合的作品，我们需要将其分解成若干构成部分进行理解。

这个剧本的大背景在哪里？在这里我们不打算以子虚乌有的态度去理解忒拜国的存在，而是认为这个国家有某种意义上的存在事实。如果参看古代希腊历史，我们发现，俄狄浦斯的祖上建立的忒拜国，大致可以与古代希腊社会中发生过的移民和殖民地的建立这一历史时期的历史事实联系在一起，当然它不特指某一次具体的移民运动或移民事迹。根据历史，移民运动在特洛伊陷落以前一个多世纪就以较小的规模开始了，而特洛伊战争更进一步引发了大规模的移民运动。比如，荷马史诗及传说便叙述了亚该亚人从特洛伊班师回国的情况。军队回程中有的零落海上，也有不少头领及杂牌队伍各自建立了不少新的王国。有西方学者认为："《伊利亚特》的一大特色是它对于所描述的晚期青铜时代的环境力求真实保留。其中史实颠倒之处确实少得令人惊奇。"[②]我们可以假设俄狄浦斯的忒拜国便是移民

① 〔古希腊〕荷马：《奥德赛》，陈中梅译，上海译文出版社，2016，第11卷第270～280行。参见英译本 *The Odyssey of Homer*, Bantam Classic reissue edition/August 2003, Published by Bantam Dell A Division of Random House, Inc. 第11卷第270～285行。

② 〔英〕哈蒙德：《希腊史》，朱龙华译，商务印书馆，2016，第76～131页。

过程中建立的不确定的某个国家。

现在再看关于俄狄浦斯的出生和被遗弃的问题。

遗弃不健康的婴儿是斯巴达的传统或法律。在古代斯巴达，儿童属于国家，儿童只知为国，不知为家，更重要的是，“新生婴儿由族中长老仔细查验，若病弱则弃之于泰吉图山的幽谷”。[①] 仅这一法律便足够解释俄狄浦斯被弃这一重要的情节了：因为俄狄浦斯很不幸，他有先天足疾。虽然在索福克勒斯的剧本中俄狄浦斯的足疾改写成了其父为了对抗先知的预言和神的诅咒而将其足踵钉伤，但是，实际上是索福克勒斯移植了流行于斯巴达的弃婴习俗，并进行了改写或虚构。这一事实是成立的，因为《奥德赛》原作中并未提及俄狄浦斯的脚踵被其父母钉伤这一情节。法国人类学家列维 - 斯特劳斯在研究了俄狄浦斯神话后，提出俄狄浦斯的足疾仅仅是这一神话的一个要素（神话素）。因为实际上这一神话的三代男性都有足疾，[②] 所以，俄狄浦斯的脚被其父钉伤致残这一情节纯属剧作者编造，以制造悲情，从而满足悲剧的崇高风格的需要。

俄狄浦斯是位英雄，英雄都要有不平凡的出生，不平凡的经历。从古代世界各地都很流行的民间故事来看，英雄的成长历程中，被遗弃是最普遍的现象。如《旧约》关于摩西出生的那段著名的叙述，《新约》中关于耶稣等的出生都很不幸，预示着很大的悲剧性。[③] 显然，俄狄浦斯王的出生是不幸的，他遭到了遗弃。而且让人更难以想象的是俄狄浦斯的一生都在经历不幸，他从小被遗弃、长大后杀父娶母，身为国王多年后挖掉自己的眼睛。

关于英雄的这种锤炼成长的思想，在中国古代哲学中也有所反映。如《孟子》：“故天将降大任于斯人也，必先苦其心志，劳其筋骨，饿其体肤，空乏其身，行拂乱其所为，所以动心忍性，增益其所不能。”（《告子》下）因此，实际上关于俄狄浦斯王出生及成长的故事反映了古代社会人们对伟人成长经历的叙述模式。基于此，《俄狄浦斯王》中的这个片断可能反映的是古代人的历史观，或英雄身世的叙事。它是一种历史，或者历史叙述。

① 〔英〕哈蒙德：《希腊史》，朱龙华译，商务印书馆，2016，第 151 页。

② 〔法〕列维 - 斯特劳斯：《结构人类学》，谢维扬等译，上海译文出版社，1995，第 230 ~ 231 页。

③ 《旧约·出埃及记》（2：1 - 10）摩西的出生。《新约·马太福音》（1：18 - 25；2：13 - 18）以及《新约·路加》（2：1 - 7）中关于耶稣的诞生。见 *Holy Bible*, New International version。

现在我们来看看俄狄浦斯弑父这一情节，这一情节的更深层的内涵应该是关于王位和财产的继承问题。在远古英雄时代，弑父娶母的事情可能并不稀奇，如果我们把重点放到对财产的贪欲和王位的继承这一关节点，那么，会为剧情解释的合理性提供更充足的推动力和解释力量。按照英雄时代的情况论，俄狄浦斯神话所反映的那个时代还没有后人为他们想象的道德伦理规范，而抛开道德规范后，剩下的就是野蛮的争斗或以强凌弱的社会秩序，或今天说的丛林原则。正如赫西俄德所说，“高贵公正的英雄种族，是广阔无涯的大地上我们前一代的一个种族。不幸的战争和可怕的厮杀，使他们中的一部分人丧生。有些是为了俄狄浦斯的儿子战死七座城门的忒拜—卡德摩斯的土地上；有些为了美貌的海伦渡过广阔的大海去特洛伊作战，结果生还无几”。[①] 而且，荷马史诗中的英雄其实就是武士和强盗，因此当奥德修斯听说他被看作像是一个商人，“只知关心自己的货物，物品的进出，从倒换中谋得利益”时，他认为是受到了奇耻大辱。[②] 由此可知，英雄时代绝不是今天我们想象的道德社会。列维－斯特劳斯对俄狄浦斯神话的研究也支持以上观点，他认为俄狄浦斯神话反映的是斯巴达古代社会的婚姻情况和斯巴达人相互残杀的情况，即现代意义上的伦理建立起来前的斯巴达社会状况。[③] 所以，赋予俄狄浦斯杀父娶母以巨大的伦理学意义和悲剧审美感，只不过是索福克勒斯以及其后的人们对这一古老神话的重新发明和赋义。实际的情况就是俄狄浦斯杀害了他的父亲，娶了他的母亲，当上了国王，获得了统治整个城邦的权力。但长期以来的研究都没把重点放在弑父娶母这一犯罪情节及乱伦的情节上，因此遮蔽了对这一剧本的历史的理解。特别是“俄狄浦斯情结”这一概念的提出，更把对这一剧本的理解收窄到了对古代伦理学的探究上了。

对王位的继承的问题则是推动俄狄浦斯性格发展的更大动力。即使抛开俄狄浦斯的父亲死于俄狄浦斯的杀害这一情节，就算是自然死亡或死于别的原因，老国王死后形成的王位空虚，或今天人们说的政治真空，必然引出王位之争。新的国王可能是俄狄浦斯、他的兄弟或者俄狄浦斯母亲的新任丈夫等。此时出现了三方竞争的局面，在这种情况下，为了争夺王位

---

① 〔古希腊〕赫西俄德：《工作与时日》，商务印书馆，1996，第 161 ~ 165 页。

② 〔古希腊〕荷马：《奥德赛》，陈中梅译，上海译文出版社，第 138 页，第 8 卷第 163 ~ 165 行。

③ 〔法〕列维－斯特劳斯：《结构人类学》，谢维扬等译，上海译文出版社，1995，第 25 注。

而互相残杀，进而获得王位继承权是丝毫不奇怪的。俄狄浦斯的母亲成了王位传递的关键角色。在人类社会发展的某个特定时期，儿子把父亲的妻子作为财产继承过来，并作为自己的妻子是能够为社会习俗所接受的。俄狄浦斯在将其母亲作为财产继承的时代没有采取主动的方式吗？采取主动方式的可能性是存在的。王位继承的争斗从来是历史这一剧本的最重要的内容，索福克勒斯虽然没有表现俄狄浦斯为争夺王权而斗争，那不是剧本的重点，但作为一部历史剧，这种情况显然是有可能的。作为一位继承者，俄狄浦斯毫无疑问是三方竞争的胜出者，三方竞争的内容并未显示出来，给读者留下广阔的想象空间。他杀死的可能不仅是他的父亲，还可能包括他的兄弟或家族外的任何潜在的一位争夺者，或者急于篡权而杀死年老的父亲，这些可能性都是存在的。索福克勒斯只把剧情集中在杀父娶母方面。

关于王后，即俄狄浦斯母亲的地位的意义。一方面，从剧情的结局看，显然，王后作为女性被当作男权社会的财产的一部分，当俄狄浦斯成为新任国王后，她便成了新国王的妻子，或财产。另一方面，王后对新任继承者起到了至关重要的作用。因为按照古代习俗或法律，王后的继任丈夫将是王位继承者。古希腊城邦“一切权力都集中于国王手中”，“当国王已死，而其子尚幼时，王位就通过王后而由好的后夫继承”。[①] 与上面所述类似的是：俄狄浦斯、他的兄弟以及其他任何一位符合婚姻条件的男性都有成为王后的丈夫的可能性。从对王位的争夺方面考虑，除了杀死竞争者外，争取王后的支持，或者抢夺王后，便成为王位继承过程中最重要的环节。俄狄浦斯为了获得王位，与王后结婚是必然结果。从历史的角度看，这种可能性当然是合理的，虽然剧本中显示是由元老院按照法律，在不知情的情况下批准他的母亲成为他的妻子的，但这只不过是索福克勒斯出于文明的需要进行的编造而已。从戏剧史本身看，这类主题或题材的戏剧一直都有，直到莎士比亚的《哈姆莱特》，我们都可以从这个角度去进行理解。而作为历史或者传说——老国王死后，并未将王位传给其长子或其他儿子，而是被国王的弟弟或其他人篡夺了王位——这类故事很多，比如伊阿宋的故事便是这类故事之一，只不过没有被戏剧家演绎成一部俄狄浦斯式的悲剧，而是演绎成了《美狄亚》的悲剧。

因此，从历史的角度看，《俄狄浦斯王》这部剧中确实包含了若干历史

① 〔英〕哈蒙德：《希腊史》，朱龙华译，商务印书馆，2016，第92页。

的碎片，且这些碎片都可以有合理的解释作为其背景。

三 《俄狄浦斯王》代表的戏剧范畴或类型

现在我们以《俄狄浦斯王》这一剧本作为模本建立一个戏剧范畴，或类型，以便我们能够更好地认识和解释它。从认识论的角度说，范畴赋予对象以形式，认识者正是根据这个形式去认识对象的。康德说范畴是我们认识事物的基本形式，“盖吾人亦可云某某可分的事物为物体，但当以物体概念置于实体范畴之下”。[①] 我们总是在一定的范畴中认识某事物，对于悲剧也当如此。通过建立类型解释一类事物，是很古老的解释学原理，对此我们中国学者尤其擅长，如大家耳熟能详的《说文解字》对部首的建立，便属于这类解释方式。

我们把这个类型的戏剧从主题和题材的角度命名为“王位剧”。这个分类不同于以往说的“宫廷剧”，相对于宫廷剧的宽泛的可解释范围来说，“王位剧”的解释范围要狭窄一些，它的重点在于“王位”或对王位的争夺，从而演绎出剧本。但这并非说这个类型的剧本没有归纳能力或代表性，相反，它同样有很强的归纳能力和解释力。从事关王位这一点看，古代如《俄狄浦斯王》《美狄亚》，现代如《哈姆莱特》等都可以划入这一范畴。从王位剧这个类型出发，这个剧本可能获得的新的解释意义可陈述如下。

忒拜国的国王驾崩了，出现了王位继承问题，结果，王子俄狄浦斯成功战胜了竞争者，并将王后，即他的母亲作为妻子。剧本本身提供了这一理解线索：

> 克瑞翁：难道你没有与我姐姐成婚？
> 俄狄浦斯：这个我不会否认的。
> 克瑞翁：你不是与她共享权力，一同统治整座城邦吗？
> 俄狄浦斯：我全都如她所愿。
> 克瑞翁：我不也同你们差距不远，位居第三吗？[②]

---

① 〔德〕康德：《纯粹理性批判》，蓝公武译，商务印书馆，1982，第99页。或参见康德《未来形而上学导论》，庞景仁译，商务印书馆，1997，第99～101页。

② 〔美〕查尔斯·艾略特主编《百年经典·希腊戏剧》，高朝阳译，北京理工大学出版社，2013，第165页。

这里露出了三人合谋争取王位，特别是俄狄浦斯与王后伊俄卡斯忒合谋的真相。因此，王位竞争成了理解这一悲剧的最核心因素。

确立了《俄狄浦斯王》的王位剧类型后，解释的重点便从道德教化的角度转移到了俄狄浦斯的王位、王权一系列政治行为的方面了。俄狄浦斯作为国王，在得知自己犯下了弑父娶母的罪后，便立即对这种犯罪行为进行了严厉的惩罚：刺目致盲。这是一次重大的政治和法律行动，并且产生了巨大的政治和法律效益。这也许是古代斯巴达的一条严厉的刑罚，不仅俄狄浦斯犯了罪要受到相应的惩罚，普通人更当如此。但是当俄狄浦斯实施自我惩罚的时候，他的行为显得多么英勇，他的道德多么高尚。通过这一情节，一名罪犯逆转成了英雄、勇敢的人，甚至道德的表率，严重的政治或法律犯罪变成了一点道德过失，应该受到的惩罚变成了人们深深的同情。实际上俄狄浦斯通过自戕而逃避了社会制裁。从法律正义的角度看，俄狄浦斯犯了弑父罪，理当受到法律的惩处。但是他自己身处王位这一最高权力的位置，因此，法律的惩处也由他自己完成，一个非常普通的对罪犯实施惩罚的行为，发生在国王身上的时候，便获得了巨大的政治和法律意义。通过这一情节，俄狄浦斯变成了类似于神的存在。

在古代，希腊国王犯了罪不能受到法律或国民的惩处，而是由天谴，或神的权威来实现社会公正，如："德律阿斯的儿子叫吕枯耳戈斯。有一次酒神狄俄尼索斯在吕枯耳戈斯的国土上经过，吕枯耳戈斯狂暴地攻击酒神，逼着酒神跳河。酒神因此向吕枯耳戈斯报复，使他在疯狂中用斧头砍死自己的儿子，这杀死亲属的罪使得他们城邦发生了瘟疫。后来神示说要把国王处死，城邦才可能恢复安宁。但额多涅斯人不能杀死自己的国王，只好把国王囚禁在一个石洞中，据说国王后来在那里被野兽吃了。"① 在《俄狄浦斯王》中俄狄浦斯通过自我流放来解救城邦，实际上这也仅仅是索福克勒斯对流传的英雄故事的演绎而已。"据一部英雄传奇称，俄狄浦斯发现他与伊俄卡斯忒的关系后，将她废除，再和欧列格纳亚结婚时，并无自挖眼睛失明之说，而且他的女儿都是欧列格纳亚所出。"② 可见，当时关于俄狄

① 〔美〕查尔斯·艾略特主编《百年经典·希腊戏剧》，高朝阳译，北京理工大学出版社，2013，第219页，注释3。

② 〔英〕吉尔伯特·默雷：《希腊文学史》，孙席珍等译，上海译文出版社，2007，第166～167页。

浦斯的故事就有多个版本流传，并不一定是自刺眼睛的。索福克勒斯只不过选择其中一种，抑或是他自己根据时代需要演绎了一种新的版本。

从戏剧效果的角度看，弑父娶母这样的情节才具有强烈的吸引力，才能对人们的观感造成巨大的冲击力。俄狄浦斯自我惩罚，刺瞎自己的眼睛，这样才能表现英雄的英勇行动，一方面达到了悲剧的崇高审美效果；另一方面，更重要的是，这一情节有效地遮蔽了王位争夺这一事实。至于俄狄浦斯刺瞎自己的眼睛及自我流放这部分内容则显然属于后来的文明或道德教化的需要，因为到了索福克勒斯生活的时代，人们已经不能够接受弑父娶母这样的故事内容了。

这样我们便可以清晰地看出，《俄狄浦斯王》这一剧本实际上由两个部分拼接而成，第一部分是对旧有的英雄故事的利用，这些故事可能是实有其事的。这些故事的真实性还不断被后世的考古发掘证实，虽然这些故事中有些是非历史的，但是，“诗中刻画的一情一景和文明事物则属于史实。有些史诗中谈到的器物已被考古发掘证实为迈锡尼时期所特有而不见于早期铁器时代”。[①] 既然如此，我们今天的读者也有理由相信，《俄狄浦斯王》的题材是有真实的历史基础的。第二部分则反映了索福克勒斯生活的时代的社会氛围和道德风貌以及法律观念。索福克勒斯借用一个旧的题材，表现了他所处的时代人们的道德观、法律观以及总体社会风貌，更寄托了他对国王的崇高理想。

文学，特别是戏剧，有很多使用旧题材创作新剧本，或利用旧题材表达新内容的情况 。“王位剧”是这类创作方式中最重要的成果之一，在文学史上一直延续至现代，如欧洲文艺复兴时代莎士比亚的剧本中就有不少“王位剧”，而《哈姆莱特》则是这类剧的典型代表。这种利用一个旧的、古老的主题或题材来表现今天的主题的创作方法，在中外戏剧史上屡见不鲜。如果我们从创作方法，或题材与创作的关系的角度看，《俄狄浦斯王》的拼接过程和拼接的痕迹便非常明显。

在此还要说明的最后一个环节是索福克勒斯的时代。索福克勒斯（前496～前406）的一生都是在雅典国力最强盛的时期，他一生富裕，才智横溢，戏剧创作获奖二十次，还被选任过国家高级职位。这位一帆风顺的悲剧诗人，实际上正是在为他生活的伯利克里时代大唱颂歌。

---

① 〔英〕哈蒙德：《希腊史》，商务印书馆，朱龙华译，2016，第82～83页。

现在我们终于可以确定地说：《俄狄浦斯王》是用旧题材表现新主题，或者人们说的旧瓶装新酒。这样我们也才可以回答索福克勒斯为什么要创作《俄狄浦斯王》这一剧本。索福克勒斯创作这一剧本从根本上说是要为他那个时代服务，而不是仅仅为了重复一个过去的神话故事或宣扬所谓神秘的命运。

结　语

索福克勒斯与伯利克里都生活在雅典历史最辉煌的时代，雅典人最富于自信的时代。正如伯利克里在阵亡将士国葬上的讲话中强调的雅典人的“……精神，我们的宪法和使我们伟大的生活方式”，“我们的政治制度是别人的模范”。[①] 雅典人深深为这一切感到骄傲。索福克勒斯在《俄狄浦斯王》一剧中要表现的正是他所处的时代的雅典人的勇敢和求真的精神，以及他对法的敬畏，这些正是当时雅典人的精神特征。因此，可以说《俄狄浦斯王》是索福克勒斯为当时的雅典谱写的一曲赞歌。

（作者单位：广西师范大学文学院）

① 〔古希腊〕修昔底德：《伯罗奔尼撒战争史》，商务印书馆，2013，第 147 页。

奥德修斯与卡吕普索*

黄薇薇

摘　要：在荷马笔下，卡吕普索出现在开场非常醒目的位置，而且按照荷马的意思，卡吕普索明显连接了奥德修斯的过去和未来，在奥德修斯生命中有着重要的作用。可是，在奥德修斯的回忆中，无论是基尔克的指示，还是特瑞西阿斯的预言，都没有提到卡吕普索，似乎卡吕普索可以忽略不计。然而，奥德修斯的回忆毕竟是他对自己命运的反思，基尔克和特瑞西阿斯对其未来的描述都不过是奥德修斯自己的叙述（编造）而已，因此，与其说两位预言者忽略了卡吕普索，倒不如说奥德修斯有意隐藏了卡吕普索。卡吕普索并不像奥德修斯说的那样无关紧要。那么，探究卡吕普索在荷马和奥德修斯叙述中产生的矛盾，或许能够帮助我们理解奥德修斯拒绝卡吕普索的理由，进而理解奥德修斯选择回家这一主题的真实意涵。

关键词：奥德修斯；卡吕普索；基尔克；特瑞西阿斯

荷马史诗中出现过很多女性，在所有女性当中，海伦之于《伊利亚特》的意义犹如佩涅洛佩之于《奥德赛》的意义，二人在两部史诗中熠熠生辉。[①] 然而，除了这两位“女一号”，荷马也为我们提供了很多并不起眼却非常重要的女性配角，例如卡吕普索、基尔克、塞壬和瑙西卡娅。[②] 然而，奥德修斯与卡吕普索之间的情愫是其中最缠绵悱恻的一段。卡吕普索对奥德修斯深情款款，温存备至。无奈，“落花有意，流水无情”，奥德修斯

---

* 基金项目：北京市社会科学基金项目“阿里斯托芬全集翻译和研究”（项目号：16WXC020）。

① 有关《奥德赛》中的女性主义问题，请参阅陈戎女教授的相关论文。陈戎女：《佩涅罗佩的纺织和梦——论〈奥德赛〉的女性主义》，《外国文学评论》2008 年第 2 期。

② 这四位女性中，唯有卡吕普索是女神，基尔克和塞壬都是女妖，而瑙西卡娅是凡人公主。当然，奥德修斯的母亲安提克勒娅、奶妈欧律克勒娅对《奥德赛》的情节都起到了推动作用；《伊利亚特》中的安德洛玛刻也盛名在外。此外，荷马史诗中也展现过很多女神，但此处仅以卡吕普索为核心。

执意离开，他选择放弃女神，回归家园。但是，在奥德修斯长达十年的旅程中，卡吕普索毕竟整整陪伴了他七年。究竟是什么力量把奥德修斯拴在卡吕普索身边七年之久，又是什么力量让奥德修斯花了同样长的时间加以拒绝，这是每个阅读《奥德赛》的读者都百思不得其解的问题。“红颜与江山”并不足以解释奥德修斯的选择难题，因为卡吕普索并非凡女，而是女神，她给奥德修斯提供的诱惑也绝非“女色”，而是“不朽”。如此一来，奥德修斯拒绝的就是永生，选择的却只有死，换言之，奥德修斯的选择不仅事关政治，也事关哲学，或者其背后隐藏的就是君王与哲学的关系。

一　卡吕普索的位置

卡吕普索似乎并不起眼，因为在基尔克给奥德修斯描述回家的路线时，卡吕普索所在的奥古吉埃岛并不在归程之中。[①] 此外，奥德修斯下到冥府，特瑞西阿斯给他讲述未来的命运时，也没有提到卡吕普索这一站。[②]好像卡吕普索并不在两个预言者考虑的范围内，或者说卡吕普索之于奥德修斯返家，根本就不是什么障碍，奥德修斯甚至可以对她忽略不计。不仅如此，卡吕普索的希腊文名字（Kalypsō）也带有其动词词根 Kalyptō 的含义，即可以解释成“隐藏的”或“看不见”的女神。卡吕普索似乎显得无关紧要。

可是，卡吕普索真的不重要吗？在《奥德赛》开场，荷马在短短 20 行诗里，就讲清楚了奥德修斯迟迟不能返家的理由：一是太阳神的惩罚，二是卡吕普索的阻留。这段话有两层含义：第一，太阳神岛是奥德修斯历险的最后一站，结果让他丧失了所有的同伴，孑然一身（《奥德赛》第 1 卷，第 1 ~ 10 行）。这一站终结了奥德修斯的历险，也即是说，太阳神指向的是奥德修斯的过去。第二，荷马紧接着又说，卡吕普索的阻留才是造成奥德修斯至今不能返家的直接理由（《奥德赛》第 1 卷，第 11 ~ 15 行）。换言之，卡吕普索关涉的是奥德修斯的现在。但与此同时，荷马还告诉我们，“时限已经来临”，神明们已经决定让奥德修斯回家，只不过回家后仍会面临

---

① 奥德修斯从冥府回来之后，基尔克指出了奥德修斯回归的路线：（1）塞壬；（2）普兰克泰伊或者卡律布狄斯和斯库拉；（3）太阳神岛。

② 特瑞西阿斯给奥德修斯指示的命运之旅为：（1）太阳神岛；（2）返回伊塔卡；（3）再度离家；（4）再度回家并寿终正寝。

争斗，而且在返家途中还会承受波塞冬的愤怒（《奥德赛》第 1 卷，第 16 ~ 20 行）。换言之，波塞冬指向的是奥德修斯的未来。因此，荷马似乎在开端就告诉我们，《奥德赛》要讲述的是奥德修斯的一生，而连接他的过去和未来的，就是卡吕普索。在这一过程中，荷马甚至让卡吕普索的名字出现（第 14 行）在奥德修斯的名字之前（第 21 行）。因此，在荷马那里，卡吕普索并非“不明显”；相反，荷马让她出现在了“非常明显”的开端，而且出现在了奥德修斯从过去转向未来的关键位置。

可是，既然卡吕普索这么重要，为什么同时被基尔克和特瑞西阿斯忽略了呢？有个细节可以帮助我们理解，那就是无论是基尔克的指示，还是特瑞西阿斯的预言，都是奥德修斯自己对费埃克斯人转述的经历。换言之，卡吕普索看似无足轻重，其实并不来自荷马，而是来自奥德修斯。因此，与其说卡吕普索是被两位预言者忽略了，倒不如说是被奥德修斯有意遮蔽了。① 因为，奥德修斯在讲述故事的同时也是在反思自己的经历，但他一笔带过了这个重要的人生转折。那么，我们的问题就变成：奥德修斯为什么要这么做？在奥德修斯的归程中，与其他经历相比，他与卡吕普索待在一起的时间最长，但他却试图对卡吕普索避而不谈，这是为什么？他为什么要拒绝卡吕普索？卡吕普索为何如此难以拒绝，以至于要花七年的时间？为了解读这些问题，我们还是从荷马对卡吕普索的详细描写即第 5 卷第43 ~ 277 行开始吧。

二　卡吕普索的身份

> 宙斯这样说，弑阿尔戈斯的引路神遵命。这时他立即把精美的绳鞋系到脚上，那是一双奇妙的金鞋，能使他随着徐徐的风流越过大海和无边的陆地。他又提一根手杖，那手杖可随意使人双眼入睡，也可

① 荷马并未直接叙述奥德修斯的所有历险，而是让奥德修斯自己叙述了一部分。奥德修斯叙述的历险如下：（1）屠杀基科涅斯人；（2）洛托斯花；（3）库克罗普斯人；（4）艾奥洛斯的风袋；（5）莱斯特律戈涅斯人；（6）基尔克；（7）哈德斯；（8）塞壬；（9）卡律布狄斯和斯库拉；（10）太阳神岛。荷马在奥德修斯的叙述外，添加了另外两次历险：一是卡吕普索，二是费埃克斯人。所以，奥德修斯总共叙述了 10 次历险，而荷马则叙述了 12 次历险。奥德修斯跟费埃克斯人讲述自己的历险时，把卡吕普索排除在外，只略微提及他从卡吕普索那里来，以及卡吕普索对他有情（《奥德赛》第 9 卷，第 29 ~ 30 行），却并没有说自己在卡吕普索那里滞留了七年，也没有提及他在这七年都做了什么。有关卡吕普索的详细描述荷马放在了第 5 卷。

> 把沉睡的人立即唤醒，强大的弑阿尔戈斯神提着它开始飞行。他来到皮埃里亚，从高空落到海上，然后有如海中的鸥鸟掠过波涛，那海鸟掠过咆哮的大海的惊涛骇浪，捕捉游鱼，海水沾湿了强健的羽翼，赫尔墨斯有如那飞鸟掠过层层波澜。（《奥德赛》第5卷，第43～54行）①

卡吕普索没有住在奥林波斯山上，她不是奥林波斯山神的一员。她和侍女们单独住在奥古吉埃岛。荷马说这个海岛在皮埃里亚，即马其顿，属于希腊北部，赫尔墨斯要穿着金鞋飞过大海和无边的大陆才能到达此处。似乎在赫尔墨斯之前，没有其他神来过，因为赫尔墨斯从未听说，也从未见过还有比奥林波斯山更让人流连忘返的地方。

> 他离开蓝灰的大海，登上陆地步行，来到一座巨大的洞穴前，那里住着美发的神女，赫尔墨斯看见她在洞里。炉灶燃着熊熊的火焰，劈开的雪松和侧柏燃烧时发出的香气弥漫全岛屿。神女一面声音优美地放声歌唱，一面在机杼（zhù）前来回走动，用金梭织布。洞穴周围林木繁茂，生长茁壮，有赤杨、白杨和散逸浓郁香气的柏树。各种羽翼宽大的禽鸟在林间栖息作巢，有枭（xiāo）、鹞鹰（yào yīng）和舌头既细又长的乌鸦，还有喜好在海上翱翔觅食的海鸥。在那座空旷的洞穴岩壁上纵横蜿蜒着茂盛的葡萄藤蔓，结满累累硕果。四条水泉并排奔泻清澈的流水，彼此相隔不远，然后分开奔流。旁边是柔软的草地，堇（jǐn）菜野芹正繁茂。即使不死的天神来这里见此景象，也会惊异不已，顿觉心旷神怡。弑阿尔戈斯的引路神不禁伫立观赏。（《奥德赛》第5卷，第55～75行）

荷马费了不少笔墨给我们描述这个犹如天堂的仙境：岛上林木昌盛、赤杨白杨发出浓郁香气、群鸟安详、葡萄藤枝繁叶茂、硕果累累、四泉奔流、草地柔软茂密，整个海岛不仅香气怡人，而且充斥着神女优美动听的歌声，赫尔墨斯不仅心旷神怡，甚至觉得异常惊异，连他也想伫立欣赏，不忍离去。但是，奥德修斯却拒绝了这样的仙境。为什么？是否，他也产

① 本文所有引文均选自王焕生先生译文，正文只标示出行码，其余不再赘述。参见荷马《奥德赛》，王焕生译，人民文学出版社，2008。

生了与赫尔墨斯一样的感受？这里虽然是超越了天上和人间的福祉，可越是美轮美奂，越像是海市蜃楼，因为赫尔墨斯紧接着就发现了海岛的虚幻性：没有凡人，也没有诸神，“宙斯命令我来这里，并非出于我己愿，有谁愿意越过无边的海水来这里？附近没有凡人的城市，从而也没有凡人向神明敬献祭礼和辉煌的百牲祭”（《奥德赛》第5卷，第100～102行）。赫尔墨斯无异于说，神女离群索居，不受人间烟火，似乎比诸神更加快乐，可诸神却不愿意来。赫尔墨斯一边羡慕卡吕普索的生活方式，一边却在怀疑和否定卡吕普索的处境，为什么？海岛周围没有城邦，没有凡人，凡人不事敬奉，神女也不领受祭礼，凡人与神女没有丝毫联系。如果凡人不依靠神女，神女就不会参与人间事务，也就不会施行惩罚，神义论在卡吕普索身上也就得不到体现。

在赫尔墨斯看来，人与神之间是一种共生关系，有人的地方才会有神。因此，与其说赫尔墨斯是在鄙视卡吕普索生活的虚幻性，不如说是在质疑卡吕普索作为神的存在价值。赫尔墨斯何出此意？这一点再度指向了卡吕普索未知的身份。荷马曾说过，卡吕普索是“诡诈”的阿特拉斯的女儿，为什么“诡诈”？因为阿特拉斯参与了反对宙斯的“提坦大战”，战败后被宙斯罚去顶天，成了“分开大地和苍穹的巨柱”（《奥德赛》第1卷，第51～54行）。因此，作为战犯的女儿，卡吕普索的离群索居很可能就是宙斯对她的放逐。卡吕普索虽享有“神”的名义，实质却属于“宇宙神”的谱系，永久不得与凡人交往，甚至不得与城邦神交往。尽管海岛繁华四溢，景色宜人，卡吕普索却孤独无依；尽管歌声优美动听，卡吕普索却伤感惆怅。

赫尔墨斯的质疑给我们提出如下问题：没有凡人的神，不施行正义的神，是否真的具有神性？假如卡吕普索作为宇宙神的神性在消退，那么奥林匹斯诸神（或者说城邦神）的神性又有什么体现呢？神义论是不是因为政权的转移而发生了变化？很有可能，奥德修斯是第一个登陆海岛的凡人，这对于卡吕普索来说意义重大，一方面确认了她作为神女的身份，使得她有资格用“不朽”来引诱奥德修斯，但另一方面却也反证出其神性身份的可疑。不过，奥德修斯是否据此而拒绝卡吕普索，还不能确定。我们还需要进一步搜寻证据。

神女询问神明我为何前来你这里，既然你要求，我这就如实告诉你情由。宙斯命令我来这里，并非出于我己愿，有谁愿意越过无边的海水来这里？附近没有凡人的城市，从而也没有凡人向神明敬献祭礼和辉煌的百牲祭。然而对于提大盾的宙斯的任何旨意，没有哪一位神明胆敢回避或违逆。他说你这里有一位英雄，他受的苦难超过其他人，他们在普里阿摩斯城下战斗九年，第十年摧毁城市返家园，但他们在归返途中犯亵渎得罪雅典娜，女神遣来强烈的风暴和滔天的狂澜。他的所有杰出的同伴全部丧命，只有他被风暴和波澜推拥来到你这里。现在宙斯命令你立即释放此人，因为他不该远离亲属亡命他乡，命运注定他能够见到自己的亲人，返回他那高大的宫宇和故土家园。(《奥德赛》第 5 卷，第 97 ~ 115 行)

赫尔墨斯传达了宙斯的命令，他不用提及违抗宙斯意愿的结果，只消轻轻质疑和提醒卡吕普索的身份就可以让卡吕普索唯命是从。但卡吕普索还是婉转地表达了抗议。她指责这样的命令并非出于对命运的忌惮，而是出于嫉妒，阻止她与凡人结合。

神明们啊，你们太横暴，喜好嫉妒人，嫉妒我们神女公然同凡人结姻缘，当我们有人为自己选择凡人做夫婿。有玫瑰色手指的黎明女神爱上了奥里昂，你们生活清闲的神明们便心生嫉妒，直至处女神金座的阿尔特弥斯前去，用致命的箭矢把他射死在奥尔提吉亚。又如美发的得墨特尔爱上了伊阿西昂，在第三次新翻耕的田地里同他结合，享受欢爱，宙斯很快知道了这件事，抛下轰鸣的闪光霹雳，把他击毙。神明们，现在你们又嫉妒我与凡人结合。想当初他落难爬上船脊，我把他拯救，宙斯用轰鸣的闪光霹雳向他的快船猛烈攻击，把快船击碎在酒色的大海里。他的所有杰出的同伴全部丧了命，只有他被风暴和波澜推拥来到我这里。(《奥德赛》第 5 卷，第 118 ~ 144 行)

卡吕普索举了两个例子。一个是黎明女神，一个是德墨特尔女神。这两个女神与卡吕普索在两个方面有共同之处：一是她们都爱上了凡人；二是她们都属于失势的、过了气的“宇宙神”行列。所以，卡吕普索的抱怨并非真的是在责怪神明霸道，不许女神爱恋凡人，只许自己与凡间男女私混；卡吕普索的意思是说，在宙斯新建立的统治秩序中，宇宙神已经彻底没有地位，连最基本的爱欲也不能随意疏泄，如果“宇宙神”不服从，“城邦神”就会以杀死他们所爱对象的方式施以惩罚，以此巩固绝对的权威。但另一方面，卡吕普索的抱怨实际上也是对这个秩序的承认：“孤岛”和“不得与凡人相恋”就是她应该遵守的界限。卡吕普索无非是政权更替的牺牲品，“城邦神”正在慢慢取代“宇宙神”的位置和权力，宇宙神不断边缘化，既不能与诸神也不能与凡人来往。

三 卡吕普索的诱惑

不能与诸神往来，就不能分享诸神的权力；不能与凡人往来，就无法施行正义，宇宙神的神性正在慢慢消失，他们的“不朽”也就毫无意义。如此一来，她对奥德修斯的许诺或者保证就不是看上去的那么美了，她说：

> 我对他一往情深，照应他饮食起居，答应让他长生不死，永远不衰朽。(《奥德赛》第 5 卷，第 135 ~ 136 行)

奥德修斯的出现，打破了卡吕普索的孤独，让她享受到与凡人结交的欢愉，却超出了“宇宙神”的界限，倘若奥德修斯答应了她，那么奥德修斯的结局很可能与黎明女神和德墨特尔的爱人们一样，被神明杀死。因此，卡吕普索明知道这样的结局，明知道宇宙神的神性和权力正在消退，她还许下“不朽”的承诺，显然就是在哄骗奥德修斯。在卡吕普索这里，一如她的名字，宇宙神的神性“不被看见”，或者“被隐藏”起来，而“不朽”的含义也就变得不那么透明了。尽管如此，卡吕普索还是服从了宙斯的命令：

> 可是对于提大盾的宙斯的任何旨意，没有哪一位神明胆敢回避或违逆。那就让他走，既然宙斯这样命令，让他回到咆哮的大海上，我只能这样，因为我没有带桨的船只，也没有同伴，能送他成功地渡过大海的宽阔脊背。但我可以给他提忠告，丝毫不隐瞒，使他能不受伤害地返回故土家园。(《奥德赛》第 5 卷，第 137 ~ 143 行)

由此，我们可以明确地说，卡吕普索“不朽”之承诺因为其特殊的“宇宙神”身份和界限而变成了诱惑，这可以通过赫尔墨斯与卡吕普索的谈话得来，但奥德修斯是不是明白这一点还不清楚，我们需要知道他自己的想法。

《奥德赛》第5卷接下来的内容（第148～227行）就是卡吕普索对奥德修斯的试探，她想知道奥德修斯为何如此坚定，难道有死的佩涅洛佩比不死的神女更漂亮更有吸引力？奥德修斯没有否认这一点，佩涅洛佩无论是容貌还是身材都不如神女，但是，奥德修斯却轻描淡写地提了一下佩涅洛佩的“审慎”（第216行），也就是“心思缜密，有心智、有智慧”的意思。佩涅洛佩就是靠着这个品德和智慧把奥德修斯的政权维持了近20年之久。奥德修斯的隐含意思是说，卡吕普索缺乏的是凡人的心思和智慧。所以，凡人虽然有死，并因而看似有缺陷，却拥有神所没有的智慧。

那么，卡吕普索就没有优于凡人的地方吗？有。荷马接下来说，奥德修斯在神女的指导和帮助下，很快就做好了启程的所有准备。但是，直到出发前，我们只看到卡吕普索给奥德修斯提供了造船的工具、材料，旅程用的食品和衣物，却没有听到卡吕普索对赫尔墨斯所说的她要给奥德修斯的任何忠告（第143行），而是在奥德修斯启程之后，仰望星空之时，我们才知道神女曾经嘱咐过他，“渡海时要始终让大熊星座在自己的左边”（第276～277行）。卡吕普索传授了奥德修斯回家的路线，并且嘱咐他要恪守这个知识，否则他无法安全回家。这说明奥德修斯接受了卡吕普索的知识，而这个知识是凡人所欠缺的。

如果我们把佩涅洛佩和卡吕普索各自的缺陷放在一起来理解，似乎可以得出一个结论：奥德修斯之所以选择有死（即选择佩涅洛佩），其实是选择了凡人的智慧，但他同时也接受了来自神明的知识，只不过拒绝了成为掌握这种知识的神（或者说知识的神圣来源）。也就是说，凡人的智慧与神明的知识是有差异的。奥德修斯在海上经过一番苦难之后，获得了很多知识和认知，不仅包括对各个民族、各种政治制度和生活方式的认知，也包括对他自己、人性和生命意义的认知。① 奥德修斯明白凡人的智慧与神明的知识之间有差异，但这个认识并不是一蹴而就，而是经历了海上13年的飘荡，他在遇到卡吕普索之前就有了体验，但在遇到卡吕普索之后花了7年的

① 普拉宁克就把奥德修斯的历险比作知识之旅，认为奥德修斯每经历一次历险就获得了一次知识上的上升，并以此作为柏拉图模仿荷马的证据。参见普拉宁克（Zdravko Planinc）《柏拉图与荷马——宇宙论对话中的诗歌与哲学》，易帅译，华东师范大学出版社，2017，第76页。

时间才领悟出来。因此，他的拒绝很可能也与他对这个差异的认知有关。所以，我们有必要跳出这一章节，探查一下奥德修斯对自己经历（命运）的反思。

四 奥德修斯的命运

在遇到卡吕普索之前，奥德修斯已经完成了所有的历险，并且在冥府中得知了自己的命运。特瑞西阿斯明白地告诉他，他终将返回伊塔卡，但阻碍他回家的最大障碍是太阳神。假如他和同伴约束自己，不去抢劫太阳神的牛羊，他们就能顺利回家。但特瑞西阿斯暗示，奥德修斯注定会丧失所有同伴，孤身返家。无论如何，特瑞西阿斯保证了奥德修斯会活着回到伊塔卡，而且暗示他回家的前提是礼敬宇宙神。同时，特瑞西阿斯还告诉了他伊塔卡的现状及奥德修斯的未来：伊塔卡正在经历磨难，求婚人正在消耗他的财产。特瑞西阿斯把求婚人的行径称为暴行，并指导奥德修斯，必须用计谋或者武器杀死求婚人，然后再度离家，直到找到一个从未见过大海，从未食用过盐，也从未见过船桨的民族时，教导他们举行波塞冬的祭祀之后再返回家园，那时奥德修斯将平静地死去（《奥德赛》第11卷，第100~137行）。这无异于是说，奥德修斯活着的使命有两个：一是重建政权；一是成为波塞冬的神使。重建政权，是为了恢复或者重建正义；成为波塞冬的使臣，为的是给城邦神代言。

我们把特瑞西阿斯整段预言联合起来考虑，就会得出更深的含义。首先，奥德修斯要活着，就必须礼敬宇宙神，然后他才能回到人间建立秩序，等秩序稳定后他再去传播城邦神的威名。换句话说，人间正义（政治秩序）的建立尽管要以宇宙神为基础（名义），但实际上有人的智慧和决断参与，最终要以城邦神为归旨。这是什么意思呢？宇宙神和城邦神之间的较量以宙斯的绝对胜出告一段落，后者建立的统治制度赋予了天上和人间新的秩序和神义论。

起初，宇宙神因为各自的自然力量而赋予人间不同的威慑力，指引着凡人行为的善恶。可是，新的城邦神减弱了诸神的自然力量，尽管他们也干预人间的生活，却并不为凡人的痛苦和噩运负责。他们认为，人的遭际由人自己的行为负责，而人的行为取决于自己的选择，人在选择的时候则需要在理性与欲望中做出取舍。这就是荷马在《奥德赛》一开场就表达的观点。凡人总是把自己的灾难和噩运归罪给神，但宙斯却义正词严地否认了这一点：诸神不应该为人的欲望和恶行买单，人的莽撞和噩运都是咎由自取（《奥德赛》第1卷，第32～34行）。换言之，传统的神义观正在消退，指导人行动的不是神，而是人自己，诸神也逐渐从肉眼看得见的宇宙神变成了只能耳闻或者只能通过标记（船桨）显现的新的城邦神，这就是新的正义观。这种新的正义观使人而非神成为事件的主导者。

特瑞西阿斯的话表明，奥德修斯就是这样的主导者。奥德修斯若想重建秩序，一方面就要以宇宙神的正义观为前提，另一方面则要依靠他的智慧，突出求婚人的不义和罪行，才能师出有名，杀死罪不当诛的求婚人，但最后还得依靠城邦神所倡导的“正义观”来消解暴力和屠杀带来的恐怖。所以，假如奥德修斯领悟了特瑞西阿斯的教诲，那么在见到卡吕普索之前，他就已经知道：自己终将一死，而且会返回伊塔卡，践行新的城邦神的正义观，并且要成为城邦神的神使。根据这一点，我们似乎可以说，奥德修斯拒绝卡吕普索是因为他明白了自己生命的意义，或者说，他认为实现这样一种正义观，可以让他不完满的生命得到另一种完满，而这种完满却是神无法得到的。究竟是不是这样？我们还需要再找一点证据。

除了特瑞西阿斯，基尔克也对奥德修斯的命运做了预言。如果说特瑞西阿斯的预言是从太阳神岛开始，到奥德修斯寿终正寝结束（《奥德赛》第11卷，第100～137行），那么基尔克的预言则是从离开基尔克所在的埃埃亚岛开始，到太阳神岛结束（《奥德赛》第12卷，第36～141行）。按照文本叙述的顺序，特瑞西阿斯的预言在前，基尔克的预言在后，但从内容上说，基尔克的预言在前，特瑞西阿斯的预言在后，把这两个预言内容颠倒一下就可以完整地勾勒出奥德修斯离开基尔克以后的生命轨迹：遭遇塞壬、卡律布狄斯和斯库拉、太阳神岛；然后返抵家园、杀死求婚人、再度离家、寿终正寝。在这个轨迹中，两个预言有个交集，就是太阳神岛的遭遇，与此同时，两个预言也有个空白，就是卡吕普索。莫非，太阳神岛的遭遇与卡吕普索也有关联？那我们就不妨仔细地分析一下太阳神岛。

关于太阳神岛，特瑞西阿斯如此描述：

> 你们忍受艰辛后仍可如愿返家园，只要你能约束你自己和你的伴侣们，当你把建造精良的船只首先渡过蓝灰色的大海，驶抵海岛特里那基亚，你们会发现牧放的牛群和肥壮的羊群，归无所不见、无所不

闻的太阳神所有。如果你们不伤害畜群，一心想归返，你们忍受艰辛后仍可返回伊塔卡；如果你抢劫畜群，那会给船只和伴侣们带来毁灭。虽然你自己可逃脱灾难，但归返艰难迟缓，失去所有的同伴。（《奥德赛》第11卷，第103~114行）

特瑞西阿斯明白地给奥德修斯做出了指引，要约束“自己和同伴”，具体如何约束？就是要虔敬和节制，尊敬太阳神，并且不要去伤害、不要去抢劫岛上的牛群和羊群。但是，特瑞西阿斯并没有说清楚同伴们会在怎样的情况下做出“抢劫”的恶行，也没有说清楚这个太阳神究竟是个怎样的神，他的牛羊群何以如此重要？基尔克之后的预言倒是给我们提供了更多的信息：

然后你会到达海岛特里那基亚，那里牧放着赫利奥斯的肥壮的牛羊，共有壮牛七群和同样数量的美丽的羊群，每群五十只，它们永远不会生育，也不会死亡。由两位女神牧放它们，美发的神女法埃图萨和兰佩提娅，杰出的涅艾拉为赫利奥斯·许佩里昂生育。尊贵的母亲生育和抚养她们长大后，把她们送往遥远的特里那基亚岛居住，看守父亲的这些羊群和弯角的壮牛。你要是不伤害那些牛羊，一心想归返，那你们忍受许多苦难后可返回伊塔卡；你要是劫夺它们，我敢说你的船只和同伴们将会遭毁灭；即使你自己逃脱，也会是遭难迟归返，失去所有的同伴。（《奥德赛》第12卷，第127~141行）

这个赫利奥斯就是太阳神，他总共养了350只牛和350只羊。按照伯纳德特的解释，这些牛羊群各有七组，刚好象征着亚里士多德所谓的一个太阳年的350个白天和350个黑夜，也即日日夜夜，[①]而且“它们永远不会生育，也不会死亡”，所以它们代表着永恒，也即太阳神的神性。倘若人因为口腹之欲而肆意宰杀这些牛羊，太阳神的神性就会受到威胁甚至消失，后果则是人的生命也得不到保障。基尔克也是在强调对宇宙神的礼敬。如何理解基尔克对太阳神的补充呢？基尔克其实也是太阳神的孩子（《奥德赛》第10卷，第135~139行），所以她也算作宇宙神，但在对奥德修斯解释太

① 参见〔美〕伯纳德特《弓与琴》（重订本），程志敏译，华夏出版社，2016，第54页。

阳神岛的遭遇前，她先要奥德修斯下冥府。也就是说，对永恒和宇宙神的礼敬要放在承认城邦神的存在和意义之后。

因此，如果我们把两位预言者的话结合起来考虑，就会发现，无论是特瑞西阿斯还是基尔克，都扮演着把奥德修斯从宇宙神引向城邦神的角色，而且他们俩都把这个过程放到了奥德修斯的命运当中，这无异于是说，奥德修斯的命运就是从宇宙神转向城邦神的过程。但是，奥德修斯是否明白这一点？我们得看看他自己怎么对费埃克斯人讲述这段经历。

他首先解释了同伴们宰杀神牛羊的原因：（1）他们被滞留在岛上一个月之久，弹尽粮绝，饥饿难忍；（2）欧律罗科斯挑唆众人捕杀牛羊；（3）他睡着了，没能及时阻止他们。其次，他还详细叙述了同伴遭受的惩罚，即宙斯让所有的同伴都丧了命。在这段叙述中，奥德修斯补充了两个预言者没有提到的细节——同伴们在何种情况下抢劫了牛羊，但他的补充却强调了他对整个事件的看法：同伴们之所以遭遇灭顶之灾，乃是因为自己无法克制口腹之欲，同伴们应该为自己的莽撞和不义负责，他和诸神都没有责任。很显然，奥德修斯的立场与宙斯在《奥德赛》开场提出的神义论一样，在给费埃克斯人解释太阳神这一段经历的时候，他已经完全认可了城邦神的正义观，换言之，他接受了特瑞西阿斯和基尔克传递给他的信息。

为何这么说？还有两个细节可以佐证。第一个是奥德修斯回忆了欧律罗科斯唆使同伴的谈话，可当时他正在睡觉。所以，这是奥德修斯编的第一个谎言，与其说他是在补充同伴冒犯太阳神的动机，倒不如说他在强调同伴的责任。同样，奥德修斯也编造了太阳神与宙斯之间的对话。奥德修斯说，这些话是从卡吕普索那儿听来的，而卡吕普索又是从赫尔墨斯那里听来的。卡吕普索什么时候见过赫尔墨斯？不就是赫尔墨斯传达宙斯命令的时候吗？可是在那个位置，荷马并没有提到这个事情（《奥德赛》第5卷，第87~147行）。所以，这也是奥德修斯编的谎话。太阳神与宙斯对话的内容是，太阳神威胁宙斯，要他出面惩罚奥德修斯，否则就要沉入哈德斯。这个谎言虽然很短，却有两层含义：首先，这说明太阳神已经没有了惩罚的能力，也就是说宇宙神将施行正义的权力让渡给了城邦神；其次，太阳神威胁要沉入哈德斯，也再次证明了宇宙神对城邦神以及新秩序的承认。所以，我们有理由推测，奥德修斯完全接受了特瑞西阿斯和基尔克的引领，认可并走向了新的正义观。

五　小结

回到卡吕普索的问题。首先，奥德修斯到达卡吕普索的海岛时，刚刚经历了太阳神岛的历险，孤身一人，丧失了所有同伴，这就应验了特瑞西阿斯和基尔克预言的前半部分。那么，奥德修斯会据此确认自己注定要回家，这个信念就会成为他拒绝卡吕普索的第一个理由。其次，倘若他确定自己终有一死，那么他就应该去完成特瑞西阿斯交代的使命，回家重建秩序，远播城邦神的声名，这就会是他拒绝卡吕普索的第二个理由。最后，倘若他接受了命运的安排，他就知道，在人间彰显新的人神关系，用凡人的智慧与神明知识的结合来统治城邦，远比卡吕普索提供的虚假不朽更加完满，这就会是他拒绝卡吕普索的第三个理由。

假如我们从《理想国》选一个场景作为比喻，奥德修斯倒是与柏拉图笔下的哲人有几分相似。我们不妨把伊塔卡看作洞穴，那么奥德修斯的离家就代表着哲人的上升，奥德修斯的一次次历险就是在走出洞穴。在基尔克那里，赫尔墨斯给过奥德修斯一个摩吕草，告诉他万物皆有本性，且外表和内在合为一体才能体现这个本性（《奥德赛》第 10 卷，第 302 ~ 306 行），这就是奥德修斯得到知识的顶点，他由此从普通人的机智转向了哲学的智性，走出了洞穴，之后的经历都可以看作洞穴外的哲学生活。然后，他到了卡吕普索那里，这是另一个转机，就是遇到了迫使他返回洞穴，回到城邦的力量。他之所以花了七年时间，就是用了七年的时间来反思他之前的所有经历，即自己与知识之间的关系，同时也在思考自己未来的去向，但他最终决定放弃哲学，回到洞穴，返回伊塔卡，践行新的正义。

所以，从这个角度，我们可以说卡吕普索扮演着迫使他返回城邦的角色（力量），这个角色或力量表现为一种最高的诱惑，逼迫他不得不做出选择，而正是卡吕普索的身份和诱惑促使他想明白了自己最终要追求的并不是知识，而是信仰，也就是城邦（或者人间的政治秩序）需要的不是知识，而是虔敬，哲人最大的使命不是纯粹的理性，而是引领城邦朝向信仰。所以，他拒绝过哲学的生活，他要返回洞穴，要做一个有理性的君王。因而，他返回伊塔卡这个洞穴的时候，就开始编织一系列谎言，整个《奥德赛》后半部分基本上都在展示奥德修斯的伪装和谎言，而奥德修斯最后就是依靠这些伪装和谎言重建了秩序。可是，新秩序的诞生却伴随着屠杀的恐怖，最后不得不在宙斯和雅典娜的帮助下，用新的法律来稳固这个秩序，伊塔卡的统治不再是一种自然而然的权力，而是有新的法律和新的神义论为基础的统治。奥德修斯的归返，无疑是君王与哲学结合的一次示范。所以，在这个程度上，我们可以说，荷马在柏拉图之前就已经反思过哲人王的问题。

最后还有一点需要解释，就是奥德修斯为何要故意隐藏卡吕普索，而荷马却要故意突出卡吕普索。对于七年的反思，奥德修斯无疑是愉快的，但是他不得不拒绝哲学和知识（我们可以反观《理想国》第 10 卷 620d，奥德修斯的灵魂重新选择了过一种普通人的生活，无关政治，不关心他人和城邦生活，其实就是哲学的生活，这才是奥德修斯最愿意过的生活），这让他无比伤心，他必须返回洞穴，这是他作为凡人的使命和君王的意义。在给费埃克斯人讲述自己的经历时，他对卡吕普索避而不谈，实际上是掩藏了自己在哲学生活与政治生活之间的犹豫和徘徊，隐藏了对自己哲人王身份的认识，也隐藏了决定返回城邦的理由。换言之，他让自己和自己的选择都变得不透明了，一如他返回伊塔卡要伪装成乞丐。不透明，或者隐藏，这不正是卡吕普索的名字吗，或者说，不透明，不就是卡吕普索最后教给他的知识吗？而且，神明最后彰显正义的时候不就是依靠这种不透明性吗？但对整个故事的叙述者荷马来说，他必须突出卡吕普索的重要性，尤其单独用一卷来展示奥德修斯的选择问题，从而突出他要表达的主题。因此，荷马与奥德修斯叙述之间的矛盾刚好一唱一和，解释了奥德修斯选择回家的全部内涵。

（作者单位：北京第二外国语学院跨文化研究院）

施莱尔马赫研究柏拉图的核心原则

黄兰花

摘　要：施莱尔马赫作为柏拉图的翻译家和解释家对20世纪西方柏拉图研究影响深远，尤其是他为柏拉图译著写就的解读柏拉图之“总论”以及对各篇对话的注释，极富洞见。因此，详细梳理和评价施莱尔马赫译著“引论”中的柏拉图解释，概括出其中的核心原则，即“从作品本身去发现观念”“形式与内容不可分割”“确定对话的自然次序和必要的相互关系”，对我们认识施莱尔马赫如何理解柏拉图和研究柏拉图具有启示意义。

关键词：施莱尔马赫；柏拉图对话；解释学原则

19世纪初，施莱尔马赫（F. D. E. Schleiermacher）的柏拉图研究开启了西方柏拉图研究的新路向，影响延续至20世纪。其柏拉图译著久销不衰，至今仍是柏拉图作品现代德译本的权威版本，其关于柏拉图作品的引论和注释影响了西方两百年来的柏拉图解释。1804年，施莱尔马赫的《柏拉图文集》（*Corpus Platonicum*）第一卷甫一发表，古典语文学家波克（August Boeckh）就发表评论：

> 我们在此可以看到对希腊语和希腊传统的非凡洞见，看到最敏锐的语文学批评的全新结论；没有谁如此全面了解了柏拉图，并告诉其他人将柏拉图作为柏拉图来理解。……
>
> 让我们为我们自己自豪吧，即使外国人会置之不理：因为，哪一个民族能像我们一样理解希腊方式呢？我们的近邻肯定做不到。[①]

---

① 波克：《施莱尔马赫译〈柏拉图文集〉第一部分第一卷评论》（Renzension von *Platons Werke* von Schleiermacher. Ersten Theiles erster Band . Berlin，1804），见《海德堡文学年鉴》（*Heidelbergische Jahrbucher* der Literatur 1 ），第5部，第1~3期，第81~121页。转引自兰姆（Julia A. Lamm）《施莱尔马赫作为柏拉图学者》，黄瑞成译，刘小枫、陈少明主编《施莱尔马赫的柏拉图》，华夏出版社，2009，第29页，注释1 。

狄尔泰（W. Dilthey）更是将施莱尔马赫的柏拉图研究归入“现代科学意识所达到最伟大影响之列”，并断言“通过他的解释，对古希腊哲学的认识第一次成为可能”。[①] 而20世纪中叶崛起的主张柏拉图“未成文学说”（Ungeschriebene Lehre）[②] 的“图宾根学派”（Tübingenische Schule）则将矛头直指施莱尔马赫，认为他阻碍了“正确的”柏拉图解释，“在其柏拉图译著引论中用短短十页的篇幅，居然能够左右行家的意见逾一个世纪之久”。且不说这批评是否有道理，单凭他们所认定的施莱尔马赫之“权威”就足以证明他的柏拉图研究举足轻重。然而，施莱尔马赫并没有写过专著阐释柏拉图，且其翻译的《柏拉图文集》还是一部未竟之作。[③] 那么，施莱尔马赫的柏拉图译著究竟有何过人之处？换言之，施莱尔马赫是如何理解柏拉图的？

说起施莱尔马赫的柏拉图翻译，不得不提及施莱格尔（A. W. Schlegel）。1796年，施莱尔马赫作为改革派牧师来到柏林的慈善医院，不久就在亨利埃特·赫茨（Henriette Herz）[④] 的沙龙上邂逅了施莱格尔，两人一见如故，很快还成了室友。两人的相遇正当18世纪晚期德国语文学的复兴，一场新的“启蒙运动”正如火如荼。伴随这场启蒙运动的古典学研究也方兴未艾，他们专注于精心翻译古典文本，荷马、柏拉图和莎士比亚的译著相继出版。

---

① 狄尔泰：《施莱尔马赫生平》（*leben Schleiermachers*, 1870），见《著作集》（Gesammelte Schriften），vol. 13，pts. 1 and 2，ed. M. Redeker，Göttingen：Vandenhoeck & Reprecht，1970，13/2，第37页。

② 所谓“未成文学说”是指，主张柏拉图有一种学说全然没有表达在他的著作之中；柏拉图将这种“未成文学说”秘传给了包括亚里士多德在内的少数亲炙弟子，并且在后世柏拉图学派的哲学中留下了明显的烙印；并认为这些未诉诸文字的学说才是柏拉图哲学最根本、最重要的内容，而柏拉图对话录只是一种文字“游戏”，不是“严肃”作品。参见詹文杰《柏拉图诠释的进路之争——统一论、演变论与戏剧诠释》，《哲学动态》2010年第8期。

③ 1804年，施莱尔马赫发表其柏拉图译著第一版，即《柏拉图文集》第一部分第一卷，含《斐德若》《吕西斯》《普罗塔戈拉》《拉克斯》，还有施莱尔马赫的“总论”和单篇对话的引论。1805年出了两卷：第一部分第二卷，含《卡尔米德》《游叙弗伦》《帕默尼德》，以及附录《申辩》《克力同》《伊翁》《希庇阿斯后篇》《西普帕库斯》《米诺斯》《阿尔卡比亚德后篇》；第二部分第一卷，含《高尔吉亚》《泰阿泰德》《美诺》《欧绪德谟》。1807年出版第二部分第二卷，含《克拉底鲁》《智术师》《治邦者》《会饮》。1809年出版第二部分第三卷，含《斐多》《斐勒布》，以及附录《泰阿格斯》《情敌》《阿尔卡比亚德前篇》《默涅克赛诺斯》《西庇阿斯前篇》《克莱托普丰》。从1817年起，由译者修订的第二版陆续出版，到1828年新出版的第三部分，准确说是第六卷《王制》，这个版本未竟而终。对话《蒂迈欧》和《克里提亚》，《法义》和《厄庇米诺斯》，还有《书简》，施莱尔马赫都还没有翻译。

④ 亨利埃特·赫茨，施莱尔马赫的女友，其沙龙是18世纪末柏林浪漫主义作家重要的聚集场所。

施莱格尔受这场运动激发，致力于将这场运动引向深入，并认为对柏拉图的新的“具有艺术性的”翻译时机已成熟。为了完成此项计划，他邀请施莱尔马赫同他合作翻译柏拉图。他们还制定了翻译任务：各自选取最适合自己的对话翻译，并附上注解，之后再互相做批评性校注；施莱格尔将写一篇导论，即运用新的科学方法写一篇“柏拉图研究”；施莱尔马赫要写一篇描述柏拉图之特色的“总结性文字”；最后，对话将第一次按历史次序加以编排。不过，后来因种种原因，施莱格尔退出了这一合作同盟，柏拉图的翻译成为施莱尔马赫一个人的事业。除了未译出柏拉图的某些作品，施莱尔马赫的《柏拉图文集》在诸多方面都是德语语文学复兴的最高标志，旋即成为判断其他柏拉图研究的标准。①

那么，施莱尔马赫的柏拉图翻译独特之处在哪？他是如何翻译的？他的翻译完成了最初同施莱格尔议定的目标吗？还是超出了这一目标？事实上，在这之前已有多个柏拉图译本，甚至还有“包括了全部柏拉图作品的德语译本”，② 施莱尔马赫凭什么独树一帜呢？施莱尔马赫的翻译与这些翻译的根本不同在于，他用德语“复述了原作”，确切地说，他的翻译是希腊原文的德语翻版，更为准确地理解了柏拉图的思想。比如，不同于许多之前之后的译者，施莱尔马赫没有删改在风格、内容上显得冗繁的文本，相反，还高超地模仿了作品表面混乱的假象，而柏拉图的思想恰恰是通过这假象表达出来的，而且也寓于这种表达之中。此外，尤为重要的是，施莱尔马赫为翻译的每篇对话都写了引论和注释，并重建了对话的原初次序和内在关系。尽管他本人声称不想将这些引论和注释视为一种评注，其也的确比评注发挥了更大的影响，从根本上改变了柏拉图研究的方向。因此，详细梳理施莱尔马赫的柏拉图译著中的引论和注释至关重要，不仅能帮助我们更好地理解和把握译文，更重要的是启发我们理解施莱尔马赫本人是如何看待柏拉图思想的。就此，本文的任务是通过爬梳施译柏拉图著作第一卷之“总论”和各篇对话之“引论”，以钩稽施莱尔马赫研究柏拉图作品的核心原则，从而了解他是如何理解柏拉图思想的。

---

① 兰姆：《施莱尔马赫作为柏拉图学者》，黄瑞成译，刘小枫、陈少明主编《施莱尔马赫的柏拉图》，华夏出版社，2009，第29页。

② 〔德〕施莱尔马赫：《论柏拉图对话》，黄瑞成译，华夏出版社，2011，第69页。本文所引施莱尔马赫论述柏拉图对话的“引论”“总论”均出自本书，后文只标页码。

一　“从作品本身去发现观念”[①]

在柏拉图译著“总论”中，施莱尔马赫强调他做此番解释的目的在于：

> 让每一个读者运用关于柏拉图作品的直接和更为精确的知识，令分析柏拉图哲学成为可能，从而使他们就柏拉图精神和教诲得出自己的见解，而不管这种见解是否全然新颖或仅仅更为全面。(65)

要实现这一目的，施莱尔马赫认为关键在于“确定这些对话的自然次序和必要的内在关系”。因此，他将重建对话的原初次序和内在关系作为自己的任务。因此，他首先提请“有头脑的读者应着手从作品（本身）中去发现观念”(64)。施莱尔马赫缘何提出这一看法？我们先简要回顾一下当时的柏拉图研究状况。

18世纪德国对柏拉图的兴趣虽然渐增，但论述得并不完整，直到1781年康德的《纯粹理性批判》中以“理念的概念”讨论柏拉图，接着引发一众的追随者，从谢林“自由的柏拉图”，再到黑格尔“辩证的柏拉图”，一时间关于柏拉图的解释层出不穷。然而，这一时期的关于柏拉图的解释无一不是建立在康德所谓“比作者更好的理解作者”[②] 这一原则上。但在施莱尔马赫看来，这种“非柏拉图式”的研究只是自欺欺人，根本不可能达到“完全理解”。最重要的还是要回到作品本身，“因为，要理解柏拉图哲学之整体，就必须懂得恰当评价柏拉图作品的结构关系中最重要的有意而为，懂得尽可能去推测”(66)。

因此，“总论”伊始，施莱尔马赫一反从“柏拉图生平”来理解“柏拉图思想”的庸常方式，严厉批评关于柏拉图的希腊文本总是将第欧根尼(Diogene)关于柏拉图的生平介绍放在前面，认为这是在传抄“一部毫无见地、粗制滥造拼凑起来的拙劣作品”。紧接着，施莱尔马赫又提到腾内曼

---

① 〔德〕施莱尔马赫：《论柏拉图对话》，黄瑞成译，华夏出版社，2011，第64页。

② 康德在其《纯粹理性批判》中提出：我只指出，不论是在通常的谈话中还是在文章中，通过对一个作者关于他的对象所表明的那些思想加以比较，甚至就能比他理解自己还要好地理解他，这根本不是什么奇谈怪论，因为他并不曾充分规定他的概念，因而有时谈话乃至于思考都违背了自己的本意。(〔德〕康德：《纯粹理性批判》，邓晓芒译，杨祖陶校，人民出版社，2004，第370页)

（Tenemann）新近引起重要反响的《柏拉图哲学体系》前言中也因承旧习，附了柏拉图生平，而在第欧根尼之后并无新的有价值的研究出现，腾内曼如此做法分明还是“盲从传统”。施莱尔马赫之所以如此痛批自古就是关于希腊哲人生平的权威文献的第欧根尼著述，批评新近重要的柏拉图研究专著，都是为了说明从作者的生平经历来理解作品是徒劳，尽管这些细节真实可靠也不能真正见出作者的思想，唯一可行的是回到作品本身，将自己当作柏拉图来解读作品，而不是靠外在的、历史的东西臆想推测。他想破除传统偏见，以便发现真正的柏拉图。

然而，施莱尔马赫也并不完全排除对历史背景的关注，相反，他认为，柏拉图的作品“到处充满了与早先或同时代的所有事件的公开或隐秘的关系”（65），因而读者需要把握基本的哲学、历史常识。施莱尔马赫解释说，具备这些历史常识，是“为了引证柏拉图步入其哲学生涯之时希腊人的科学现状，引证与哲学理念相关的语言之发展，引证当时已有的同一类文本及其流传的可能范围”，“还可免于在黑暗中摸索，以致从一开始就完全错过了理解和评价作品的合适的历史观察点”（65）。

因此，施莱尔马赫非常看重腾内曼的历史方法。在施莱尔马赫看来，腾内曼的柏拉图研究与众不同，他的作品“第一次以某种方式尝试从柏拉图对话内在的历史线索出发，发掘其编年次序”（79），这就为找到对话的自然次序提供了真实的可能性，与施莱尔马赫理解柏拉图的目标一致，但两人的研究路数又明显不同。

腾内曼在其《柏拉图哲学体系》中对柏拉图作品的真实性问题、年代问题、对话形式的特殊性等疑难都做了处理，然而他所用的方法都是以外在的证据或历史线索来解释这些问题。施莱尔马赫认为，外在的证据和历史线索尽管必要，但其本身易受不确定和偶然因素的影响，而且，这些外在的历史线索也不充分，不会超出苏格拉底的生平，“无法找到柏拉图作品真正具有本质性的关系”（79）。腾内曼这样做所达到的目的，“与其说是通过批评和历史研究者的这种方法，发现柏拉图对话间的相互关系，还不如说，是大致搞清对话的写作时间，以避免将早期不完整的作品误认为柏拉图成熟而完整的哲学表达”（79）。所以，他提出了一种与之对应的方法，一种“全然内在的方法”，即回到作品本身，从作品内部来解读柏拉图。这种内在的方法不仅较少受外在偶然因素的影响，而且可以将全部对话视为一个整体来观照。

施莱尔马赫提倡“回到作品本身去发现观念”的做法，一方面突破了解读柏拉图惯常的方式，不再以外在的柏拉图生平或当时的历史背景为先导，而是直面柏拉图的作品本身，更加直接地去把握柏拉图的思想；另一方面，也扭转了康德及其追随者们认为“比作者更好的理解作者”这一非柏拉图式的解释局面，为柏拉图研究拓展了新的视野和角度，意义深远。此外，由于柏拉图的哲学和思想并非一套确定稳固完整的学说，因而只有回到作品本身的解读之道，才能更直接、更精确地把握和分析柏拉图的精神和教诲，从而得以真正靠近柏拉图的思想。而且，施莱尔马赫所强调的回到作品本身并不只是简单地分析柏拉图的具体作品，而是强调关注柏拉图作品中内容与形式的关系，尤其要特别关注“形式”，只有这样才能真正理解柏拉图。因此，在提出“回到作品本身去发现观念”的主张后，施莱尔马赫进一步深化，又提出了柏拉图作品“内容与形式不可分割”的观念。

二　“形式与内容不可分割”①

关于柏拉图的研究历来争论不休，原因之一是柏拉图的著作不是哲学论文而是对话录，而且他本人也从来没有作为对话角色出现，因而对柏拉图的解释就层出不穷了，同时也误解不断。施莱尔马赫也认为，由于柏拉图偏离了传统“系统式”和“片段式”的哲学教授方法，转而采用“对话式”的形式，以致很多人都误读了柏拉图。施莱尔马赫接着讨论了两种误读柏拉图及其作品的情况。

其一，有些人坚信柏拉图拥有一整套完整的学说，而且柏拉图的所有主张都始终一致，所以他们的研究致力于建构一个柏拉图的理论大厦。事实上，柏拉图的著作中，很多观点经常是摇摆不定，甚至前后矛盾的。可他们仍然坚持自己先入为主的看法，为了达成某种一致，甚至无视其间不确定、彼此矛盾的地方；或者因无法看到柏拉图整体统一的学说就认为柏拉图作品空洞无物，有的“无非是微不足道的语言和创作之美，或某些所谓的优美段落或警句格言，这些内容，如果不是毫无价值的话，也全都完全无关宏旨”（69）。施莱尔马赫则认为，他们严重误读了柏拉图，他不是“合乎逻辑的哲人”，而是“恣肆的辩证法家”；他无意于建构一个独具特色、基础牢固的理论大厦，

① 〔德〕施莱尔马赫：《论柏拉图对话》，黄瑞成译，华夏出版社，2011，第 72 页。

而是渴望“反驳他人”，在反驳中论证自己的观点，在论证中综合不同的要素。这些人之所以如此误读柏拉图，“主要由于作品的形式导致对感受的基础产生误解，从而不是通过判断来寻求这一基础，而是将这一基础变成了已然判定的事物”（68）。换言之，这些人因为对柏拉图作品形式的误解甚至无知，先入为主地判定了柏拉图的思想，认为柏拉图的“对话形式差不多只是其思想表达的一种方式的无用装饰，对话形式模糊而非澄清了思想”。施莱尔马赫认为“这种看法毫无根据也毫无建树”（68）。

其二，另一些人则坚持认为柏拉图的作品中隐藏着“显白”和“隐微”两种写作方式。在他们看来，“柏拉图的作品中根本不存在柏拉图真正的智慧，或柏拉图真正的智慧只包含在隐秘的而又极难发现的暗示之中”（69）。所以他们轻视柏拉图作品中的内容，反而对柏拉图作品之外的隐秘学说念兹在兹，倾力去发掘那些所谓“真正的柏拉图智慧”。施莱尔马赫对此认为，“就隐秘而难以发现的东西仅仅是相对的，而且对于任何人总会有隐秘而难以发现的东西而言，这一切只是由误解和糊涂的想法编织而成的、必须首先予以澄清的谎言”（同上）。关于柏拉图作品中“显白”和“隐微”的写作方式要做批判性的审查。因此，接下来，他追溯了古希腊因时代不同而有两种关于哲学的“显、隐之分”。首先是毕达哥拉斯学派因哲学与政治密切牵连而只在学派内传播其政治学说，对学派外则不公开，施莱尔马赫断言，此类方式在毕达哥拉斯派之后就再没出现过；其次是希腊演说家在演说时说出的与不能说出的之分，这一类的“显、隐之分”直接关涉的是公开演说的方式，而不涉及演说内容。柏拉图处于两者之间，因此无法用这两种“显、隐之分”来划分柏拉图的作品和哲学，因为，“柏拉图可能已将他最晦涩难解的智慧，如同其他内容一样，透露给他们了”（70）。此外，施莱尔马赫还批驳了那些把隐秘学说归为反对多神教和公民宗教论争的人，而认为其实“柏拉图关于多神教和公民宗教的基本原理，在其作品中清晰可见”（80），柏拉图根本就不曾害怕将这些教诲公之于众，因此柏拉图的学说也就谈不上有隐微和显白之区分。而且，施莱尔马赫还认为，就算真有所谓“秘学”，但在柏拉图身边浸润多年的高徒亚里士多德并没有引证有关的秘密智慧，也没有批驳相关的隐秘学说。因此，亚里士多德所听到的柏拉图的口头教诲与柏拉图诉诸笔端的书写内容实则相同。总而言之，施莱尔马赫拒绝柏拉图及其作品有“显、隐之分”。之所以有此种误读，乃是因为这些人没能真正理解柏拉图作品的内容，也没有借助文献来考证真正的柏拉图作品内容，而只是“为另外某种已佚失的柏拉图的宝贵智慧扼腕叹息或想入非非”。

为了扭转这两种误读状况，施莱尔马赫坚持柏拉图作品的内容和形式不可分割，不仅要重视形式，也要关注内容。柏拉图哲学通过对话这一方式表达，也寓于这种表达之中，其作品的形式与内容相互依存，缺一不可。因为柏拉图的作品“在任何地方，形式与内容都不可分割，每一个句子只有在它所处的位置上，并且在关系和限制中，如柏拉图所安排的那样”(72)，方能正确理解。换言之，对待柏拉图作品和哲学的正确方式是回到作品本身，考察文本具体的内容，尤其要重视其内容所用的表达方式，因为柏拉图的哲学思想也寓于他所采用的表达方式，要紧贴着柏拉图文本的句子走，将柏拉图编排的方式和内容结合起来理解，才能真正理解柏拉图所言的是什么。简言之，内容与论述方式要双管齐下。施莱尔马赫在翻译过程中也严格遵循这一原则。比如对柏拉图著作中经常使用的丰富的小品词和复杂长句，施莱尔马赫并没有删繁就简，而是极力模仿柏拉图的表达方式。尽管有些人因此诟病施莱尔马赫的译本臃肿复杂，但柏拉图的思想恰恰就是通过丰富的小品词等内容表达出来的，也正寓于这种表达之中。

施莱尔马赫强调柏拉图作品“形式与内容不可分割”的主张，对于理解“隐于书后”的柏拉图至关重要，从作品的形式和内容以及两者内在关系来分析柏拉图，可避免因不注重形式，将柏拉图的作品误读为言辞华丽却空洞无物的危险；也可以规避因不理解柏拉图对话内容而臆测柏拉图思想的“未成文学说”，以免论断者想入非非地建构所谓“真正的柏拉图智慧”。此外，施莱尔马赫还特别强调，每一个句子只有在柏拉图安排的关系和限制中方得正确理解，强调“柏拉图的安排”，强调关注形式与内容两者的内在关系，可以从柏拉图表述的内容和其表达方式来理解柏拉图哲学，这样一来才充分把握了柏拉图的智慧。当然，每一篇对话都是如此，只有在柏拉图自己安排的次序和关系中才能解释，也只有按照这种方式解读才能把握柏拉图的整个哲学思想。

三 “确定对话的自然次序和必要的相互关系”①

对柏拉图对话的编排讨论和实践古已有之，从忒拉绪洛斯的四部曲组

① 〔德〕施莱尔马赫：《论柏拉图对话》，黄瑞成译，华夏出版社，2011，第75页。

合，到亚历山大语言学家阿里斯托芬的三部曲分法，再到色拉努斯的会合说等等，不一而足。但施莱尔马赫认为，忒拉绪洛斯仅以“戏剧形式”为依据，却没有将悲剧的“每一个四部曲都以一部萨提尔剧结尾”的模式贯彻到底，也没有考虑到“柏拉图在从学于苏格拉底的时候，就已经使他的某些对话为人所知”，从而“把涉及苏格拉底的审判和苏格拉底之死的对话当成了早期对话，而把古人视为早期作品的《吕西斯》甚至《斐德诺》远远移入了中期对话”（76）。相比而言，阿里斯托芬的三部曲分法更为明智，因为他“将柏拉图本人已足够清楚地指出相互关系的对话，或客观内容中包含这种关系的对话组成三部曲，其他所有对话则不予牵扯”（77），但也还不够。而色拉努斯的会合说仅有“参考价值”，却与柏拉图的安排无关。此外，施莱尔马赫还批评了他的老师埃贝哈德“荒唐地”“将柏拉图的所有作品归结为其哲学具有的共同最终目标，这一目标独立于哲学本身之外，在于教育出身高贵的雅典青年成为有德性的公民”（78）；而腾内曼从外在因素来编排的做法只能作为“我们完全内在的方法的自然检验”（79）。总而言之，施莱尔马赫认为，传统上对柏拉图对话次序的编排“部分只是毫无意义的消遣，部分企图根据传统的哲学进行系统的分类组合，部分则只见树木不见森林”（75）。因此，他在引论的最后一部分集中讨论了如何对柏拉图作品排序。

要对柏拉图的作品排序，首要任务是辨别作品的真伪，因为只有确定了作品的真伪，才可能寻找对话间的内在关系，从而编排出正确的对话次序以认识柏拉图的思想，否则谈论对话的次序就没有意义。施莱尔马赫认为，真实的对话“是所有进一步研究必须建基于其上的决定性基础。……因为真实的对话形成了树干，而其余作品只是枝叶，所以与真作之关系为确定其余对话之由来提供了最突出的特征”（83）。一旦确立了树干或身体，业已存在的自然且必需的有机关系就只是有待去发现而已了。

那么，如何判定哪些作品是柏拉图的真作，哪些又是伪作呢？施莱尔马赫首先认为，不可依赖某种“标准”，因为“由假定的柏拉图作品而来的观念，不能宣称这种假定本身的正确性”。所以，不可操之过急，一上来就要确定作品之真伪。其次，对于忒拉绪洛斯、阿里斯托芬等古代名家记录的目录也要审慎待之。因为这些外在的证据不足以用来判定柏拉图对话的真伪，“但如果他们主要根据内在的根据来判断，那么至少无法做出限定，相反，这些作品仍需要合理接受后世的不断检验”。由此我们也可以看到，施莱尔马赫对作品排序的基本原则是："每一篇对话都必须严格从自身的根据出发来证明它就是柏拉图的作品。"

依从这一基本原则，施莱尔马赫开始寻找柏拉图对话的枝干部分。首先他以"柏拉图体系的首位评价家"亚里士多德真作中贯穿的柏拉图评价体系出发，从"真实性和重要性"区分出第一等级的柏拉图对话。接着以这个"第一等级的柏拉图对话"为参照点确定"第二等级的"，此处依然从真实性和重要性来确定其他对话的真实性，并勾勒出每一篇对话的地位。这两个等级是相互支撑的。而确定第二等级的对话难度更大，为此，施莱尔马赫提出从"语言的特点；确定的共同主题；柏拉图习惯用于表达主题的方式"三个方面来进一步考察。但是这三个标准本身都有问题，比如在语言方面，"因为我们考虑问题可能往往依赖于浮泛印象而我们为此找到的确切凭据：因此，思想更多取决于作品的结构而非语言"（85）；而另一方面，作为伟大哲学艺术家的柏拉图可能会为了某种求知或兴趣而离开他所熟悉的主题来书写，因此从"共同确定的主题"也无法判定；至于第三个方面，施莱尔马赫认为，在关注表达方式的同时还要结合内容与结构，要将内容与结构视为"一个整体"来考察。"因为，最清楚地表现在语言之中的东西并非细节，而是已经与结构结成密切关系的语言的整体腔调和固有的特色。"（86）这些腔调和特色会表现出其主要特征，从而使我们对柏拉图的形式有了正确的概念，再进一步确立作品的真伪。

在如此确定了对话的真伪并对对话做出等级划分之后，施莱尔马赫转向编排对话次序这一任务。具体说来是："按照大体上对整体做出暂时概括的方式，展示对话之间的相互关系，并以此关系作为根据排列次序。"首先施莱尔马赫还是从"重要性"出发，选取柏拉图较为重要的作品加以研究。他以《王制》《蒂迈欧》《克里提亚》因具有"客观、科学的表达"，而且预设了某些已经做出的研究，判定它们属于柏拉图后期作品，并进而尝试对它们进行次序排定。接着，施莱尔马赫通过对比对话的特征、条件和内容辨别和概括出第一等级的对话，进而是第二、第三等级的对话。最终形成一个清晰的整体。

施莱尔马赫建设性地确立柏拉图对话的自然次序和内在关系，是在贯彻"回到作品本身发现观念"的基本原则下，通过各篇对话不可分割的内容和形式，辨别和概括而来。他尽可能地重构柏拉图的写作次序，有利于整体把握柏拉图的思想，从而将柏拉图当作一个哲学艺术家来理解，这是施莱尔马赫对西方柏拉图研究最重要的贡献之一。

通过回顾施莱尔马赫在“总论”中提倡的核心原则，我们可以发现，施莱尔马赫完全从柏拉图的书写作品出发，强调对话形式的重要意义，把柏拉图当成柏拉图来理解，在此基础上，对柏拉图进行革命性的解释，不仅打破传统常规研究柏拉图的理念，还提出了一个解释学理论，影响了 20 世纪解释学的发展。此外，施莱尔马赫在“总论”和对每一篇的对话注释中，身体力行贯彻自己的主张，谨慎地论证对话的新次序，对每一篇对话及其相互关系的深刻反思，开启了柏拉图研究的新历程，对于后世柏拉图的研究者来说极富中肯的启发意义。

（作者单位：北京师范大学文艺学中心）

东海“希”海，心理攸同；南学北学，不同“诗学”

——从磁州瓷器诗文看古希腊陶瓶铭文

李树春

摘　要：本文是要将古希腊陶器铭文同中国磁州窑瓷器铭文进行互识互鉴的讨论，通过将两者并置进行互相观照的讨论，认为两种作为从口传发展到文字的铭文在进行意义表达和美学表现时具有一定程度的相似性，这种相似反映了古希腊陶器画工同磁州窑瓷器艺人的攸同心理。但是两种铭文在这种攸同的心理背后仍然存在各自诗学范式上的不同，通过对铭文以及结合图像的分析，认为这种不同主要表现在叙事与抒情、贵族趣味与平民倾向之间。结论是这种不同作品之间的互识互鉴对于中西文化之间的交通和体会各自诗学本性是有益的。

关键词：古希腊陶器；中国磁州窑瓷；铭文；诗学

一　问题的提出

文化（Culture）源自生产，生产因此制器，器物表现文化。古希腊人和古代中国人都曾在各自的生产活动中创造了于后世影响深远的文化，其所分别进行的纷繁制器活动也展现出各自曾经的生气充盈的文化。通过考古发现和文献记载，人们已经知道，作为一种制器活动，陶、瓷器制作无论是在古希腊还是在古代中国都曾是蓬勃进行的繁盛制器活动，在中国尤其如此，直至今天，陶瓷器的制作和销售在中国从未间断，并对世界许多国家和地区产生过广泛而深远的影响。

历史上的任何一种活动，都有其复杂的面向，本文无意也无力对古希腊和古代中国的陶瓷器制作进行多面向的考察。在文化交流日益扩大和向深处拓展的全球化大背景下，在比较已经成为一种习惯和方法的生活生存状态下，出于一种格义的冲动和思考的惯性，本文拟对古希腊陶器和古代中国瓷器上装饰的文字进行一种互识、互鉴的对比赏析，以期从中获得各自自处时难以发现的有趣话题，并得以管窥潜于器物背后的两种文化形态和样式。在今日中国同西方世界的交流中，这种经比较而得的发现对于彼此的认识和进一步的靠近当然有其积极和主动的助益，如同今日中国的一切都或正或反、或承或变地得自古代中国，今日的西方世界众所周知也不过是从古代希腊走来，如雪莱所坦诚“我们都是希腊人”，黑格尔所称，“一提到希腊这个名字，在有教养的欧洲人心中，尤其在我们德国人心中，自然会引起一种家园之感”。

相较于后起的瓷器制作，陶器制作活动最早出现，在古希腊和古代中国都是如此。然而，在仅仅持续了650年的古希腊仅发生了陶器制作的历史，而作为一种连续的文化，在工艺上相承继的瓷器不但在中国出现，且要早于欧洲一千多年。陶器与瓷器在烧制的介质（一为普通黏土，一为作为瓷土的高岭土）和工艺（陶窑温度一般在1000度以下，瓷窑的温度达1100度及以上）上的不同，并不能从根本上改变二者共同作为图文载体的一般功能，因此，本文拟对希腊陶器和中国瓷器在铭文表现上的相似与不同进行的赏析可以合理地进入讨论。

希腊陶器生产持续了几个世纪，在整个希腊半岛上，不同地区或同时或不同时出现烧制中心并历经盛衰，数百年间先后演绎了几种不同风格的转换，研究者将其大致分为几何陶（Geometric style）、东方陶（Orientalizing style）、黑绘陶（Black-figured style）、红绘陶（Red-figured style）和白绘陶（White-ground technique）。由于黑绘陶和红绘陶晚出以及形态上的成熟，其陶瓶上的图文在古希腊陶器图文的绘制中最具典型性，因此本文讨论的陶器品一般来自这两个时期的作品。至于古代中国瓷器上的文字装饰一般认为始于唐代的长沙窑，而盛于宋金时期的磁州窑。同长沙窑相比，作为后出的磁州窑在文图的撰绘上更为自觉和精致，因而也更具代表性，所以本文副题标明是以磁州窑作为互识的对象。

古希腊陶器生产与磁州窑瓷器制作活动均没有官方的干预和强制，是民间的自发活动，是底层民众谋生自利的职业，他们的生产行为直接面对使用者和市场，主要是为了迎合广大社会各阶层生活的需要，因而任何社会风尚的出现和变动都能被他们敏感地捕捉到，并将其反映在他们自己的制作活动中和产品上，以求获得更广大民众的喜爱和他们更大方的购买。19世纪后期的古希腊陶瓶研究专家海因里希·谢里曼（Heinrich Schliemann，1822－1890）说：“陶片是比世界上所有的城市或者它们的城墙更不容易被消灭的东西，即使是最坚固的城墙也可以很容易地被清除，但没有哪一个常人有心思去把陶片清理干净，而这些东西在每一个古代城市中满地都是。”按照18世纪的启蒙思想家孟德斯鸠和19世纪的法国史家丹纳的看法，研究者应该重视这种“满地都是”“更不容易被消灭的”民风民情、习俗环境，因为它们集中体现着一个社会或地区最普遍的文化和美感，而这即是本文所提出和将要讨论的在古希腊和古代中国陶瓷产品上文字和图案所体现出的各自“诗学”形态。因此，下文将从“攸同心理”和“不同诗学”来展开对于古希腊陶瓶铭文同磁州窑陶瓷饰文的讨论。

二　攸同心理：铭文的表达

作为一种由市场驱动、以谋生为职业的制器活动，陶瓷品的生产主要是为了满足一般民众生活或生产的需要。古希腊人制作的陶瓶主要用于四个目的：（1）作为巨大的容器和储藏罐，用于盛装葡萄酒、水、橄榄油和干燥的食物。（2）作为酒宴的工具。希腊人习惯把酒用水冲淡后再喝，他们因此使用阔口的混合大酒缸来混合两种液体。（3）用于与私人装饰有关的器皿。橄榄油在希腊人的生活中占据重要地位，用于烹调食物、照明、洁身和作香水的主剂，通常妇女使用细颈口的小瓶来盛装这类化妆用料。（4）作为仪式中使用的特殊器皿。如新娘在婚礼前举行洗澡仪式时，用长颈双耳瓶提水，等等。

从以上容易看出，古希腊人普遍应用各类陶器于日常的世俗或者仪式性的生活中，而宋金时期的磁州窑生产的大量瓷产品也主要是针对日常生活用瓷，包括艺术性陈设用瓷、宗教用瓷和建筑用瓷。磁州产瓷器物种类繁多，具体而言如盛饭的碗，盛菜的盘，盛放液体（汤、浆等）的钵、罐，盛酒的梅瓶，睡觉的瓷枕，陈设的花瓶，供奉的神龛，用作殿堂庙宇“脊饰”的“迦棱频伽”，等等。这种用途上的相似自然会反映在各自器物的文字和图案上，通过对其上文字的考察，同时结合文字所配合的图案，来细察二者体现在文字之后文化上的共通性，即是本文对钱钟书先生隽语“心理攸同”之借用。虽然二者之间巨大的时空差异容易让人产生时代错误

（anachronism），并且这种时空差异因此使得众多批评者（其中不乏文化相对主义者或孤立主义者）持为诟病文学和文化之间进行比较互探的理由，然而基于如下的现实考量，即同作为人所具有之相似的生理构造和因之而来的自然特性，同作为人类所需之共通的物质生存需要和精神生活要求，故他们在应对外部世界邀约和回应内部心灵召唤时，所采用的策略和进行的实践必会体现出某种程度上的可通约性，而这正是比较得以成立和发生的前提和基础。

文字的出现是一种历史现象，古希腊的书写文字在借用爱奥尼亚人文字的基础上于公元前8世纪发展起来，而关于中国文字之起源虽各说不一，但其在有记载的史料中却呈现出一条清晰发展的线索。口语发展为文字，口头表达发展到书面记录，这是对人类口头表达的一种解放和补充，文字的可重复性和独立自存性使得人类表达具有了前所未有的机动性和稳定性。因此，无论是古希腊陶器还是磁州的瓷产品，二者无一例外在制作时都被有意地刻写上了各自的文字，文字的出现是作为口头语言的进一步发展和出于表达的需要，因此无论是希腊工匠还是中国窑工在陶瓷器上刻绘以文字首先都是意在某种言说的传达，如磁州瓷器为迎合社会风俗而出现大量表达如意吉庆等题材的文字产品，在瓷器上撰有“清酒肥羊”“招财利市”等吉祥福气的文字。古希腊陶器上也出现配合古希腊神话英雄中人物图像和其故事场景的文字来讲述英雄的故事，如图1中，所出现的希腊文字分别标示出两位大英雄“阿喀琉斯”和“埃阿斯”的名字，还出现两位英雄在玩掷骰子游戏时口中所分别喊出的“三”“四”等文字。

（一）磁州窑瓷铭文

古希腊陶器的制作和磁州窑瓷器的生产都是没有政府参与的民间窑器制作活动，其产品最后都是被拿到市场上进行交换来体现自己的价值，因而二者所共同具有的“草根性”使得二者器物上的文字和图案一定要迎合一般大众的思想倾向和他们的审美意味，缺乏各自时代的文化精英对其制作过程的参与。塔贝尔就认为相对于“更高级的绘画”，陶瓶的装饰艺术是“粗陋的”，而从事这种装饰艺术的瓶绘家多是“无名小辈”，艺术稍高者可“称得上是艺术家”，言下之意即他们还不是真正的艺术家。磁州瓷器的地位在当时人看来，也是处于近似的底层地位，王兴在《磁州窑史话》中说：“磁州窑的产品是为广大中下层民众服务的……但却不为士大夫所赏识。在宋代的文献中，对其只字未提。”所以，古希腊的陶器和中国磁州窑瓷器本身的生产不但都没有受到官方的控制，而且陶瓷器上的铭文没有官方意识形态的渗入，这些文字和图案仅反映陶瓷艺人们所处时代的一般社会风习，间或有艺人们自身的文化趣味反映在他们制作的产品上，但到底他们个人或集体的趣味也不过是更大的社会趣味影响之下的产物。

磁州窑瓷要符合广大的民间需要和因其自身面积的限制，所以它的铭文自然就具有简单易懂、直接浅白、短小明快等特点，独字、短语和较短五、七言诗的铭文在瓷器作品上比较常见，当然也有一些器物如瓷枕因可写的面积较大，所以其上也可见文字较多的词、曲和赋类作品，如金代观台窑生产的一个瓷枕上所题写的《枕赋》近三百字。在磁州瓷器上所见较多的曲作品来自元代知名散曲家陈草庵，他与关汉卿是同时代人，元代钟嗣成在其《录鬼簿》中将他列入“前辈名公高才重名者”之中。对这些铭文有不同的分类，这里采用黄晓蕙根据铭文功能对磁州窑瓷产品上铭文进行的分类。

广告类文字，如“东阳美酒”，“曲花酒香”，“隔壁三家醉，开坛十里香”，“闻香千里来下马，知味百步且廷（停）车”，“广招云外三千客，味压江南百万家”，“二四神仙常在此，十八学士不利（离）门”，“铜金刚三盅腿软，铁罗汉两盏头低”，等等。

商标类文字，如“张家枕”，“张家造”，“王家枕”，“古相陈家造”，“刘家磁器”，“漳滨逸人制”，“王氏寿明”，“艾山枕用功”，“仁和馆”，“熙春馆”，“秋露白”，“赵家瓶”，“一枝花”，等等，其中以“张家枕”最为悠久和特别，形制有横、竖、方或钟形等，且绵延三百年之久。

诗词歌赋类文字，这类铭文根据王兴还可再分为如下几种。

对自然风景的描写，如“春蝶飞来红杏树”，“夏日景偏长”，“蝶飞花下舞，鹤饮水边行”，“风吹前院竹，雨折后庭花”，“白云过岭七八片，红树满溪三四花”，“水风轻，蘋（蘋）花渐老，月露冷，梧叶飘黄”。

反映闲情逸致的诗词，如“鼓后严更三唱鸡，楼前天淡月偏西”，“惜花春起早，爱月夜眠迟”，“峰前明月照藤床，窗内清风生石枕”，“秋天客饮黄花酒，冬月人吟白雪诗”。

写农家生活的，如“绿叶追风长”，“春人饮春酒，春丈打春牛”，“村落家家酒，园林处处花”，“细草烟深暮雨收，牧童归去倒骑牛”，“一架青黄瓜，满园白黑豆”。

描写窑工生活的，如“云里烟村雨里滩，看之容易作之难。早知不入时人眼，多买燕（胭）脂画牡丹”，“绘瓷作枕妙陶然，文质彬彬更可怜。片目花笼争日莹，块冰岚染履霜坚。夜横吟塌偏聊思，晾入黑甘分外便。寄语养亲行孝子，三更凛凛不须扇”。

描写羁旅生活的，如“长江风送千里客，孤馆雨留思乡人”，“常忆离家日，双亲拂背言。过桥须下马，有路莫行船。未晚先寻宿，鸡鸣再看天。古来冤枉者，尽在路途边”。

此外还有感叹时世、描写爱情、咏史、描写老人生活的铭文等等。

吉祥语、俗语、警句类文字，如“福禄祯祥”，“富贵荣华”，“招财利市”，“一家平安”，“家国永安”，“清净道生”，“己所不欲，勿施于人”，“绿叶追风长，黄花向日开，香因风里得，甜向苦中来”，“观音似箭贵如梭，为人不要苦奔波。积下黄金惟北斗，轮回空手见阎罗”，“春日当耕不种田，夏日徒身凉处眠，七天赖堕（懒惰）不收拾，冬忍饥寒莫祭天”，等等。

无论是古希腊陶瓶生产还是中国磁州窑瓷器制造，虽然缺乏文化精英的参与，但是这些底层的生产者总是在直接面对市场和顾客，直接接受市场对于他们产品之不同需求的反馈，并且各自上层贵族或者士人们的精英文化也会通过影响社会风趣进而影响到深处大众文化之中的陶瓷器从业者们，因而他们虽未能同社会上层有所接触，但是能够直接感受到当时流行的融合了上层社会趣味和普通民众喜好趋向的整体社会风尚，因此他们能在自己的生产中将捕捉的信息反映到他们的产品上，即主要反映在瓷器的绘画和铭文上，或俗或雅，雅俗结合，从而能面对更多元的顾客、更广大的市场。从以上对磁州窑所产瓷产品的分类中，我们能够发现这些瓷器铭文以合俗为主，雅俗结合，从而使得产品能够面向更广大的客户，为更多元背景的民众使用。“社会风习对磁州窑审美文化的形成和发展有一定的导引作用。”

（二）古希腊陶瓶铭文

古希腊陶瓶铭文比较驳杂，许多论者常就所研究的陶瓶类型对其上的铭文进行研究，或者就某一种最常见类型的铭文进行讨论，这里采用 Kathleen E. Clifford 的分类。需要说明的是，此处讨论希腊陶器和磁州瓷铭文的分类是为了对二者互识互鉴的讨论更为全面和深入，首先摆出所要研究的材料和对象，使得此后的讨论更为便利和坚实，因而也更易看出二者铭文和其图案所反映出的“攸同心理”和“不同诗学”。Kathleen E. Clifford 的分类如下。

Signatures（签名铭文），据今可见的陶器作品，最早出现的签名是一名叫 Sophilos 的人，今天能发现三件经他签名的作品，在一件酒杯（Dinos）上的签名是 Σοφιλος εγραπσεν（Sophilos painted it），Beazley 也称他是已知的最早给自己作品签名的陶器画工。陶瓶上除了有画工的签名外，还有陶工在上面的签名，如 Δουρις εποιεσεν（Douris made it），也会出现窑厂主人的签名。然而，磁州瓷上的签名，如窑号或者某个具体的个人（尽管这种情况很少）都是准确无误的，一方面是由于我们文字的使用没有中断，另一方面是由于我们有许多相关的文献资料可以帮助我们了解生产和签名的情况，但是古希腊的文字由于其历史的中断，相关的文献在这个问题上也没有明确的线索指示，因而确定签名的人到底在陶器的生产中充当什么样的角色这样一个简单的问题在今天也成为难题。古希腊陶瓶上的签名通常是一个人名后边接着 εγραπσεν（painted it）或 εποιεσεν（made it）这两个希腊词，因为对这两个词的理解出现困难，这两个词前的人名指代的到底是陶工、画工、设计者、窑厂主人还是行业领导者也出现疑虑。Beazley 在 1921 年的文章中曾提出过自己的理论解释，此后也有不少研究者的研究，似乎还没有一个肯定的说法。对于签名的目的，自 Beazley 以来也有大量的观点，一种观点认为其具有某种类似于商标的性质，同磁州瓷上的签名如“张家造”一般，二者均起着标识和推广自己产品的广告作用，无论这种推测的可能性有多小，大量器物签名的存在，使得这一解释在面对其他众多的解释时也不应认为是矛盾和不相容的。

Kalos（俊朗）铭文，这是一类用于表达对某位年轻男子的赞美和爱的文字。Kalos 在古希腊语里是阳性形容词，用来表示某位男性（通常是年轻的男性）是漂亮的，但通常带有同性癖恋少年男子的色情淫秽意义，成年男子就不使用这个词了。这种铭文通常以三种方式出现，第一种是人名后接 Kalos，如 Λεαγρς καλος（Leagros is beautiful），根据统计有两百多个不同的人名后接 καλος；第二种只有 καλος 出现；第三种是一般的陈述“Οπαις καλος”（The boy is beautiful）。有时会为了加强语气，而加入 ναιχι（yes）、καρτα（very）这些词。

Bubble（话泡）铭文，指的是从陶瓶上所绘人物的口中说出来的一句话，或仅是一个或两个词，因而这种铭文总是被安排在离说话的人物之口不远的地方，一是为了模拟现实表明这话是某位人物所说，二是为了避免人物之间对话出现混淆。这类铭文不如前两种铭文多见，它们常出现在两个瓶绘人物的对话当中。大多数这种话泡铭文出现在用于宴饮的陶瓶上，而宴饮的陶器酒具上的场景和铭文也以这类情况居多。Snodgrass 就认为，大多这类铭文同宴饮相关并模仿真实的宴饮场景和对话。此外，还有一种情况就是，这些铭文本不是出自人物之口，而是来自人物的心中所思，因此这种铭文通常并不安排在人物之口附近，而被安排在距离他身体不远的某个部位附近。如图2，卖油者的身体下部出现的铭文翻译成中文就是“我父宙斯啊，我这样能变富裕吗”，很明显，在面对顾客时，他只能是在自语祈祷，不知卖油能否让他变得富起来。

Captions（标题），Labels（标注），Toasts（祝词），Comments（评论）铭文，标题铭文用于帮助说明某个场景的主题，某个场景中的动作，或者陶瓶的功用。图3的铭文翻译成中文是“帕特罗克洛斯之戏”，这是一种在丧礼上举行的游戏，如果没有这些铭文的提示，今天的人们很难知道这里讲述的是一个什么样的故事。标注铭文也是用于描述场景，但是比标题铭文更为具体。当在陶瓶上绘制神话场景变得流行起来，于是需要对场景中的主要人物进行标识说明，因此所见的被标注的大多数人物都是众神或者大英雄。有时画工仅对画面中较为重要的人物进行标识说明，一则这些英雄更为伟大，二则这些英雄对于画面的故事更具说明作用。祝词铭文或是向陶器的观众祝词，或是向某个具体的人祝词，有一类是一般性祝词铭文，仅一个词 προσαγορευω，中文意思是“我向你祝酒”（I greet you），在一类 Kottabos（流行于古希腊的一种宴饮游戏，通常有高级女妓参加）场景的铭文中，这类祝酒词铭文比较多见，通常是高级女妓（Hetaera）起来向某位具体的个人祝酒。评论性铭文通常指画工在对所绘场景中的人物行动进行评论，如在图4里，所绘的图案是提修斯在与一个男子进行摔跤比赛，一名叫作 Euthymides 的画工在旁添加的铭文就是“好样的”（ευγε ναικι），来为所绘的正在比赛的提修斯加油喝彩。

Nonsense（无意义）铭文，或者 Imitation（模仿）铭文，就是一条字母串，对有意义字符串的模仿，其实并不表达任何实在的意义。这类铭文首先出现在雅典生产的陶瓶上，公元前6世纪才模仿阿提卡传统出现这类无意义铭文。这类铭文出现的目的，有人认为是让观众和顾客认为陶器画工是有知识的人，当然这仅对那些同样不识字的人而言才有效。

从上文对古希腊陶瓶铭文和磁州窑瓷器铭文进行的分类和所做的相应讨论中，已经可见这两种有意识绘写的铭文在制作者文化心理层面上的种种可沟通之处。他们主动在各自的作品上签名，或者通过铭文来反映各自社会里的个体和集体的生活状态，或者在铭文里表达各自的文化传统和接受这种传统对各自的影响。虽然铭文的书写不同，铭文产生的文化背景不同，铭文书写的介质也有所不同，但是，各自铭文在承载各自的文化传统、描述各自的社会生活、揭示各自的文化心理等方面是相似的和可沟通的。

三　攸同心理：铭文的表现

在前节已经讨论过口语发展到书写是对表达的一种解放和补充，此外，文字从口头言说到书面记录还有一个重要特点，就是它从诉诸耳到诉诸眼的这种感觉官能的转变，将可听的声音转换成可视的结构，这个特点之于古希腊陶瓶铭文和磁州窑的瓷器上的文字都具有极重要的意义，那就是使得陶瓷器物上的铭文被赋予了一种可观感的装饰功能。这种观感之于汉字就是它在自己的历史演进中逐渐发展成为一种独立的审美对象，即中国汉字书法，把这种直接诉诸观众视觉的书法应用到瓷器，即一般在瓷器过火前在釉下书写汉字，它就成为如同绘图一样的图案，起着美饰的作用。在瓷器上饰以书法从重视书法的唐朝就已经开始，唐代长沙铜官窑的草书瓷器作品首开此风，且深刻地影响着后来从业者们进一步追求这种瓷器上的书法之美，而宋金元时期的磁州窑，正是“继承了唐代铜官窑的书法艺术传统，在瓷器上大量书写诗词短语……构成了书法艺术的独特风貌”。这种表现在瓷器上的书法，或以独立形态出现在瓷器上，或配合图案共同构成瓷器的装饰。并且，受到当时社会风尚影响的尚书之风使得民间的瓷器艺人努力模仿和追求大家笔法，如宋中期以来，磁州窑瓷上的诗文装饰就深受宋四家的书法影响。在瓷器上表现书法，一来增加瓷器产品的欣赏美感，再者还可提升艺人和产品的文化地位，既是为了声誉，也是为了销售。“金元是磁州窑诗文最为繁盛的时期，也是书法水平最高的时期。许多书法作品堪与名家手笔相媲美。”明代书法家、书画鉴赏家陈继儒在《泥古录》中曾写道：“余秀州买得白定瓶，口有四纽，斜烧成‘仁和馆’三字，字如米氏父子所书。”其实陈继儒弄错了，他买的这个瓷瓶实际上是磁州瓷窑的产品而不是定窑的瓷瓶，不过，由此也可见磁州窑瓷的书法艺术是极为高超的，以致有陈的如此赞叹。

古希腊文字虽然未如汉字一般发展成为一种独立的审美形态，因此很难在古希腊的陶瓶作品上作为一种独立的器物装饰而出现，但是这并没有影响工匠们对于文字可以产生形构之美的判断和对其构形美感的追寻。古希腊陶瓶铭文出现在公元前8世纪后期，古希腊人认识到文字除了具有表达的主要功能之外，也充分认识到文字亦可以作为一种图案被巧妙地安排到陶瓶上，在相应的平面空间里进行符合其文字特性的独到布局，这样既可以让文字以其特有的形态表现出其独特的配饰功能，产生与图像同样美的效果，同时也天然地配合其他图案构成完整和谐的装饰。如果了解到这一事实，即对平面空间的认识和研究已经构成了古希腊人的主要知识之一，那么我们不难理解，古希腊陶瓶铭文除了我们上面所讨论的具有表达功能之外，同时还被工匠们有意地用来作为陶瓶上的构图和装饰，这里所凸显的是陶器铭文的一种重其形态的表现功能。仍然以图1“阿喀琉斯与埃阿斯掷骰子”为例，在陶器呈现给观众的这一面的图案中，一共有6组铭文，这6组铭文被以不同的角度和不同的高度在这个给出的平面空间上进行安排布局。为了考察的方便，我们暂时撇开铭文之外的其他图案，如此处的人物和他们的武器图案等，单就器物所呈现给我们的这一面的铭文来进行观察，那么我们可以看出这些不同的铭文如同中国的书法字一般，在起承转合上讲究互相勾连、呼应而形成和谐的一体。然而中国人的文化思维有一种对于圆形的偏重，因而汉字里和汉字之间的互相勾连照应多以圆形过渡为主，就如同中国人的处世之道重圆弃棱一般。但是在重商业平等交换的古希腊人那里，已经有了对于各种几何图形的客观认识，所以在这里我们看到的是这6组铭文在呈现给我们的陶瓶的平面空间上实际地构出了三个摆放角度和高度都不同，且都缺少一边的三角形“〈”。在平面几何中，三角的构形是最常见也是最基本的，对于那些古希腊工匠们而言，因为始终关注他们周围的社会和他们产品所要面对的人群，他们必定了解当时流行的各种基本知识，包括这些基本的几何知识。所以他们在陶器上有意地将文字的排列安排成这种基本的几何图形，不会让人感到惊讶，他们追求的不是这些知识本身，他们不是这些知识的研究者和创造者，他们所在意的是这些已有的知识能给他们的作品带来美感，这些知识能让陶器上的铭文与图案匀称地配合从而达到一种整体和谐的美感，从而引起更多人的欢迎和大量购买，因而在某种程度上，他们应该算得上是知识的传播者。

在对古希腊陶瓶铭文的分类中，有一类铭文被称作“无意义铭文”（nonsense inscriptions），即被刻写在陶器上的一串由希腊字母组成的铭文，它们根本不表达任何意思。不过有些研究者称，其中一些无意义的铭文和非希腊字母组成的文字总是伴随着塞西亚人（Scythians）和亚马逊人（Amazons）的形象在陶瓶上出现，这些文字最初来自古伊朗文（Iranian）、阿布哈西亚文（Abkhazian）、切尔克斯文（Circassian），经有文化的画工们转写而来。也有研究认为，因为铭文的经常出现，人们习惯认为铭文就是对所伴随图案的解释、评论或补充，所以这些后起的无意义铭文即使不表达任何意义，它们的出现也被认为是传统使然，被当作对图像等图案的某种解释或评论。而这种无意义铭文的目的，只是陶器艺人们寻求当时社会对他们陶窑所生产产品的认同，并因此可以用来提高他们自己的文化地位。“陶工们利用它们（无意义铭文）来表明这么一种印象，即他们是有文化的。”这些理论对于无意义铭文的出现都做出了合理的解释，然而应该认识到铭文除了表达的功能之外，还有其作为构形之表现的功能，如上文对于图 1 的分析，因此无意义铭文的出现既然不在于其有直接可解的意义，并且在陶瓶外表的平面空间上的布置是结合图像出现而不是任意布置，那么一种大胆的推测是，无意义铭文在陶瓶上出现在更大意义上应该是出于配合图像的目的而由陶工所施加的另一种构图的表现功能。

总之，无论是磁州窑瓷上的中国书法字还是古希腊陶瓶上的铭文，陶瓷器的制作者们都注意到了文字在表达之外的表现功能，而且在各自作品的美感创造中充分利用了文字的这种表现功能。对于磁州窑瓷的艺人们来说，在釉下的白化妆土上用毛笔书写，运笔自如。在早期，以单字和书写吉祥词语为主，宋末金初时，开始用毛笔书写诗词，毛笔的书写深受书法的影响，其前代和当代流行的所有书法样式都是瓷器艺人们模仿的对象，唐代颜体，宋代宋四家，元代的赵孟頫体和文徵明等人的书体都可在瓷器上找到印记，甚至同一件作品上，瓷器画匠们还会使用不同的书体进行组合搭配，来充分发挥汉字书法在瓷器表面空间所能达到的最佳美感。古希腊文字虽然不如汉字在形体上具有较强的表现性，不能在点、横、竖、撇、捺、转、提等技法中充分表现自己的形构之美，但是古希腊的陶器技师们却有着他们自己的方法去展现自己文字的表现功能，如充分利用上文提到的平面空间里的几何知识来进行构图，在刻写文字时，他们甚至有意采取各种因势就利的行笔方法来设计铭文的排列，如使用逆行刻写法（retrograde）、右行左行牛耕式交互刻写法（boustrophedon）等，从而使文字同图像构成和谐完整的图案。

四　不同诗学：重叙事与重抒情

古希腊陶器和磁州窑瓷器两种铭文在表达和表现上的可共许和可通约的许多特点，虽然能让它们能更容易相互走近，但更进一步的对话却让我们能更好地揭示二者在形似之外的不似、在共通背后的难以沟通，这就是本文所说这两种铭文所体现出的不同诗学。

古希腊陶器铭文及其图像表现出显著的叙事特征，而磁州瓷器铭文的突出特点是其抒情性。这两种互不相同的特点深深地体现于各自的文学传统，古希腊的史诗和悲剧所因循发展的路线正是这种叙事性，而中国诗文素以其抒情性见称于世。古希腊的乐师们四处行走吟唱关于自己民族的神祇和英雄的故事，他们吟唱的对象主要是社会下层的普通民众，正是他们的这种游走传唱，使得神话和英雄的故事被广大普通的民众所知晓，包括底层的从事陶器生产的工艺人，尤其是他们中的画工非常熟悉这些故事，因此他们如同古代四处周游吟唱故事的乐师一般，也在自己的作品上讲述故事，然后这些被讲述的故事又随着这些陶器被千千万万的使用者所看到、读到。

毕竟陶器的画工不同于古代的游吟诗人，他们所从事的是两种职业，陶瓶也不能像那些诗人的传唱一样不受空间和时间的限制，陶器的画工们只能选择某个故事的一个场景来进行表现，这个故事的情节和人物通常为一般的民众所熟悉，因此把这个故事的某一个场景表现在陶瓶上，人们很容易知道这个瓶绘是来自哪个故事，并且旁边的铭文为观众的这种联想进一步提供佐证。如前所述，这些铭文或者解释这个场景是什么故事（Caption铭文），或者标识出图像人物是谁（Label铭文），或者干脆写出故事里两个人物之间的对话或者其中一个人物的言说（Bubble和Comment铭文）。虽然有时故事场景中出现无意义（Nonsense）铭文，但是这种铭文作为一种模仿有意义铭文的做法，不过是那些本不识字的画工要让人们相信这些铭文是有意义有所指的，这可真算得上是一种模仿的叙事了。图1讲述了两位大英雄在战斗间隙的游戏故事，图2讲述了一个普通的卖油商人卖油时的心情故事，图3的铭文明确告诉人们这就是一场帕特罗克洛斯之戏。最能说明铭文和图案叙事性的是图5所表现的故事，这是同一只陶瓶的两个侧面，一面是西蒂斯眼看着她的儿子阿喀琉斯出征的场面，另一面则是西蒂斯迎接背负阿喀琉斯尸体的埃阿斯。

磁州窑瓷的铭文或独字或多字，作为一种有意义的表达，总体上体现出抒情的特性。磁州窑瓷广告类铭文，为了直接激起顾客的情感意愿，多是抒情性的精炼短小却意味深长的文字，寥寥数字甚或一字就让人有无限的联想，如酒具上的独独一个“香”或“酒”字，对深处于有着悠久酒文化语境里的中国人自然有一种熟稔亲切而不能自抑的情愫，而多字的酒类广告语如“东阳美酒”“闻香千里来下马，知味百步且廷（停）车”“二四神仙常在此，十八学士不利（离）门”等，更是直接打动好酒崇酒人关于酒的全部联想，而在四系瓶上的“风花雪月”自然也会打动那些向往文化的普通家庭。通常，商标性文字最具纪实性，然而当我们看到“漳滨逸人造”“艾山枕用功”时，不得不感叹瓷器艺人们丰富的艺术情感和对普通中国人情感思维的体悟。中国诗词已经公认是相对于叙事的西方文学而最具抒情性的文学样式，在磁州瓷的铭文中有大量的抒情性诗文，或吟咏生活，或感叹世事，或怀古，或伤今，求仕宦游、渴慕爱情、求仙问道等各类世俗超越的抒情主题都能在磁州瓷铭文中见到。

古希腊陶器铭文的叙事性还表现在其铭文重视言说，口传文学的传统也体现在铭文当中。在以上的分类中，Kalos 铭文、Bubbles 铭文、Toasts 铭文和 Comments 铭文都体现了这种重言说的特质，在 Kalos 铭文里，直接称某某是漂亮的，Bubbles 铭文就是直接引述人物说出的话，Toasts 铭文是在会饮中某个人物向另一位具体的人祝酒，所见的铭文中常常是一位女妓向某个人祝酒，Comments 铭文是一些类似口语的评论语，有时是图像上的人物来评论，有时是画工对所绘人物的评价。而在磁州瓷器铭文中我们很难找到类似的即时话语铭文，分类分析的各类磁州瓷铭文，似乎具有一种共通的品质，就是在时间和空间上的持续有效性，它侧重的不是事件的即时发生，而是一种能恒久持存的性质的留驻，即使是诗文的一次有感而发，所揭示的还是一种能引起悠长回味的沧桑感和历史感，因此磁州窑瓷的铭文读起来总是让人感受到它们的历史厚重和特定的地域色彩。而古希腊陶器铭文重视事件当下的情境性，这种即时性使得每一次观众的观看就是一次事件的当下发生，中间没有时间的间隔，如同事件在面前真实地上演一般，这符合古希腊人的文化心理和品格。

古希腊铭文的叙事性和事件的即时性，使得它们具有另外的相应性质，就是动态感和众多声音的杂合，即文字以及与文字相配合的场景充满了动感，事件正在发生，动作正在进行，各色人物众态不一，众声纷纭，人物嘈嘈杂杂而汇成一部大型的叙事。西蒂斯和帕琉斯的婚礼这幅图案图像众多，这对神人的婚礼引来许许多多的神祝贺，从宙斯夫妇到其后绘制的众神，神情、动态各异，服装也不相同，旁边的铭文一一标识出众神之名，观众一看到这里的铭文与图就已经感受到这种充满动感和杂语的大故事。这样的场景在陶瓶上非常常见，尤其在会饮的场景中，许多人物，许多人声，交相杂陈，此外还有描绘狩猎的场景。在有限的平面空间里表现众多的人物在场景里对话，这种众声喧哗的声部杂陈可能是画工在模拟现实里对人群进行口头讲述故事的人，他们也想在自己的作品中追求讲述史诗般的大型故事，因此也如同讲书人不时旁逸出故事而加入自己的感谢和评论，来增强感染听众的效果。陶器的画工也不时在铭文里补入自己对所绘故事的评论，这种铭文我们在讨论 Comments 铭文时已经看到。

在磁州窑瓷器作品上，我们很少能看到布满整个可视平面空间的绘画和铭文，一种嘈杂厚密的安排和布置似乎一直都不是我们文化的诗学特点，虽然我们也有宏大的历史叙事，但是在诗学的表现上，我们倾向于以点涉面，以静示动，千军万马只需三五飘扬的旗帜，宏大壮阔的宫殿仅靠翘出的一角，这种倾向于静、疏的诗学之于我们极为常见。在磁州瓷器铭文中，一字或数字的铭文很常见，它们常常居于器物的中央位置，如图 9，在这个残碟的底部中央位置以藏头的形式写出“春景堂”，三字本来就不多，还采取藏头的形式，既省笔墨，更显机趣，整个画面的布局显得静谧而大方。图 10 的“风花雪月”四系瓶，四字被安置在瓷瓶中部，上部使用浅色，中部留为铭文的书写，底部又以深色全部涂黑，铭文字被安置在中上部的双环线和底部的深色之间，故而由整体四系瓶表面的布局安排可见其从上到下笔墨渐浓，从浅色的顶部逐渐加深经中部过渡到底部，营造出一种疏朗明晰、平衡稳重的感觉。陆游在其《闲居自述》中一语道破这种诗学内涵，“花如解语应多事，石不能言最可人”。疏朗、静幽、闲适、独善、中庸等等这些诗学内涵在磁州瓷器铭文里被表现得极为充分。民间艺术家深深浸淫于这种诗学氛围，他们能很好地感受到这种诗学特性，并在创作中运用这套诗学思维为自己的作品增色。

依上所论，两种铭文分别表现出叙事性和抒情性，重言说与重文字，众多声部交杂与单声部独语，充满动感并富于当下即时性与崇尚静谧并关联时空延续性，这些不同的诗学内涵在二者铭文的对比观照中变得清楚无疑，明晰可信。

五 不同诗学：贵族趣味与平民倾向

在古希腊陶器铭文和中国磁州瓷器铭文中还有一种不同的诗学气质，这就是古希腊陶器铭文表现出明显的贵族趣味，而磁州瓷器铭文是典型的平民气息。在签名类的铭文中，我们发现了陶瓷器的制作者们在社会地位和生产制作方面的相似性，即他们同是来自社会底层的生产者，并且各自的生产制作具有相对的独立性，没有官方意识形态的参与和控制。但各自器物上的铭文和图案却表现出不同的倾向。

古希腊陶器的 Kalos 铭文是一种表现和迎合贵族风尚的铭文。Kalos 是古希腊贵族间流行的一种成年男性对于少年男子（通常 15 岁以下）的宠爱和眷恋，这是一种公开的得到大众承认的时尚，而且贵族常以求得公认漂亮的青年男子的宠爱为荣。在大量存在的 Kalos 铭文里，有时仅出现单独的铭文“Kalos”（漂亮的），有时是泛泛而称，“这个男孩是漂亮的”，更常见的是“××是漂亮的”，而这个主语人称一般是当时某个公认漂亮的少年男子或是某个贵族男子。有些研究者就认为 Kalos 所指的就是当时的贵族男子，而且认为这类铭文是精英式的，也就是迎合贵族阶层的铭文。

在陶瓶的绘画中经常出现宴饮（Symposia）的场景，一些贵族人物聚在一起饮酒，如在柏拉图等人的著作中经常提到的那种会饮，参加会饮的人们会在饮酒的过程中进行一些流行的游戏，比如有一种盛行于公元前 5 ~ 前 4 世纪的 Kottabos 宴饮游戏，就是在宴饮中，将酒中的残留物掷向一个目标，而且这些会饮的人会喊出心仪的对象的名字。这些题材在红绘陶瓶上经常出现，陶器的画工们热衷于描绘这类贵族活动，表现和传播只有贵族才经常进行的宴饮和游戏，此外，他们还经常在陶瓶上表现贵族狩猎和丧仪的场景。

除了表现贵族的活动和趣味之外，绘画神祇的活动也是画工们的主要创作，这类作品数量巨大，是经常性的题材，我们的许多讨论也是以此类铭文和绘画为例来进行，可见本文后附的图片。因此尽管来自社会底层，画工们的表现取向却是以贵族趣味为主，着力于对神祇的描写。这两种诗学取向是不同于磁州窑瓷器的诗学取向。磁州窑瓷的生产本来就是着眼于普通的民众，虽然他们的作品也关注和融入了社会上层的文化因素，但是毕竟产品所面向的不是官僚士族阶层而是社会底层的普通民众，因而其铭文和图案自然也是世俗的、平民化的，而铭文上经常出现的错字、别字的现象也说明了这一特点，如“宜男小枕”和“金鱼馆”圆盘等，这种铭文所反映出的世俗和平民特点迥异于古希腊陶瓶图文的向神和贵族式趣味。

通过对古希腊陶器铭文同中国磁州窑瓷器铭文进行比照互识，可以了解到两种铭文的创作者们主动运用了语言从口传发展到书写、从声音发展到形象而具有的特性，因而在意义表达和美学表现上表现出创作者们的攸同心理，但是在这种攸同心理之外，这两种铭文还更多地展现出各自文化背景和文学传统下的不同诗学，这种不同的诗学主要表现为分别重视叙事性和抒情性，贵族趣味与平民倾向两个重要方面。同时，又由叙事与抒情的讨论观察到他们还表现出众声嘈杂与独语萧散、崇动与好静、当下即时与悠长回味、重言与重文等诗学气质的不同。这种活动与这些结论对于中西文化的交流是积极和具有建设性的，对于在比照中各自清晰了解自己的诗学品质也是大有裨益的。

本文所援引图例：

图 1　阿喀琉斯与埃阿斯掷骰子

图 2　卖油者与买油者

图 3　帕特罗克洛斯之戏

图 4　提修斯在比赛

图5　阿喀琉斯的出征和死亡

图6　阿佛洛狄忒和埃涅阿斯

The words：beautiful Aphrodite，looking after Aeneas.

3
Leto, Khariklo, Hestia, and Demeter
（Williams 1983: fig. 26）.

4
Hebe,Dionysos, and Leto
（Williams 1983: fig. 27）.

5
Themis and three Nymphs
（Williams 1983: fig. 28）.

6
Amphitrite,Poseidon, and three Graces
（Williams 1983: fig. 30）.

7
Hermes（Williams 1983: fig. 32）.

8
Hephaistos（Williams 1983: fig. 34）.

图 7　西蒂斯和帕琉斯的婚礼

图8　西蒂斯迎接背负阿喀琉斯尸体的埃阿斯

图9　“春景堂”瓷碟残器

图10　“风花雪月”四系瓶

图11　Kottabos游戏

（作者单位：江西师范大学外国语学院）

《西游记》第一回阅读笔记

吴小锋

摘　要：四大名著在中国家喻户晓，《西游记》更是因为电视剧的功劳，深入人心。不过，《西游记》借一路斩妖除魔，到底要讲一个什么道理，西天取经，背后意味着什么，一直都是困扰我的问题。以现代人的眼光看，《西游记》是一部神话小说，在明清时代人的眼里，却是一部证道小说。本文尝试沿着证道的路线，重新细读《西游记》第一回。试图将文本里种种形象背后的意思，一点点呈现出来。

关键词：灵根；源流；心性；悟空

第一回的标题："灵根育孕源流出，心性修持大道生"。灵根，笼统地说，是生命的根源，生命中最真的部分。《周易参同契》有"灵株"的概念，"闭塞其兑，筑固灵株"。灵根，灵株之根，更进一步探源。生命的真，受到重重假相覆盖。修行的道路，是破除层层假相，找到最真的东西。在佛家讲，是明心见性，禅宗不落名相，称之为"那个"。道家修行，称之为"修真"，也是要找到并回归"那个"，"返璞归真"，成为真人。有真就有假，假者，借也，不是自己本来的东西。不能成为真人，就是假人。成为真人，损之又损，把借来的东西，身外的东西，一样样还回去。生命之真，或灵根，没办法说，如果一定要说，只能打比方，讲故事，意在言外。《西游记》，一个修真的比喻和故事，通过唐僧师徒五人西天取经的故事，教人修真证道。

"灵根育孕源流出"，讲生命孕育的源与流。生命，即性命（性的古字为生），包括性和命，性命有先后天的层次。天命之谓性，是先天性命，称之为天命和天性，这是生命的真，相应于灵根。如果再追问，天命和天性什么关系，其实二而一，或说一体两面。天命，天的命令，自然运转不可听闻的奥秘信息（"天何言哉"，听懂了，就是"天籁"），生物天生天成，皆由天命。天命，是天成就。天性，生物本性，携带天命信息，规定着生物在后天的生活样态和轨迹。是人，过人的生活；是猪，就过猪的生活。透过天性或本性，可以窥见天命，或者更直接地说，天性就是天命，是天的命令和消息。后天性命，称之为人命和人性。越高级的生物，自主性越高，灵性越足。人，万物之灵。天命和天性，由天主宰。人命和人性，人自己主宰。正因为如此，在生物界，人最容易偏离自己的天命和天性。偏离，就失真，丢掉人的灵根。后天性命，蕴藏着先天性命的信息，只是在后天受到具体时空环境和自身习气的种种干扰和遮蔽。修道或修真，是要重新找回它，换句话说，返本，重新接通灵根。先天灵根，孕化出后天性命。灵根，是个体性命接通自然的枢纽。明白源流，可以沿流讨源，从后天性命探索先天灵根消息，这层意思，就是"心性修持大道生"。道家的修持方法，顺则成人逆成仙：从先天到后天，顺势生长，成人；从后天修炼复返先天，成仙。逆，沿流讨源，从心性返回灵根。通过后天修持心性，重返先天灵根，这是儒释道合一的思想大纲，也是《西游记》的主旨。

《西游记》有一首开篇诗：

> 混沌未分天地乱，茫茫渺渺无人见。
> 自从盘古破鸿蒙，开辟从兹清浊辨。
> 覆载群生仰至仁，发明万物皆成善。
> 欲知造化会元功，须看《西游释厄传》。

"混沌未分天地乱，茫茫渺渺无人见"，从宇宙的起源讲起。讲述宇宙起源，实际是在追问生命起源。混沌，阴阳未分，只是一气，犹如无极。混沌之时，天地万物未生。"自从盘古破鸿蒙，开辟从兹清浊辨"，混沌开辟或者混沌生物的起点，相应于邵康节说的"一阳初动处，万物未生时"。一气之中，本无阴阳。一阳初动，犹如盘古破鸿蒙，鸿蒙就是混沌。一阳初动，阳动则阴生，无极而太极。一阳初动处，"天始有根"。天根，就是那一点阳气。太极生两仪，一气分阴阳。阳气上升，阴气下降，积阳为天，积阴为地。开辟之后，阴阳流行，清浊分辨，天地成形。"覆载群生仰至仁，发明万物皆成善"，天地阴阳交通，万物得以生，负阴而抱阳。天无私覆，地无私载，这是天地阴阳并育万物群生的仁与善。"欲知造化会元功，须看《西游释厄传》"，是这首诗的关键，也是《西游记》的主旨。

《西游记》开篇，讲的是“造化会元功”。会元的概念，来自北宋邵雍的《皇极经世书》。邵雍用元、会、运、世讲述宇宙以及人世发生、发展、衰落和灭亡的周期。一元，十二万九千六百岁，这是宇宙生灭的周期。一元分为十二会，各一万零八百岁。一会三十运，各三百六十岁。一运十二世，一世三十年。三十年一世，是人世变化的基本单位。一元的时间，十二万九千六百年，宇宙生灭一次，相当于佛教讲一个世界的成住坏空，为一个大劫。《西游记》用元和会作为宇宙时空的框架。一元十二会，以十二地支命名。宇宙时空的发展，《西游记》只讲了其中的前三会。“天开于子”，混沌之中，一阳初动，阳气上浮而成天，产生日月星辰。“地辟于丑”，阴气下凝成地，产生水火山石土。然后天地阴阳交通，丑寅之际，孕生万物，这里当指植物。“人生于寅”，人和动物生。至寅之时，天地人三才产生。如果往回推究天地人的源流，可以从寅人到丑地再到子天，最终推究到“一阳初动时”，甚至一阳初动之前的混沌一气。后来的天地人以及万物，归根溯源，乃混沌一气之所生，这就是灵根的最根本处，灵根接通最初一气。万物皆此一气而生，一气含万物，万物亦含此气。当人的修行证悟达到这一层，复归其根，那么，“天地与我并生，而万物与我为一”（《庄子·齐物论》），或说“万物皆备于我”（《孟子·尽心上》）。此根称为灵根，通灵，通的是先天一气。一气流行而成天地人，就是造化元会之功。造化，造，从无生有；化，成住坏空。由人返于地天以至于一气，就是“造化会元功”。会元，不仅是时间概念，也是修行路径，由会而元。或者更具体地说，由后天返先天，去会那个最为根本的元。如何会元呢？“欲知造化会元功，须看《西游释厄传》”。《西游记》，又名《西游释厄传》。厄，灾难，困苦，重重束缚。释厄，摆脱灾难困苦，出离层层束缚，以至解脱。这就是西游的主题，沿流讨源，损之又损，最终接通灵根而会元。

元会运世，是《西游记》的时间坐标，空间坐标是四大部洲。“感盘古开辟，三皇治世，五帝定论，世界之间，遂分为四大部洲：曰东胜神洲，曰西牛贺洲，曰南赡部洲，曰北俱芦洲。”世界分四大部洲，是佛教的世界观。在佛教看来，整个宇宙分为三界，欲界、色界、无色界。人道世界处于欲界之中，中心是须弥山，四面是大海，四大部洲分布在四方大海中。部洲之间为大海隔绝，彼此洲内生息之人有不同特色。东胜神洲的人身体好，寿命长。南赡部洲，因为多阎浮树，所以称之为阎浮提，提就是岛，是地球人生活的世界。西牛贺洲上的牛羊多，人的福报好。北俱芦洲的人，物质生活极其丰富。不过，生息于此，也是学佛的八难之一。在《西游记》构建的世界中，统领四大部洲的是玉皇大帝，佛祖掌管西牛贺洲，唐僧前往取经的天竺，在西牛贺洲。唐僧出发地东土大唐，属南赡部洲。南赡部洲再往东边走，是东胜神洲。

石猴的诞生地，是东胜神洲傲来国的花果山。傲来国，是东胜神洲的一个岛国。傲，超越世俗，犹如岛国脱离大陆。傲来国，有其独特的超越性气质。傲来国中有一座花果山，是“十洲之祖脉，三岛之来龙”，风水好得不得了。十洲和三岛，是道教仙境。换句话说，花果山，相当于是十洲三岛的灵根。辞赋又赞其为“百川会处擎天柱，万劫无移大地根”，百川皆会海，万殊归于一本。若明一气周流，则知祖脉与来龙。东胜神洲，东方，生气之地；胜，最得生气。东方，于时为春，阴阳和合而生万物，此为神洲之义。东方生气于五行之中为木气，木气盛，则花果荣，故取花果之象命名此山。

花果山上有一块仙石，“有三丈六尺五寸高，有二丈四尺围圆。三丈六尺五寸高，按周天三百六十五度。二丈四尺围圆，按政历二十四气。上有九窍八孔，按九宫八卦”。仙石，尽得天地之数。仙石感天真地秀，日精月华，天地日月含元阳元阴，阴阳和合日久，遂有灵通，产出石卵。石卵，“因见风，化作一个石猴”。风，阴阳的流动，石卵感受到阴阳消息，接通灵根，化作石猴。从非生命的石头到有生命的猴，对自然生物而言，是一次飞跃。虽然具体说石猴的诞生，其实是在说最初生命的诞生。

石猴生下来具有神通，其实是灵根未断灭时通灵的表现。“目运两道金光，射冲斗府”，眼睛可以运金光，直接射向天上的北斗，惊动了天宫。金光，本性的显现，先天之光，在佛家可以说是般若之体（释迦牟尼讲法时，经常放光）。千里眼、顺风耳汇报说，“如今服饵水食，金光将潜息矣”。先天落入后天，为了维系生命，受欲望驱使，服饵水食，开始消耗先天元气。同时先天之光也为后天习气遮蔽，金光将潜息，堕入无明。老子讲“复归于婴儿”，其实就是复返目运金光之时。玉皇大帝听了汇报，说：“下方之物，乃天地精华所生，不足为异。”即便如此，仍然不足为异，因为人也是天地精华所生，同样失去了金光。第一回标题“灵根育孕源流出”，这就是灵根的源流。如今沿流溯源，或许可以寻回金光，这是《西游记》提示的修行之路。

某日，猴子们在山下玩水，好奇水的来源，“我们今日赶闲无事，顺涧边往上溜头寻看源流，耍子去耶!”开始沿流讨源的功夫，源头是涌出瀑布的水帘洞。水帘洞是心之象，具体可以比喻为心房。进入水帘洞，是从身体的外部进入内部，从外观到内视，从外景到内景。沿流讨源，进入水帘洞，最终是要返回自己的内心，进入的方法是“瞑目蹲身”。瞑目，敛神内观；蹲身，打坐入定。瞑目蹲身的极致状态有腹中胎儿之象，瞑目打坐，最后亦可进入胎息状态，后天步入先天。连通外景和内景的是一座铁板桥，外面虽然是瀑布飞溅，桥的这头却是“无水无波”。源流之间，有一座桥，这座桥建在石窍之上，犹如人身的九窍，人通过九窍与外部世界相连。桥的这头与那头，水的流向不同。外是顺流，内是逆流，道家修炼功夫讲求逆用，就是要逆流而上。逆流而上，复返先天，复归其根，最后找到并接通灵根。这个水帘洞，“却似有人家住处一般，真个好所在”，这才是人真正最佳的栖身之所，应有尽有，本性自足，美不胜收。水帘洞有一石碣，上面写“花果山福地，水帘洞洞天”。水帘洞，可以洞天，洞察先天，洞察天机。石猴出去之后，大喊“大造化，大造化”，人身本来就是天地的大造化。又说“桥那边是一座天造地设的家当”，“真个是我们安身之处”。人人天造地设的安身之处，在我们内心，瞑目蹲身，可以回家。不安住本心，永远是流浪汉。

进入水帘洞之前，众猴有个商定：“哪一个有本事的，钻进去寻个源头出来，不伤身体者，我等即拜他为王。”石猴带领大家进去之后，重复：“你们才说有本事进得来，出得去，不伤身体者，就拜他为王。”钻进去寻找源头，又能出来，而且不伤害身体，即出入无疾。深入源头，深入内心，为内圣；进去再出来，不伤害身体，为外王。内圣者，可以外王。如果更进一步追究，仅内圣者，可以达到真正外王。外王没有固定程序，唯变所适，真人方有真知。

石猴当上千岁大王，“石”字隐去，称“美猴王”。隐去“石”，换成“美”。换句话说，“美”的前提、前身或底色是“石”。石，不动心之象，当《周易·坤》六四“括囊”，或《参同契》“闭塞其兑，筑固灵株。三光陆沉，温养子珠”。坤卦内外皆为坤，内卦坤，已静；至六四，已是静极，“天地闭，贤人隐”。六五静极生动，感召先天一阳来舍，所以坤卦六五的爻辞象辞，包括文言，都暗示着一阳来舍或伏阳欲出的动势。爻辞“黄裳元吉”，小象“黄裳元吉，文在中也”。黄裳之地，一阳来舍，即是元吉。一阳来舍，卦成比，一阳居九五之位，此当坤六五文言，“君子黄中通理，正位居体，美在其中而畅于四支，发于事业，美之至也”。此即王者之象，也是石和美的关系。石是前提，静极生动，伏阳既出，石当然就该隐去。一阳黄中通理，正位居体，元神做回真正的主人公，当王，处中以制外，这就是美猴王的含义。

《西游记》在石猴称“美猴王”处下了一首诗：“三阳交泰产群生，仙石胞含日月精。”三阳交泰之时，也是“人生于寅”之时，于卦为泰。泰卦，天地交通，阴阳交合，万物由天地阴阳交合化生。“日月精”，阴阳之精华。“借卵化猴完大道，假他名姓配丹成”，石卵和石猴，不过是一个比喻，《西游记》是一个更大的比喻，最终是为了证道，托出修炼功夫。“内观不识因无相，外合明知作有形”，由内观而明心见性，并非看见一个具体的东西，真如无相，内观不可着相，“凡所有相，皆是虚妄”（《金刚经第五品》）。真如虽然性空，无相而不可见，但可以通过它对外发生的作用来观察。“历代人人皆属此，称王称圣任纵横”，不管过去未来，人人皆有佛性，皆有先天的那个灵根。若证得真如本性，称王称圣都可以。

石猴成为美猴王之后，与众猴日日欢会。某日欢乐之中，美猴王独自感慨：“今日虽不归人王法律，不惧禽兽威服，将来年老血衰，暗中有阎王老子管着，一旦身亡，可不枉生世界之中，不得久住天人之内？”石猴的烦恼，正是人的最大烦恼，身死，无常。人往往不愿意面对，甚至不愿去想这个问题，凡人的脆弱很难承担这个问题的重负。可是，生活总会不断地用死亡来提醒我们作为人的极限。不愿直面凡人终有一死的事实，凡人就始终是凡人。若能从中醒悟，甚至想要超脱生死，就是通臂猿猴所谓的“道心开发”。超脱生死，是佛道的抱负。通臂猿猴接着说：“如今五虫之内，惟有三等名色，不伏阎王老子所管。”五虫，是对动物的分类，分别是羽虫、毛虫、甲虫、鳞虫、倮虫。对一切动物而言，只有三等名色可以超脱生死，佛、仙和神圣，分别对应于佛家、道家和儒家的最高修证者。猴王问，这三者住在哪里？猿猴说：“他只在阎浮世界之中，古洞仙山之内。”阎浮世界，就是南赡部洲，读到后面会发现，猴王在南赡部洲也没有找到高人，又再次渡海到西牛贺洲拜师学艺。猴王没有在南赡部洲找到高人，或许这就是南赡部洲高人的生活姿态，也是南赡部洲人世的生态，凡圣杂居，高人往往和光同尘。以石猴当时的眼力，看不出来。

猴王由烦恼而道心开发，进而立志，“云游海角，远涉天涯，务必访此三者，学一个不老长生，常躲过阎君之难”。这是猴王的心路历程。正是这句话，“顿教跳出轮回网，致使齐天大圣成”。这句话，立出一个志向，不畏艰难实现志向，可以跳出轮回网，成就齐天圣。齐天之圣，推究起来，最初源于烦恼，为破除烦恼而道心开发，进而立志行动，终得成就。浓缩下来，“烦恼即菩提”。

猴王之所以能成齐天大圣，并非仅仅因为他有烦恼，有道心，有志向，更是因为他将志向付诸实践的勇气和毅力。独自一人，登筏渡海，去南赡部洲求道。荡舟远去之际，《西游记》下了一首诗，后两句是“有分有缘休俗愿，无忧无虑会元龙。料应必遇知音者，说破源流万法通。”俗愿，红尘之中的愿望，升官发财之类。梁武帝建庙、印经、斋僧，想要以此积累功德，也是俗愿。休俗愿，彻底消除这些俗世愿望。这是一个果，要实现一个果，需要缘分。分是先天，缘是后天。有分无缘，本来可以有，但现实没有提供这个机会。有缘无分，现实虽有机会，但命不该得。有缘有分，难得。元龙，混沌中初生的一阳，灵根之象。想要会元龙，需要返先天，如何返？瞑目蹲身，清净身心，无忧无虑，退去杂念，前提就是休俗愿。元龙就是源，元龙在后天的变化就是流，百川归海，万变不离其宗，以源统流，万法皆通。但这个源流的秘密，仅能说给知音人听，也只有知音才能听懂，这是古学的特征。古学总是遮遮掩掩，似乎真东西不愿意拿出来，丹经上就满篇隐语。就连孔子的学生也曾怀疑孔子，说他有些东西藏着不教。孔子说：“吾无隐乎尔，吾无行而不与二三子者，是丘也。”我对你们根本没有任何隐藏，言下之意是说，你们没有看到而已。不在我，在你。《西游记》已经说破源流，你是不是知音人？古学讲万法源流，不是讲得朦朦胧胧，就是点到为止。不是不愿意讲出真相，而是真相没有办法讲，犹如灵根之真，没办法表述，所有才有水帘洞，美猴王，乃至《西游记》。不过，虽然未为说破，其实已说破，消息已经传达出来。反而直接说破，倒未必说破，证量不及。破茧成蝶，只能靠自己。真正好的徒弟，珍惜的是师父的不说破，否则所谓的悟，没有力量。

石猴渡海到达南赡部洲之后，穿人衣，学人礼，学人话，“人之所以异于禽兽者几希”（《孟子·滕文公下》）。到达南赡部洲，地球上的世界，石猴开始学习人的语言和礼义。衣服如同礼义，是人道规矩。语言是人的思维方式，这是人与动物区分的地方。语言就是道，不同的语言代表不同的道，所以人的生活方式与动物的生活方式不同。就人的世界而言，不同方言区的生活方式也不一样。从东胜神洲到南赡部洲，是从动物到人的进化。

如果要求佛求仙，在人的境界还不够。石猴在南赡部洲，“见世人都是为名为利之徒，更无一个为身命者”。这里，《西游记》下了一首诗，写出凡人的真实生存境地：“争名夺利几时休？早起迟眠不自由。骑着驴骡思骏马，官居宰相望王侯。只愁衣食耽劳碌，何怕阎君就取勾。继子荫孙图富贵，更无一个肯回头。”人总是追名逐利，向外驰求，不肯回头。哪怕人人都有个天造地设的水帘洞，也是当面错过。石猴在南赡部洲寻觅了八九年时间，未能得遇神仙，于是再渡重洋，到西牛贺洲求道，这是第一次西游。后来唐三藏，也从南赡部洲出发，去西牛贺洲求法，这是第二次西游。

石猴悟性高，到西牛贺洲，听见“相逢处，非仙即道，静坐讲《黄庭》”，便知是神仙话，还知道《黄庭经》是道德真言。《黄庭经》是道家经书，成书于两晋之际，分“外景篇”和“内景篇”，是《参同契》之后道教的重要经典。对话的樵夫是个“行孝的君子”，石猴问他为什么不从神仙修行，樵夫说他要耕田砍柴以奉养老母，出不得家。当年慧能也是担柴到集市去卖，忽然闻人口诵《金刚经》，言下开悟。旋即辞别老母，出家学道去了，这是儒家与佛家的差异处。从南赡部洲的名利之徒，到西牛贺洲的行孝君子，石猴开始接近神仙。能与神仙为邻的是行孝君子，名利之徒绝无此缘分。换句话说，人道是仙道的基础。

石猴问，神仙远吗？樵夫回答：“不远，不远。此山叫做灵台方寸山，山中有座斜月三星洞，那洞中有一个神仙，称名须菩提祖师。”神仙住在“灵台方寸山，斜月三星洞”。灵台和方寸，隐喻心。斜月三星洞，也是心。求仙求道，最终无非是回到自己的心，反求诸己，内复其心。《周易·复·彖传》云“复，其见天地之心乎”，初九爻辞“不复远，无祇悔，元吉”，《象》曰：“不远之复，以修身也”。道不远人，人自远道，所以樵夫回答说“不远不远”，本来就是自己身上。“大道坦坦，去身不远。求之远者，往而复返”（《文子·道原》）。《西游记》八十五回有四句偈，说的也是这个意思：“佛在灵山莫远求，灵山只在汝心头。人人有个灵山塔，好向灵山塔下修”。

“灵台方寸山，斜月三星洞”，言山，取其不动心之象；言洞，取空虚通灵之象。洞中神仙名须菩提祖师，须菩提是佛陀的十大弟子之一，号称解空第一，《金刚经》是他和如来的问答。须菩提本是佛教里的角色，在《西游记》里，反倒有道教色彩。《西游记》中，仙佛的界限不是很明显，这也是三教合一的体现。在第一回，须菩提祖师的名字出现过三次，第一次是“须菩提”，后两次省略作“菩提”。菩提，是佛教名词，指称明心见性的状态，觉悟之心。洞中所居者为菩提，若以洞为心，亦可视为菩提心。人人心中有菩提，只是未有察觉，当面不见，舍近求远。证悟的关键，先要发菩提心，所以，须菩提教人的关键是先让人生起菩提心，最终因心悟道，所以“那祖师出去的徒弟，也不计其数”。

与樵夫临别，石猴要他指引带路，樵夫不耐烦：“你这汉子，甚不通变。我方才这般与你说了，你还不省？假若我与你去了，却不误了我的生意，老母何人奉养？我要斫柴，你自去，自去。”樵夫批评石猴不变通。石猴知道修仙佛之道好，但奇怪为何像樵夫这类的人知道神仙在那儿，也不去修。在古典作品中，樵夫一般都是道家形象，这里却是儒家形象。樵夫有樵夫的活法，石猴有石猴的过法，大家并行不悖，何必要求对方走上同一条道路。南赡部洲并非没有佛法，只是当时的石猴看不见。樵夫批评石猴不变通，你不要来干扰我的生活，言下之意，虽然人人皆可成仙成佛，但并非人人都需要、都能够成仙成佛。另外，接引总有限制，方向指出来，最后的路还是要自己走，证悟需要自己亲证。“你自去，自去”，干我什么事，你自行了断。

樵夫给石猴指路时说：“你顺那条小路儿，向南行七八里远近，即是他家了。”悟空西行，当时已在西牛贺洲，再往南行七八里，方位在西南坤位。《悟真篇》云：“要识产药川源处，只在西南是本乡。”（七言律诗第七首）产药的源头之所以在西南，暗示西南坤位代表的“至静”之德。故石猴到洞门之后，“见那洞门紧闭，静悄悄杳无人迹”。静极之象，即是西南坤象。阴极而阳生，先天一阳自然感应而来，此为药生。“即是他家”，即《悟真篇》“休施巧伪为功力，认取他家不死方”（七言绝句第四十八首）。又，“静悄悄杳无人迹”，溯源求心，实在静悄悄杳无人迹。童子问：“想必就是你了？”石猴回答：“是我，是我。”修行人是谁？念佛人是谁？是你吗？是我。来到心的门前，石猴还带着我。我又是谁？最后要悟空，我也要丧掉。

石猴初见须菩提，《西游记》对须菩提有一首诗：

> 大觉金仙没垢姿，西方妙相祖菩提。
> 不生不灭三三行，全气全神万万慈。
> 空寂自然随变化，真如本性任为之。

与天同寿庄严体，历劫明心大法师。

“大觉金仙”，是宋徽宗给佛改的名号。《宋史·徽宗纪四》：“宣和元年（1119）春正月……乙卯，诏：佛改号大觉金仙，余为仙人大士，僧为德士，女冠为女道，尼为女德。”宋徽宗是崇奉道家的皇帝，给佛和佛家的修行者改用道教的名号，意在以道教整合佛教，或说改造佛教。“没垢”，纯净不已，身心没有一点杂质。“姿”，内心清净的自然流露，永远在这样一种形态之中。“不生不灭三三行”，很难理解。这里暂时列出几个想法：其一，从生理上讲，可以对应后三关和前三关，又或者对应九窍。小大周天之行，不仅打通身体气脉，更打通自家身心与自然的关系。其二，“道生一，一生二，二生三，三生万物”，三三即是万物，三三行，是万物并行，也是自己在万物中的位置和行止。三，取三才之象，三三行，带动自己与天地万物的关系。由此也引申出两条证悟的道路，相应于顿悟和渐悟。从一到三，是顿悟；从三到一，是渐悟。无论是顿悟还是渐悟，悟到了，就能全其神气，至少能做到不再妄作，不再漏。其三，过渡到洛书之象，中央与八方的平衡关系，三三行，得中庸之义。其四，三三行，相应于十二辟卦消息之义。周而复始，不生不灭。“全气全神万万慈”，掌握宇宙以及身心的运行规律，道家的修行，主要用力之一就是补充漏掉的精气神，最终做到“全精、全气、全神”。证悟到了，三三行的质量会两样，慈悲心也会出来。“空寂自然随变化，真如本性任为之”，证得空性，不用再做刻意变化，自然应物而化，真实亲切。“与天同寿庄严体，历劫明心大法师”，历劫明心，明心很难，人也很少自发有一个愿望要去明心。之所以有明心的心，是经历了劫，这个劫相应于“西游释厄传”的“厄”。释厄，就是解脱，关键在明心。人生的劫难和关口很难过去，真正过去，是自己心态的变化和调整。心态调整变化，就是走出洞穴。人要走出自己的洞穴很难，需要人的引导。能看透人生的坎，甚至人类的坎，并能引导人出坎，就是“历劫明心大法师”。

猴王叩头道：“弟子飘洋过海，登界游方，有十数个年头，方才访到此处。”这是求道需要付出的艰辛和曲折。菩提问：“你姓什么？”石猴回答：“我无性。人若骂我，我也不恼；若打我，我也不嗔，只是陪个礼儿就罢了。一生无性。”菩提问姓氏，石猴误听，回答的是性命的性。其实，两个字有极深关联。姓，代表个体生命的来处，相应于色身。性，代表更深层次生命的来源，相应于法身。父母生了你，父母是你的来源，你的姓代表着你的血脉源流。但是，父母又来源于哪里，父母的父母又来源于哪里？一直追问，可以问到生命的起源，甚至追问到灵根。如果用禅宗的话来说，父母生前，你的本来面目是什么？

菩提祖师问姓，石猴答性。这段对答化自禅宗四祖道信和五祖弘忍见面之时的对话。

> 一日（道信）往黄梅县，路逢一小儿（弘忍），骨相奇秀，异乎常童。祖问曰："子何姓？"答曰："姓即有，不是常姓。"祖曰："是何姓？"答曰："是佛性。"祖曰："汝无姓邪？"答曰："性空，故无。"祖默识其法器，即俾侍者至其母所，乞令出家。母以宿缘故，殊无难色，遂舍为弟子，以至付法传衣。（《五灯会元·卷一》）

姓氏，直接相关于我们个体的色身。无性，不是没有性，而是性空，缘起性空，是对色身的超越。性功的关键，就在于扫掉对色身的执着，证悟色身的空性（弘忍在传衣钵给慧能的时候，说了一偈，最后一句，"无性亦无生"）。石猴的这一回答，将自己名字的含义先行烘托出来。

石猴无姓，菩提老祖就给他找一个。找一个，从你身上找，显示出还原功夫。石猴样子像个猢狲，猢狲去掉兽旁，其实就是人，石猴在南赡部洲学的就是成人。猢字去掉兽旁是胡，古月，相应于老阴。老阴不能化育，如同老妇不能生子，所以不用。况且，石头本身就是阴气凝成。"狲字去了兽傍，乃是个子系。子者，儿男也；系者，婴细也。正合婴儿之本论。教你姓'孙'罢。"孙字，拆开来就是子系，反过来就是系子（逆用功夫），系为婴（婴，作名词为绳，作动词为系），子为儿，正合婴儿之本论。婴儿之本论，就是道家"复归于婴儿"、儒家"如保赤子"之义，为最原本之心，有灵根在。更进一步追究，婴儿，就是系子。子当复卦，一阳初动时。系子，把握一阳初动，复见天地之心，透彻灵根。先天灵根为后天习气所蔽，服饵水食，金光渐息。所以，菩提老祖给他取的名字是悟空。悟空，证悟空性，扫除后天染习和执着，明见先天本性。第一回结尾，有一句诗，"鸿蒙初辟原无姓，打破顽空须悟空"，悟空，容易流入对空的执着，堕入断见，此为顽空。打破顽空，对空的执着也要破除，空空如也。打破顽空，悟得真空，才能重新面对原有的世界，明白色不异空，空不异色，色空不二。从道家功夫上论，真空并非空虚，虚中可生实，无中可生有。内丹功夫，“致虚极守静笃”，一念不落于色身，一阳自然来复，无中自然生妙有。悟空是功夫，悟空之后可系子，一阳来复，先天一炁相应而来，这是“孙悟空”的含义。从这个意义上讲，孙悟空，就是开篇的灵根。猴王笑着说：“好！好！好！自今就叫做孙悟空也！”

（作者单位：同济大学人文学院）

后现代视野下的古典学研究

郭安娜　等

摘　要：这组书评以现代性危机为背景，以《荷马史诗》、柏拉图对话等古典文本为依托，梳理了欧洲思想的起源，通过回归古典的方式，克服现代危机：或从古典文学作品中的词语演变、神话传说、风俗习惯等方面入手，追溯原初理念；或聚焦于现代物质文明对人的剥蚀，将目光投射到古希腊人对非理性力量的深刻认识，以求达到理性与非理性的平衡；或在柏拉图的对话中重建爱欲世界，并力图证明爱欲乃为人之根本，而经适当引导的爱欲则构成良善的根基；或剖析尼采、海德格尔、施特劳斯等重要哲学家对柏拉图解读的政治意味，以期为“现代性”的恰切定位找寻出路。这组书评呈现出古典与现代遥相对话的壮观景象，构成了古典与现代交织的巨大张力。

关键词：现代性危机；古典精神；荷马史诗；柏拉图

R. B. 奥尼安斯：《欧洲思想起源》
(*The Origins of European Thought*, by Richard Broxtion Onians, Cambridge: The Syndics of the Cambridge University Press, 2000)

R. B. 奥尼安斯（1899 ~ 1986）生前为英国伦敦大学拉丁语讲座教授、古典学家。《欧洲思想起源：身体、思想、灵魂、世界、时间和命运研究》（以下简称《欧》），是他生平最为出彩的著作。与以往有关思想史著作不同，《欧》不再以时间、人物或学派作为线索探究问题发展的脉络，而是从文学作品中的词语演变、哲学科学领域的理论研究以及神话传说、风俗习惯等方面追溯原初理念和意识形态。荷马笔下的古希腊人被认为是目前人们所知最早的欧洲人，《荷马史诗》可以算是最早描述欧洲思想与生活的著作。它蕴含着古希腊人较为原始的精神文化风貌，也展现了他们对宇宙、自然与人生的理解与思考。本书根据《荷马史诗》的希腊文原版，依靠作者娴熟的翻译功底和扎实的文化背景知识以及对《伊利亚特》和《奥德赛》文本的熟悉程度，较为翔实地为读者呈现了关于生命、思维、命运等问题的思考，以另一种角度打开读者思考这些问题的新天地。在所论的若干领域中，奥尼安斯努力发掘隐藏在大量文献后的原初思想。

健美的身躯（Body）在古希腊人看来是最完美的自然形象，而体魄强健则是他们作为城邦公民的首要素质。好的身体势必与好的灵魂相互关联。精神之美在外彰显为身体之美。据说人的思考和情感感知来源于心脏，但是其中大部分存在于膈肌之中。“膈肌”是由公元前5世纪后半叶的希波克拉底学派命名的。希波克拉底（Hippocrates of Cos）是古希腊著名的医师，被西方尊为“医学之父”。他提出的“体液学说”中，血液质为最好的一种体液，也是人生存的基本物质。它红色味甜，源于骨髓，位于肝脏。因为与“空气”相似，所以被认为是“空气”在体内的象征。血液质通过血管循环于全身，将营养物和从肺部吸取的血气，存于“肺”这一器官之中。与之相对的则是黑胆质。这是一种颜色暗黑、味臭而酸的液体。它位于脾脏，属性为干寒。黑胆质容易沉淀，不但有保持各器官形状的作用，还是心理过程的物质基础。此外，将心脏与胸部认作意识的器官这一看法，盎格鲁-撒克逊民族持有相似的观点。在其英雄史诗《贝奥武夫》中就曾提到过灵魂居于器官之中。古希腊人注重形体美，追求强健的体魄。他们崇尚发达的肌肉、匀称的体型和优异的身体素质，乃至在这健美之躯中蕴含的巨大的能量。同时，他们也极为推崇神与人同形同性。人们所喜爱的，神灵们必定也会青睐有加。所以人们才会在奥林匹亚举行奥林匹克竞技会，甚至包括裸体竞技，以此向诸神展示健美的身躯和超凡的技艺，获取神的喜爱。古希腊人认为，人的肉体与灵魂是紧密相连的。他们所提倡的“身心俱美”就是精神上的美在身体上的美的极致体现和认证。身体之美又与精神之善不可分割，所以体育竞技不再是一种纯粹的锻炼和健身活动，更是一种道德乃至灵魂的培养，是一种身心和谐的追求。

在古希腊时代，血气（thymos）是极为重要的概念。希腊人认为，血气位于膈肌中，即胸部与腹部之间，并且与心脏和肺有着十分紧密的联系。

它的最初含义与人生理上的血和气息息相关。血与气又是人生命的重要组成部分。《伊利亚特》中呈现的野蛮战争式的生活方式也许正是由“血气”所导致。如古希腊哲学家柏拉图与亚里士多德，他们察觉到了血气对于人乃至城邦都具有颠覆性的影响。柏拉图曾将血气纳入他的灵魂学说之中。他主张利用理性压制血气，统治者利用理性统治城邦。亚里士多德不看重血气，并且怀疑血气并不等同于勇敢。他认为血气太过于强调肉身，而不关注灵魂。因此，为了更好地维护城邦的统一和人类的健康，血气在他们这里受到节制。

灵魂（Ψυχή）源于动词 Ψύχω（“吹气”“呼气”），引申出“生命”的意思，进而演变为“灵魂”。《荷马史诗》中头部被视为生命或生命的坐席，神圣且荣耀。古时候，作为印欧种族的旁系，波斯人在死后将头颅献给 Haoma，来换取不朽的灵魂。他们期待由此产生的信念使其头颅永存。日耳曼部落的人将头绑在树上，如果死后的灵魂被认定是有罪的，那么就砍下尸体的头进行焚烧。在现代印度，如果楼上有人来回走动，势必就会引起楼下人们的强烈不满。因为人们有着共同的信仰：人的头被赋予最崇高的敬意。同样，对 scale-lock（美洲印第安人剃光的头顶上的一缕头发）的尊敬，就展现了生命和力量之所在，如果将它替换了，就意味着生命结束。

人类是观念动物，有什么样的观念就会产生相对应的行为。奥尼安斯在《欧洲思想起源》一书中将古典学与人类学（文化人类学）相互关联。从神话信仰、风俗习惯等方面入手，力争还原史前信仰和意识形态的石器时代背景，进而探寻欧洲思想乃至世界思想的起源问题。尽管奥尼安斯在书中做了大量的工作，表示早期凯尔特文学、盎格鲁－撒克逊文学、斯堪的纳维亚文学和俄罗斯文学都曾共享过这些相近的原初思想，而后才变得相对独立，但是本书却被古典主义者、哲学家和语言学家所忽视，至少在盎格鲁－撒克逊学者的世界里是如此。但对于对欧洲思想的起源和整个人类早期观念都感兴趣的人来说，他的书可以算是一个实用的知识宝库。在这本书中，我们可以从新的角度重新解读《荷马史诗》，比如以时间为线索整理出同一个词在诗中出现的频率及含义，以此方便读者更好地理解这种词意的转变和铺垫。但是值得我们注意的是，词语的翻译部分，是作者根据自身理解而进行翻译创作的。在某些问题上，奥尼安斯给出的解释和提供的线索证据未必十分清楚明了。为此，我们仍需要结合其他相关文本来寻找答案。

（编译者：郭安娜，北京第二外国语学院美学2016级硕士研究生）

多兹：《希腊人与非理性》
(*The Greeks and the Irrational*，ed. E. R. Dodds，Oakland：University of California Press，1997)

柏拉图最早在他的人生之路选择中提出这个问题：畅怀抒臆的诗人与宣扬理性的圣哲，究竟何者更胜一筹？这是依然萦绕于现代人心中的“关于人本身的问题”。成为一个诗酒常伴的注重感情、欲望的艺术者，还是作为一个头脑冷静、客观的理性思考者，最终的选择会深刻影响我们的人生目标与生活方式。自古希腊至近现代，虽几经跌宕，总体趋势上人们对于非理性的关注度不断上升，叔本华、尼采、萨特、海德格尔等更为其中翘楚。当代社会以前所未有的速度进行着物质文明创造，被创造出来的物质文明反过来剥蚀人的存在，使人成了失去青春活力的焦虑的“幽灵”，为了解决这种病态社会造成的新型“异化”现象，达到理性与非理性比重调和，多兹（Dodds）的作品《希腊人与非理性》（*The Greeks and the Irrational*）（1951年）大量内容来自他1949年在伯克利任客座教授时的教案，致力于描绘柏拉图时期希腊文化中非理性力量的影响，尤其是处于马库斯·奥勒留到康斯坦丁一世这个焦虑时代的异教徒和基督徒的宗教生活以及他们之间的差异与冲突。

作者多兹1912年在牛津大学学院攻读古典文学与人类学，进行拉丁文和希腊文以及古代历史研究和古代哲学研究。毕业后，他在基尔肯尼学院短暂讲授，后被任命为雷丁大学的古典专业讲师。1924年，多兹被任命为伯明翰大学古希腊学教授，1936年，多兹成为牛津大学的古希腊学教授。多兹还对神秘主义和心理学研究有着终生兴趣，是1927年心理研究学会理事会成员，1961年至1963年任会长。

在非理性主义崛起而理性主义衰败的当今，非理性主义渗透到现代哲学和伦理学，形成一批理性主义的反叛者，他们强调人之为人的主体性、个体性，关注并张扬个体情感、个体欲望、个体意志。反对将人的本质平面化，即“过度强调理性主义使人变成一个抽象的类”。非理性主义主要思潮包括以下几个。叔本华的唯意志主义。叔本华认为独立于人的表象之外的世界就是意志，任何物体都是意志的客体化，开创了西方非理性主义之先河。尼采则认为生命的本质就是意志，是一种欲望和创造的本能。同时，尼采极力推崇体现阿波罗精神和狄奥尼索斯精神相结合的希腊悲剧精神，认为它全凭直觉，与理性无关。柏格森把直觉看作一种心理本能，同时将直觉主义认识论与其生命哲学本体论相互照应，认为世界的本质只有直觉可以真正体验。萨特的“存在主义”哲学宣扬存在不是客体而是主体，认为“存在先于本质”，否认道德规律的客观性。弗洛伊德第一次运用科学方法考察人类意识的深层次结构，提出了非理性本能在整个人类精神生活中的深层次根据地位，为非理性主义的研究提供了科学的基础。

不管是尼采的“文化的人”还是克尔凯郭尔的“宗教的人”，海德格尔的“本真的人”还是萨特的“自由的人”，都只是一个完整的“人”的一部分。非理性主义在本体论上否认世界是一个合乎理性的和谐的整体，在认识论上片面强调内心、直觉。为了预防理性主义研究者的抨击，多兹在前言便谨慎写道：古希腊人并不是野蛮人，但是古希腊人存在一种“原始思维模式”，一些原始性状对于当今心理行为研究具有借鉴意义。

全书共包括八部分：阿伽门农的道歉、从罪感文化到原罪文化、迷狂的祷告、梦幻模式和文化模式、希腊巫术与清教主义的起源、古典时代的理性与回响、柏拉图——非理性的灵魂和后世继承、自由的恐惧。理性，又称逻各斯（logos），是唯一且充分的获得真理的工具。古希腊哲学家给感官、信仰或直觉赋予了获取逻各斯功能，由此推断真实世界必定能够为理性所理解，意味着真实世界的结构必须是合乎理性的，除存在之外，价值观也必将是理性的：最高的善要么是理性的思考，要么是和它相关的东西。多兹在希腊人的理性王国中关注宗教礼仪活动、史诗记载等资料中的非理性存在，试图证明其作用不亚于理性。

多兹首先在《荷马史诗》中寻找，阿伽门农在为自己抢夺阿喀琉斯的战利品辩解时，说道是自己饮酒过量神志不清醒时，诸神引领着他的意志做出的判断与行为。大多数现代读者会将其视为无力的辩解，但是后半段，清醒的阿伽门农提出愿意补偿，这在多兹看来是荷马在暗示：“神可以使最明智的人变得毫无意义。”《荷马史诗》中海伦也曾说：“这是天降的厄运，一切都在神灵的股掌之中。”荷马对非理性因素的解释是一种“心理干预——非人类对人类生活的干扰”，即把某些东西放进一个人内部精神之中，操控他的思想和行为，这种不可见的力量在古希腊时代被称为“众神”，这是人们对于超自然力量难以准确定义时的代名词，这种表达方式也是古希腊人存在非理性思维模式的有力证明。

在第一章结尾处，多兹将古希腊文化概括为“罪感文化”和“原罪文化”，这是一种高度原创的说法。多兹关注到从荷马时代向古典时代转型，古典时代那些仍然保留着些许古老风格的作家如索福克勒斯（Sophocles）、希罗多德（Herodotus）等，他们的作品都透露着人类的不安全感和无助感。如同西蒙尼德斯（Semonides）所说的：“我们像野兽一样，总是受制于此，惶惶等待审判的到来。”同时多兹将家庭中父亲的形象类比诸神的形象，说明“罪感文化”到“原罪文化”的转变，当父亲的权威被认为需要制裁的支持时，相当于家庭中“你会这样做是因为我这样说”让位于“你会做到这一点因为它是正确的”。笔者认为这与福柯的微观权力理论有许多相近之处，在“罪感文化”向“原罪文化”转变的过程中，权力模式也由富有司法话语特征的“国王模式”转变为更具渗透性的权力模式，这种微分权力更加细腻地作用于人，让权力的运行、规则的执行更具有主动性。

多兹还试图用做梦者的眼光重新审视古希腊人的梦境体验，探究在许多原始社会中存在的依赖于社会传播的信仰模式的梦想结构类型。他认为，梦境是一种个体神话，有着严格的传统模式。苏格拉底将迷狂视为“神圣的恩赐”，柏拉图认为诗人向缪斯祈求神谕，传递出缪斯等诸神具有的超常识的知识。通过析读柏拉图对梦境的阐释，我们可以发现他也承认梦境与现实之间存在一种间接关系。亚里士多德在他的《梦境与睡眠占卜》中有更为详尽的解释。关于梦境的宗教观而后为斯多葛学派所复兴，最终甚至被一些逍遥派接受，也影响了西塞罗（Cicero）等诸多哲学家。无论如何，梦境始终与人类的内心活动相关联。

结尾部分，多兹认为希腊人已经深刻地意识到非理性的力量，尽管这种意识依然停留在想象中。但是由于时代的限制，他们只能用神话或象征的语言来描述一些潜意识，科技匮乏的古希腊时代人们没有办法理解它，控制它；在希腊化时代，面对非理性因素这样一匹陌生而又十分暴烈的脱缰野马，人们选择了回避与忽视。而现代人开始获得驾驭这匹野马的工具，虽然它还存在很多漏洞，但我们最终会通过训练来克服恐惧，有朝一日御马完美一跃。

（编译者：李静宜，北京第二外国语学院文艺学2017级硕士研究生）

吉尔·戈登：《柏拉图的爱欲世界——从宇宙起源到人类死亡》（*Plato's Erotic World*：*From Cosmic Origin to Human Death*，ed. Jill Gordon，Cambridge：Cambridge University Press，2012）

柏拉图的对话力求超越爱欲。如何从非爱欲的对话中发掘爱欲的存在和价值？吉尔·戈登的《柏拉图的爱欲世界——从宇宙起源到人类死亡》聚焦此悖论，探索柏拉图的爱欲世界，力图证明爱欲乃人的根本，而被适当调节和引导的爱欲则构成良善人生之根基。

吉尔·戈登是普林学院、科尔比学院哲学系教授，现居美国缅因州沃特维尔，除本书外，他还撰写了专著《转向哲学：柏拉图对话中的文学设置与戏剧结构》（*Turning Toward Philosophy*：*Literary Device and Dramatic Structure in Plato's Dialogues*），论文《柏拉图〈巴门尼德〉的情欲与勇气》（"Erotic Desire and Courage in Plato's Parmenides"）、《柏拉图主义的助产士》（"The Midwife of Platonism"）、《柏拉图〈蒂迈欧〉中的爱欲》（"Eros in Plato's Timaeus"）、《〈阿尔西比德〉中的爱欲和哲学诱惑》（"Eros and Philosophical Seduction in Alcibiades I"）等十余篇。他的主要研究领域为：社会和政治哲学、古希腊罗马哲学。他沉迷古典，对古典爱欲孜孜以求。在本书最后他指出，对爱欲的哲学关怀遍及柏拉图整个戏剧世界。作者的爱欲观与传统爱欲观形成辩证对话，他力图开启柏拉图爱欲世界新领域，深度挖掘爱欲对于人类生死、自我教化以及哲学层面的意蕴。

《柏拉图的爱欲世界——从宇宙起源到人类死亡》展示了爱欲的整体视野：从讨论原始爱欲及人类灵魂始，聚力探索能良好引导爱欲的人类自我教化类型，声称死亡是对起源的回归。本书力图证明柏拉图世界从头到尾都充斥爱欲——人类灵魂充满爱欲，被引导得当的爱欲灵魂可完全记起并回归起源。自始至终，这都是灵魂的爱欲之梦所欲臻于的至境。柏拉图设置了剧中人的一举一动，控制读者的感觉，引人评论、旁观，他构架起一个彻底的爱欲世界。

柏拉图的爱欲世界大背景是古希腊同性恋成风。同性恋中较为年长的成年男性热衷于追逐刚成年的男性，双方即为爱欲者和被爱欲者，他们年龄悬殊，主被动关系明显，还存在经济关系。古希腊的政治、经济、教育、文化、战争和体育竞技都是同性社会，同性恋关系风行也就不足为奇了。

爱欲寻求生成和完整，代表与理性本源相联系和相疏离这两者。渴望永恒和统一，渴望经历超验、探索不可知……这些都源自爱欲驱动。当爱欲被良好引导，人创造艺术作品，一往无前地“爱”，竭力寻求哲学解答；当爱欲被错误引导，人成为暴君，野心勃勃地追求强权，毁灭一切并伤害他人。爱欲引人求知，而哲学再现了神圣起源和凡人命运相绞缠的人类现状，调停神圣起源与世俗人生。哲学延伸了爱欲。所以，人之为人，柏拉图不反爱欲。

《柏拉图的爱欲世界——从宇宙起源到人类死亡》中柏拉图的爱欲图景由此展开：通过四种人类自我教化，完成由宇宙起源到人类起源的旅行。专著各章独立，又共同呈现爱欲之思。由此，爱欲在柏拉图那对话式戏剧世界的普遍存在得到证实。

书中所有章节都重审传统“爱欲对话”，并拓展到柏拉图整个爱欲世界。开篇探讨了爱欲中混杂的神圣起源：《蒂迈欧》指出，爱欲是被造物主创造的原初灵魂的一部分，是理智或宇宙智慧的一部分。在柏拉图世界，爱欲分有神圣，但是因灵魂中还有其他部分，因此异化、疏远了其神圣起源。爱欲推动我们探索万物本源和理性世界，在这种探索中，人类的爱欲树立起正确目标并受到引导。爱欲不是个体短暂灵魂中病态的贪婪欲望，而是生生不息的情波。

此后，作者把人类的爱欲灵魂与求真向善的灵魂状态相联系。回忆使灵魂努力回归理性起源，控制灵魂依循起源行动：提问，假设原因，创造哲学理论。作者发现，《克拉底鲁》明确地将爱欲与提问联系。在苏格拉底的作品中，“问”“答”最基本。在《克拉底鲁》和《会饮》显然可见：提问与爱欲都生于匮乏，都寻求补充，都有超越人类界限的欲望。

柏拉图在《克拉底鲁》中将爱欲与英雄行为、提问与勇气联系起来。《巴门尼德》也表现了爱欲与勇气的联系——哲学这种爱欲努力从匮乏和欲望中产生一种假设的推理，那形而上的提问是一种对于超越人类实践的强烈爱欲向往。充满爱欲的调停打乱了井然有序的哲学推论。哲学游离于短暂或漫长、运动或静止、生成或存在，而仅仅去模仿爱欲调停的方式，却顿然达成了现世与永恒、运动与静止、生成与理性间的调和。

此后，作者又转向《泰阿泰德》。《泰阿泰德》探讨勇气和体育主题，以同性恋及战争为哲学活动背景，歌颂战争英雄，其戏剧发生在角力场，充满隐喻：在辩证的实践中，赤手空拳的争斗抒发内心对匮乏爱欲的强烈渴求。以苏格拉底为例，苏格拉底匹配爱欲者与被爱欲者间的灵魂。柏拉图描述苏格拉底做媒的行为，意在表示这是一种“寻找”；“做媒”是种艺术，苏格拉底就这样给特埃特图斯带来了真知，引导他追求知识，接受爱欲的缺点。

由此，无论是出于哲学思索还是出于完善灵魂的目的，人类的爱欲都需受到良善引导。柏拉图从引导人类现世和来世人生两处切入。首先，他在《吕西斯》中表明对爱欲的引导和灵魂自我认知间的联系，揭示了只有被真正良善的爱欲者妥善引导，灵魂才能达到自我认知。《吕西斯》中充满了哲学诱惑。此外，《斐德若》中也将良善引导和被良善引导当作灵魂自我认知的途径。总之，从《吕西斯》及《斐德若》可见爱欲引导对于人类自我教化的重要性。

同样，人终一死，来世人生也需引导，身体之死标志着回归的乡愁，因此自我教化也变得格外重要。参考《斐多》：回忆是为死亡做准备的哲学练习，是人类灵魂对于起源的“乡愁”，人类旅程循环往复，个体渴望着从异化中解脱出来，回忆既召回已遗忘之事，又预言超越世俗之事。爱欲居于其中。《斐多》相关苏格拉底的“乡愁”。“乡愁”表明人在起源和旅行之间的生成、驻足、渴望。柏拉图将《斐多》构建成一场旅行，回忆及人类灵魂的反复循环都弥漫着浓浓的“乡愁”。

周而复始，这场爱欲讨论形成循环。《柏拉图的爱欲世界——从宇宙起源到人类死亡》从《蒂迈欧》中对于宇宙起源的描述开始，以《斐多》中对于人类来世人生的描述结尾，探讨爱欲灵魂如何由疏离实现对起源的回归。文章中段灵活地探讨柏拉图世界中自我教化的四种方法，并发掘其爱欲一面——激发人类探究需求，勇敢挑战人类局限性，受真正爱欲者引导，加强自我认知。爱欲作为线索将整个柏拉图世界串联起来，因此爱欲统一了柏拉图世界——人类原初灵魂充满爱欲，但只有受到良善教化的爱欲灵魂才能完全记住并且回归它的起源。

吉尔·戈登如此构建了柏拉图爱欲世界：柏拉图看爱欲，由宇宙起源讲到人类死亡，又转而从人类死亡转向宇宙起源。从爱欲角度切入柏拉图世界的独特视角为柏拉图研究再添异彩，也为普罗大众对于人生和爱欲的思索另辟捷径。生而为人，食色，性也，爱欲追求为人生提供源源不断的生存和成长动力，吉尔·戈登从这个角度再现了柏拉图世界，也给我们观望世俗世界再添绝佳视角。

（编译者：王子怡，北京第二外国语学院比较文学与世界文学2016级硕士研究生）

达斯汀·塞贝尔：《苏格拉底的转向：科学时代的善恶之知》
(*The Socratic Turn*: *Knowledge of Good and Evil in an Age of Science*, by Dustin Sebell, Philadelphia: University of Pennsylvania Press, 2016)

《苏格拉底的转向：科学时代的善恶之知》是达斯汀·塞贝尔第一部公开出版的著作，在西方学术界获得了较高的评价，他也凭此书获得了德尔巴·温斯罗普政治科学杰出贡献奖。塞贝尔曾是哈佛大学政治系的博士后研究员，现任密歇根州立大学政治学系助理教授，主攻政治哲学史，尤其是古典政治哲学方面。塞贝尔在此书中提出了一些不可被忽视的重要问题，例如现代政治与哲学的建立基础及其与古典政治哲学的关联等。按照塞贝尔的想法，古典政治哲学的复兴首先须考虑科学可能性的问题，即自然存在能否被科学地感知。苏格拉底是较早尝试解决这一问题之人，所以，作者的目的是理解苏格拉底建立政治哲学的初衷，认为苏格拉底转向伦理和政治的研究并不代表与前期对自然整体研究的断裂，而是一种延续。

本书共七章分为三部分，与柏拉图作品中的苏格拉底的思想发展阶段遥相契合。在前言部分，塞贝尔提出其所关注的一个核心问题：现代自然科学独领风骚，排斥事物的前科学意识（prescientific awareness）的常识世界（the common sense world），一个包含正义与善，或我们认为的想象的虚构，运动之物的附带现象，抑或两者皆是的世界，而政治哲学在此境况下何以可能？这一问题贯穿全书，作者接下来便致力于政治哲学的立身之本与方法之效。塞贝尔首先阐述了科学起初对古哲人意味着什么，并以此为基点分析了苏格拉底对科学物质主义的批判。前苏格拉底时期的科学家以及青年苏格拉底自身都试图认知自然，尽管在自然属性方面产生分歧，但都坚信存在一个“阿特拉斯”（Atlas），它将世界扛在肩膀上，或换言之，万物都基于一个固定且必要的存在之上，它自身是清晰可见的。自然（第一自然规律）及其前提是自然科学的研究对象，为了把握这一目标，自然科学家们需要理解前科学意识的存在及其形成的过程。更确切地说，他们应将这些存在（例如：人类或狗）分解成各自所认为的最小组成元素（原子，火或空气等），从而发现某种既不能生成也无法毁灭的第一物质，它在变化和运动中保持不变，前科学意识从属于它。自然科学家们在完成这一任务后接着论证科学及其前提的正确性，但青年苏格拉底逐渐意识到这些努力不可能成功，亦难以获得有关存在的真正知识，因为第一物质不可能被发现，人们难以充分认知事物的形成过程，但物质存在的形式最易认出，特性、存在方式及性质不同于物质和动力源，所以形式的重要性就突显出来。第一形式等同于塞贝尔所说的物质的“智性”（noetic）或“相关”（relational）的特质。事物是有序思维的所行所想，苏格拉底已经把握了思维在不同等级序列的物质中的位置，就像“我们发现自己身处一个等级分明，存在多样的有序世界，而这种异质性（heterogeneity）自最初起就是思维的”。[①] 经验存在取决于思维的整体性，因此，自然或科学目的论比唯物主义的自然科学更契合“科学”之名，因其致力于传达科学最原始的意味，这在今天是难上加难。

苏格拉底在其思想发展的第二阶段对科学或自然目的论进行了批判性分析。塞贝尔探寻了青年苏格拉底对动因或（自然）存在的原因的研究。苏格拉底作为一个年轻的自然科学家，逐渐清楚准确地掌握了什么是充分的因果论述，从而成为第一位阐述四动因——物质原因、有效原因、决定性原因和方式原因——的哲学家。然而，随着清晰度和精确度的增加，人类认识动因的能力非常有限，苏格拉底也认为这些动因并非严格意义上的动因。他通过分析动因定义或因果论述，很快便认为自然目的论并未达成它的使命。自然目的论把存在的善和幸福作为动因，而存在的本质和特性却先于善和幸福，善不是第一动因，所以自然目的论是衍生的，不连贯的和不完整的。感官知觉接收到的存在本质不是完满的，而仅仅依靠感觉则难以说出存在本质的整全。苏格拉底以探寻动因为目的的第一次起航以失

---

① Dustin Sebell, *The Socratic Turn: Knowledge of Good and Evil in an Age of Science*, Philadelphia: University of Pennsylvania Press, 2016, p. 13.

败而告终，自然科学或科学潜在的设想是，存在一个自然，最后也只能是一个自然。赫西俄德的世界观或关于世界本源的看法不仅具有永久的可能性，而且在本质上比自视为有理性的“科学”更一致。

本书的第三部分勾画了苏格拉底为研究动因而第二次起航的草图，即从自然向伦理政治的转向以及他在这次尝试中所使用的代表科学的新方法。面对科学的局限，苏格拉底把目光投向了社会中的人。尽管世界的可知性极度匮乏，他对自然科学的摒弃仍代表一种理论观点的前进，而摒弃的缘由是自然科学不能比从属于其的精确表述存在更久。苏格拉底从第一阶段对物质或存在直接显明给感官的探索转向了第二阶段对有关灵魂表述物质或存在言辞的间接研究，人的观念需要用言辞表达出来，所以，成熟后的苏格拉底转向了言辞，特别是言辞中的正义，通过叙述自身的行为来反思第二次起航所用的新方法，而此转变源于他之前的一句话，“存在无法被感官感知甚至会干扰感官”，[①] 但这并不是说言辞比行为更直接或间接地显明存在的本质，存在包含两个方面：言辞传达给灵魂，行为显示给感官。因此，单纯注重感知的自然科学无法认知事物的整全，从而促使被其排斥的常识世界或前科学意识得以复兴，前科学概念以普遍言辞表述存在，物质的整全性和阶级性（与“原子”和“火”等相反）再次突显。相比自然科学家研究人类的方式，凭靠前科学意识事物之人早已对人类的存在了然于心，而苏格拉底也更倾向于后者，但他并未忽视感官提供的存在的性质，感官感知的阶级性等存在的本质以言辞（或定义）传达出来，后者源自前者并成为其映像（image），反过来，前者亦是后者的映像，二者不可分割。自然科学家对思维特性的无知及其视角的狭隘和不完整性使得他们也没有完全把握行为。自然科学将人视为单纯肉体或物质部分的组合，其本性和物质有效动因等必然先于善，而善的定义也由人的本性，身体的欲望或自然的冲动来决定，神的影响被事先排除在外。正义和崇高之事在自然科学那里被看作习俗而非本质，是言辞而非行动或事实。非教条式地摒弃自然科学意味着人根据“常识”成为其所是，存在可以选择什么是正义和道德，或致力于超验目的（transcendent ends）。苏格拉底恢复了人的道德认知，事物的前科学意识以及这一认知所显明的有关整全的目的——神学维度，尤其是一直以来被科学归为习俗领域的道德——政治观念的认知地位也得以

---

① 柏拉图：《斐多》，刘小枫编译《柏拉图四书》，生活·读书·新知三联书店，2015，第423～425页。

再次显现。

全书围绕政治哲学的基础与方法展开，逻辑分明地追溯了苏格拉底思想发展的三个阶段。鉴于当代科学与哲学的分离以及科学方法对伦理学和形而上学问题的束手无策，人们尝试转向古典政治科学的复兴，本书的研究内容就是试图说明（政治）科学与（政治）哲学的分离是错误的。对自然科学的批判使政治哲学的建立成为可能，反之，观念的认知地位——政治哲学之基从一开始便意欲弥补自然科学的关键缺陷，即间接地阐明整全或其动因的问题，二者不可分离。回归古典并非与科学不可兼容，苏格拉底努力复原事物的前科学意识，但他仍旧否认拥有知识（仅为人类知识）之人高于人自身，因为问题的表面几乎面目全非，不过这也取决于对常识和赫西俄德式看法的让步，但后来的思想家却不知道自己需要让步。如若苏格拉底的理由足够充分，科学的方法将无异于苏格拉底的方法，古典政治哲学与现代政治哲学的最大差异将是后者不知道自己需要从常识或“所说”（what is said）中取其方向。

（编译者：赵佳玲，北京第二外国语学院比较文学与世界文学2016级硕士研究生）

凯瑟琳·朱柯特：《后现代的柏拉图》
(*Postmodern Platos*, by Catherine H. Zuckert, Chicago and London: The University of Chicago Press, 1996)

英国哲学家怀特海曾戏谑道：西方两千年哲学都是为柏拉图所做的注脚。《后现代的柏拉图》所关注的，正是被纳入此范畴的思想家：尼采拉开了反复回溯柏拉图的序幕，海德格尔、伽达默尔、施特劳斯和德里达紧随其后。这些思想家置身于一项挖掘工程中，以不同于传统的方法对柏拉图进行研究，以探求哲学的原始特性。

作者凯瑟琳·朱柯特是美国圣母大学政治学荣誉退休教授，其研究领域为政治哲学史，是重要的施派人物。其主要著作《马基雅维利的政治学》（*Machiavelli's Politics*）、《后现代的柏拉图》（*Postmodern Platos*）、《列奥·施特劳斯与政治哲学问题》（*Leo Strauss and the Problem of Political*）等在学界引起广泛关注，是政治哲学研究的重要资料。其中，《后现代的柏拉图》尤为引人注目。与古典文学和古典哲学领域所做的研究不同，凯瑟琳·朱柯特将研究重点放在尼采、海德格尔、伽达默尔、施特劳斯和德里达这五位思想家对柏拉图解读的政治意味上，而这也正构成了全书的落脚点。《后现代的柏拉图》准确地抓住了五位解读者的主要特征：第一，他们对柏拉图的解读构成了其整体思想的核心要素。第二，他们反观哲学根基的出发点是鲜明的“后现代”立场。他们希望为理解“西方”特征提供异于传统的全新视角，来为新开端的开创探求新方法、为超“现代性”更恰切的定位找寻出路。

根据后世对柏拉图的阅读来看，这些思想家认为，如其所是地理解柏拉图已然不可能，后世对柏拉图对话的阅读必然依据不同的语境。因此，《后现代的柏拉图》并没有将重点放在这些思想家的观点与柏拉图原始文本的比对上，从而对其解读加以肯定或否定，而是着重考察五位思想家解读柏拉图的进路、差异、辩难及其交织缠绕所构成的微妙张力。

这些思想家为何断言我们需要重新思考哲学？出于何种缘由，他们要回到柏拉图？尼采通过对传统所理解的哲学源头——柏拉图进行回顾，为这些疑问寻找答案。尼采宣称，真正的哲学家是立法者。哲学是生成意志最富灵性的形式。哲学家不探求宇宙秩序，而是为宇宙设计秩序。而人类一旦意识到他们是世界秩序和意义的唯一来源，他们将试图有意识地去探索那些迄今为止尚未为人知悉的事情，并力图在世界范围内强化自身的秩序和价值。海德格尔断言，尼采正确诊断了20世纪的政治危机。但是，关于危机的源头，尼采有所误解。哲学家从不只是为天地立法或为宇宙强加秩序，他们要做的很简单，无非是将那些在特殊时刻和特殊地点被遮蔽的秩序或事实清晰地表达出来。展示在海德格尔特殊时刻的真理，就是历史哲学的终结。在他看来，柏拉图在无意间将存在的源头理解为“理式”，这引发了“存在真相”的历史性发展或公开。在第二章中，作者指出，与尼采一样，海德格尔也试图推翻或颠覆柏拉图关于诗与哲学关系的教义。然而，值得我们注意的是，尼采与海德格尔头脑中的“诗”是两种迥异的活动。尼采强调诗人作品的创造性特质和效果，而海德格尔则认为，诗主要在于对特殊“语词”的表述。

对于海德格尔观点所体现出的特殊性品质和末世论特质，其学生伽达默尔表示不予认同。他认为，人之存在的历史性也就是人之存在的开放性和非确定性。因此，较之海德格尔的宿命论观点，人之存在本质上是可被自由理解的。在第三章中，作者指出，尼采和海德格尔以不同方式竭力克服柏拉图的“形而上学”，而伽达默尔则以异常明确的历史形式试图复兴柏拉图哲学。正如施特劳斯就《真理与方法》一书写给伽达默尔的信件所呈现的那样，他的思想与伽达默尔源自共同的起点，最终却走向几乎完全相反的方向。施特劳斯通过研究中世纪犹太学者迈蒙尼德及其老师——伊斯兰哲学家法拉比的作品，找到了对古代理性主义一种不同的理解。他认为柏拉图的理式说和有关灵魂的教义可能仅仅是城邦教育。

在第七章和第八章中，作者认为，施特劳斯竭力从尼采－海德格尔批判中挽救西方理性主义，而与之形成鲜明对照的是，德里达则力图将这一批判推向更远。德里达认为，不仅柏拉图关于苏格拉底之死的描述旨在服务道德和政治，《理想国》中有关至善理式的形而上学学说亦指向道德和政治目的。这种对柏拉图对话的细读说明，对话中原本清晰的教义已被系统性地根除。所以，海德格尔搞错了，他错以为“历史”有一个明确的开端和结尾。不如说，我们在哲学史上拥有的，只是一系列具有相同元素的不同解释，而这些解释同样也遗漏了某些东西。因为害怕无序，柏拉图提出了他的道德和政治学说。通过展示哲学对自身的解构，德里达希望能够颠覆任何建立极权的企图。

在《后现代的柏拉图》中，作者试图竭力表明的一点是，这三位思想家所做出的与众不同的解读方式只是一项更为宏大工程中的一个部分。他们一直在回应由尼采和海德格尔争论所引发的挑战。这一争论指的是，在西方，实践的哲学已不再可能。这三位思想家认为，判断哲学是否走向终结，部分取决于哲学在开端处是什么。为了搞清楚这一点，他们纷纷返回柏拉图。尤其值得我们注意的是，《后现代的柏拉图》对哲学探求所产生的政治影响尤为关注，并将之作为全书的核心落脚点。苏格拉底被雅典城邦控告、审讯、判定死罪，并因此命丧黄泉。后来的哲学家尤其是启蒙运动时期的哲学家试图竭力证明，对知识的追求及其广泛散播不会威胁自由政府所秉持的民主信条，也不会危害其组织机构，反而为自由政府提供唯一坚实的基础。作为现代理性主义批判的一个部分，尼采和海德格尔对自由政治哲学做出了毁灭性的批判。因而，他们的思想或多或少地直接牵涉到纳粹政治。伽达默尔、施特劳斯和德里达对尼采和海德格尔所提出的现代理性主义批判深表信服，为重新考量现代哲学批判的适当性及其状况，这三位思想家沿着由尼采和海德格尔所开辟的思想路径继续前进，而这一路径格外关注现代哲学批判的政治影响。

然而，通过仔细辨别，我们可以发现，这些思想家所存在的唯一或根本性差别不是政治性的。他们所关注的是人之存在的特性，即我们可获得的知识及我们控制自身命运的程度。尽管这五位思想家尽力表明哲学与自然科学发现的一致性，但他们都承认，人类无法拥有整全的知识。恰恰因为意识到这一点，尼采的后继者一致认为，应当对技术加以抑制或控制。然而，在对技术控制的具体方法和原理阐述上，四位思想家差异显著。其意见与柏拉图对自然科学的质疑构成某种对话，在古今对话中形成某种应和关系。

《后现代的柏拉图》重点关注的是尼采、海德格尔、伽达默尔、施特劳斯和德里达这五位重要思想家对柏拉图解读的不同进路、辩难及其对话所构成的张力，以期为新开端的开创寻求方法。其中隐含着对哲学原始特性的探究，蕴藏着对哲学历史的思索，显示出对理性主义危机的深刻洞见。尤为关键的一点是，《后现代的柏拉图》在对五位思想家对柏拉图解读的梳理中，格外关注其哲学批判的潜在政治蕴涵。从这个意义上来讲，《后现代的柏拉图》不仅仅是对古典学不同研究路径的呈现，更是一份重要的当代政治哲学研究。

（编译者：武淑冉，北京第二外国语学院比较文学与世界文学2016 级硕士研究生）

格雷戈里·纳吉：《荷马：前古典时期》
(*Homer*: *The Preclassic*, by Gregory Nagy, California: University of California Press, 2010)

如同朝戈金教授在《中华读书报》的《从“荷马问题”到“荷马诸问题”》里所说的：“荷马与荷马史诗一直被看作西方文学的滥觞，其人和其作就成了相互依存的文学史上最重要的两个问题。而研究‘荷马问题’在西方学界被公认为是非常重要且确定无疑的。我们知道 18 世纪的荷马研究主要围绕着所谓‘荷马问题’而延伸，其发展开启并影响了 19 世纪乃至 20 世纪的史诗学术。从本质上讲，‘荷马问题’主要是对荷马史诗的作者身份

（一位或多位诗人）的探寻，连带涉及荷马和他的两部史诗之间的其他关联性问题。”本书的作者正是这样一位在研究“荷马问题”上有着独到见解与巨大贡献的伟大学者，该书也为荷马研究提供了重要的创见与崭新的视野。

格雷戈里·纳吉（Gregory Nagy，1942－），匈牙利人，美国哈佛大学弗朗西斯·琼斯古希腊文学教授、希腊研究中心主任，是国际著名的古典学家、希腊文学专家。他立足于古代经典与口头传统之间的互动与交流，高度关注古代希腊诗歌文本的口承性及其表演传统的复原性比较研究，在口头诗学理论的拓展研究中取得了令人瞩目的学术成就。其主要著述有《阿开亚人的佼佼者：古风时期希腊诗歌中的英雄观》《希腊神话与诗学》《品达的荷马：往昔史诗的抒情遗韵》《柏拉图的史诗吟诵片段与荷马的音乐：古典时期雅典的泛雅典娜赛会及其节日的诗学》《荷马：古典时期》等。

格雷戈里·纳吉作为古典学领域中深受口头程式理论影响的代表，如同尹虎彬在《一只手抓住了两个世界——重读格雷戈里·纳吉〈荷马诸问题〉》里所说的，“纳吉认为荷马时代是否有文字与‘荷马问题’并无关系，因为口头创作不需要借助文字或书写；虽然这样把荷马史诗的原创者向前推到前文字的口述时代无疑是一种有利于辩难的选择，但是，仍然有一个固定文本的信仰妨碍人们的思考，即认为荷马史诗古来便是我们今天所见的样子，所谓原型就是其中之一”。作为一个在古典学领域具有深厚语言功底的研究者，他更看重的是口头程式理论下的田野背景对于古典学研究所能提供的多种可能性，而不是着意去提炼一种关于口头传统的理论。结合朝戈金在《从“荷马问题”到“荷马诸问题”》里所提到的“纳吉对荷马史诗传统及其文本化过程的精细演证，例如其‘交互指涉’（cross-reference）的概念、‘创编—演述—流布’（composition-performance-diffusion）的三位一体命题及其间的历时性与共时性视野融合，以及‘荷马的五个时代’（the five ages of Homer）的演进模型，都大大超越了传统古典学的路数，也令古典学在当代人文学术的格局中，表现出启示人生、养润情怀的活力”。

在本书中，格雷戈里·纳吉认为，荷马诗歌的发展，尤其是《伊利亚特》和《奥德赛》，在其时仍然是口头传统的一部分。作者追溯了这一前文本时期荷马的演变与荷马诗歌的不同版本，重建起一个回溯的时间框架，即从青铜器时代至公元前6世纪，作者称之为前古典时期。本书内容大致由前古典时期的黑暗时代与青铜时代两大主要部分以及前古典时期的荷马口头文本形成的梳理的重要部分共同构成。作者站在前文本时期的荷马诗歌是以“口头传统”传承的基本立场重回黑暗时代与青铜时代探寻荷马，向读者展示前古典时期的荷马及其口头文本的形成主要是受当时古希腊的政治文化中心利益的影响的这一观点。

第一部分的黑暗时代（第一章到第五章）是荷马的黑暗时代，作者划分该时间段从青铜器时代末期一直延续到公元前5世纪。虽然在公元前11世纪左右结束的青铜时代之后的黑暗时代被一些考古学家认为是不连续的，但作者认为在《伊利亚特》和《奥德赛》被文字书写之前，这些英雄史诗都是由一些吟唱艺人口头演述的，称之为“口头传统”。这种连续性取决于口头传统，这种传统在公元前5世纪的古典时期的雅典泛雅典娜节（作者强调本书所提到的泛雅典娜节主要是指四年一度的大的泛雅典娜节，不是指每年的或较小的泛雅典娜节）期间演述的荷马史诗《伊利亚特》和《奥德赛》中达到顶点。因而，荷马史诗《伊利亚特》与《奥德赛》依靠口头传统在黑暗时代是具有连续性的，即我们如今所见到的荷马史诗是前文本时代的口头诗歌演述、流布而来，这也契合了作者一直以来坚持认为的我们如今所见的“荷马”并不是某一个人，而是一群人的观点。

这部分作者主要关注的重点是找到公元前5世纪的荷马史诗的先驱。如我们所见，作者直接将目光投向了公元前546年至前510年的由庇西特拉图以及他的两个儿子作为僭主（以下统称为庇西特拉图王朝）统治着的雅典的时代。与《荷马：古典时期》探索的主题类似而视角却有所不同的是，在这里，作者由原来的把荷马在公元前5世纪的接受史与民主时期的雅典帝国的政治联系在一起转换成把荷马的接受史与庇西特拉图王朝统治的雅典帝国主义早期阶段的时代联系在一起。尽管它在规模上不能与公元前5世纪的民主政体的雅典的帝国势力进行比较，但是这个已经被不断演变的早期时代可以被描述为雅典帝国的早期形式。作者认为我们所知道的民主时期的荷马正是因庇西特拉图王朝的前民主时期的雅典帝国的利益而逐步形成的。

本书的第二部分青铜时代（第六章到第十章），作者划分该时间段从古希腊文明的源头一直到“特洛伊陷落”的时间（大约是公元前11世纪）。其中，“特洛伊陷落”是荷马史诗叙述中最重要的参照点，是一场结束所有英雄战争的战争，也标志着英雄时代的结束；并且大致符合考古学家对青铜时代末期的界定，它标志着青铜时代的终结。但更多的是，特洛伊战争不仅是荷马史诗的主要时间框架，还是青铜时代的一个决定性的参照点，甚至可以以此来定义任何我们称之为荷马的人。如同重新定义了作为过渡阶段的荷马化时期的黑暗时代，使其成为概念上的古典时期荷马的最终阶段；相应的，作者重新定义青铜时代为古典荷马的最初阶段。

实际上，青铜时代是重回“特洛伊和特洛伊故事”寻找荷马的重要时代，作者在这个部分以特洛伊事件为基本点，围绕着特洛伊事件梳理有关荷马的各种观点冲突，包括荷马主题的分歧、荷马名字的不同含义、荷马诗歌中许多细节的争论以及荷马史诗《伊利亚特》与《奥德赛》中细节的争论等等。甚至，带着黑暗时代遗留的比如庇西特拉图王朝为何首先主动占据提洛岛的问题，有关泛雅典娜节的原型泛爱奥尼亚节，泛雅典娜节习俗法的原型泛爱奥尼亚节习俗法以及涉及的古老的爱奥尼亚联盟的源头性问题等都将在本书的第二部分青铜时代找到最终的答案。

本书的最后一部分是前古典时期形成的荷马文本（指口头文本），作者细致地梳理了前古典时期形成的荷马的口头文本，认为这个时期荷马的接受可以以口头的演述与创编贯穿始终，大致分为两个阶段：早期的阶段，荷马几乎是与小亚细亚与边远的岛紧密连接；后期的阶段，荷马的联系添加了许多不同的在希腊大陆的地点。纳吉将之命名为早期的亚细亚化（Asiatic）与后期的希腊风格化（Helladic）。总的来说，作者认为前古典时期的荷马是该时期各个政治文化中心博弈的结果和各个意识形态控制与渗透下的不断形成的荷马，有关荷马文本的删减或增加抑或变异也是为了不断配合其当时时代的政治需要。

作者以其深厚的古典学与语文学功力，以精准的语言学细节从各方面多角度地严谨细致探讨了前古典时期荷马的相关问题，重新建构了被一些考古学家认为是不连续的黑暗时代以及更久远的以特洛伊事件为标志的青铜时代的前古典时期的荷马。且本书与《荷马：古典时期》所构建的古典时期的荷马以及作者的其他著作共同形成了对古希腊荷马的更加完整的全新视野，同时也是对“荷马的五个时代”的演进模型的进一步完成。

（编译者：高芮，北京第二外国语学院美学2016级硕士研究生）

凯瑟琳·摩根：《从前苏格拉底到柏拉图时代的神话与哲学》(*Myth and Philosophy from the Presocratics to Plato*, by Kathryn Morgan，Cambridge：Cambridge University Press，2000)

从历史角度分析，神话的出现时间早于哲学，是人类对世界万物探索的开端以及经验总结的方式。当认知能力还不足以对事实予以明确解释时，包括初级宗教信仰和具有感发和启示作用的神话便成为人类探索未知、解除疑惑的恰当方式。这种形式谓之以“诗性智慧”，实则是感知万物的原始冲动在探索道路上的标志性产物。

本书作者摩根（Kathryn Morgan）并非以传统视角解读神话，也并不单纯阐述神话思想，其中虽包含神话和思想两个维度，但通过后世哲学角度分析神话，能够得出更具针对性的解释，同时能够将神话的体系纳入哲学的语境中。同样是认知真理的过程，神话与哲学所用途径并不相同，区别于严谨的哲学式论证，神话虽然原始但也绝非凭空而来，依凭着固有的格律以及修辞手法才能够塑造出古希腊时期磅礴的神话体系。同时对于后世哲人来说，最原初的神话中所包含的世间真理无论是在个人还是政治生活层面都具有启蒙和指导作用，然而后世的解释也并非完全能够参透神话中真理性的要义，尤其在后世的哲学时代神话与诗歌的表现形式并不适于哲学家构建理想的社会，因而会产生对于其中靡靡之音的批判，所以研究过程中仍旧需要以辩证的角度对神话的意义与作用进行解析。

书中首先采用归纳法，将学界对于前苏格拉底到柏拉图时代的神话研究成果及问题进行归纳，主要集中在三个方面：文本语境化与哲学地位的上升、从秘索思到逻各斯的界限划分以及一些理论隐喻的问题。这三点问题准确地概括了神话研究领域对这一特定时期的框架规定。

对于这一观点的认知通常体现在两种方法上。第一种是认识到神话对于哲学严谨架构体系所起到的润色作用，神话的修饰性语言淡化了哲学枯燥烦琐的结构，将哲学话语转变为可供感官理解的语言，虽然这样一来神话与哲学术语在本质上是分离的，人们通过去除神话所添加的色彩才能够留下最为纯粹的哲学观点，但是对于理解与记忆而言，神话的便利性体现无疑。

而第二种则是承认神话不仅是简化版或文学意义上的哲学装饰，其本身就具有同哲学相类似的功能。在面对超自然或者以现有哲学理论难以解释的现象时，神话具有更好的约束力，其中蕴含的神秘元素对于哲人解释神秘体验或是无形的灵魂居所这样的概念颇为有效。

对于神话研究的入手方向，书中给出了一种新视角，即通过寻根溯源的方式，来探寻希腊早期诗人解读世界和运用神话的模式，以及从神话到哲学的标志性转变。在这个过程中，识文断字的重要性逐渐显现。由于大量口头传播的神话开始以文本形式呈现，因而更容易被客观化并确定地作为切实存在的物品。

自第二章起，作者从抽象与具体两个层面对哲学家在神话应用上的异同进行了探究，色诺芬尼以及赫拉克利特皆在此列，因其对神话的拒斥，以及重构诗人与缪斯间关系的做法而成为研究重点。这一部分集中了前苏格拉底时代尤其是赫拉克利特这样的哲学先驱，并逐渐从具有相关性的色诺芬尼、赫拉克利特、恩培多克勒过渡到巴门尼德时期，对于诗歌神话的不同看法、态度以及语言在这一期间的变化过程都是本书研究探讨的重点。

随后摩根开始将传统神话如何在复杂冗长的解释中阐述真理这一问题作为探索导向，尤其在诡辩家试图用语言来建构世界的背景下，将语言修辞技艺当作真理或是现实来进行传授时。然而真理和语言的作用范围其实并无重叠，语言的操纵能力同样存在失败的可能性，在神话中这一点也被不断提及，如安提丰的奥德修斯和埃阿斯的演讲就是如此，神话的架构在对内容的修饰中被同步并举。这种结构变化也标志着从智者学派转移到柏拉图时代潜移默化的过程，包含对普罗塔戈拉神话中描述文明起源的解释，正如柏拉图在《普罗塔戈拉篇》提到的那样，代表着苏格拉底或柏拉图的批判同时为雅典的民主社会提供合理证据的动机。柏拉图笔下的苏格拉底汲取了神话的部分内容化为己用，这也是柏拉图神话实践的开端。

作者将柏拉图的神话区分为三种范畴：传统的、教育性的以及哲学的。第一部分讨论了关于灵魂和来世的神话故事，这是柏拉图思想中期阶段的研究重点，呈现出一种源于自然天性及以伦理为导向的观念。在柏拉图以苏格拉底的口吻进行论述的过程中，对于取代了以缪斯为基础的传统灵感，而代之以回忆式洞察力的认知，需要以严谨的论证来进行辩护，而这种论证所使用最多的就是神话式的语言。同时这种对于语言转变的把握本身也是哲学研究的对象，从《高尔吉亚》、《斐多》以及《理想国》即可看出，神话不能直接代替严谨的逻辑论证，但能使之更合情理，尤其在有关不朽灵魂的讨论中更能够显现这一点。

摩根认为柏拉图在理论研究后期致力于赋予神话语言一种超然的意境，却始终难达完美，在语言精确性不断提升的同时，却也认识到这种提升无法进入完美的境地。最终柏拉图提醒世人注意到世间不可言说之物，这就是他将神话融入对话著作集的原因，因为哲学的研究本身就是对现实世界建构模式的描述，而对于不可言说之物，难以用一种哲学式的精确范式化的语言讲解，那么就需要神话的形式进行补充。这也是书中所探究的神话与哲学的关系重点所在，经历了前苏格拉底时代的探索一直延续到柏拉图时代，最终我们通过对于神话文本以及语言运用的推敲，看到了它对于哲学探索的意义，哲学并非能够完整地解释全部事物，修饰与模糊的美化也是寻求真理过程中的必要手段，而神话就是达成这一目的的最佳做法。

作为神话与哲学的集大成者，柏拉图将其时代哲学的理论架构臻于完美，而神话渐趋式微。但神话传统并不会随之烟消云散。在前人的解读基础上，柏拉图将神话融入对话辩证过程，强化了哲学语境，同时有效传承希腊神话的传统。因而，神话与哲学的统一在柏拉图研究中得到确认，这也是后世柏拉图神话研究者的共识。

在柏拉图的哲学体系中，秘索思与逻各斯的关系从未被确定为二元对立，而是相互交织难以割裂的，神话作为认知世界的特殊形式，与哲学论证交叉融合，使得用神话去理解哲学的思维概念，同时参照哲学理论反观神话的作用，在相互解读之中提升理解境地。本书作者摩根所尝试的解读神话新途径与以往不同，不再孤立看待二者并且以神话为载体创造了反思哲学的第二平台，同时将语言问题作为另一切入点研究神话与哲学。

（编译者：赵博，北京第二外国语学院美学2017级硕士研究生）

乔治·迪莫克：《奥德赛的整全性》
（*The Unity of the Odyssey*，by George E. Dimock，Amherst：The University of Massachusetts Press，1989）

荷马史诗大多讲述诸神的故事，而叙述人类太古历史则以英雄的伟业丰功为线索。20世纪有关荷马的一些作品主张“整全论”，乔治·迪莫克的著作《奥德赛的整全性》便是如此。“痛苦”犹如奥德修斯，其悲惨多难的经历作为本书二十四章的轴心，书中每一个人物，每一个情节都是为了展示史诗不动摇的整全性。每一章的细节完美贴切，似乎偏离了最初的轨道。而从整个文本来看，细节繁多却不失整全，最终回归到同样的主题：英雄人物的命运和被痛苦折磨的正义。

乔治·迪莫克受益于荷马，其著作最大的特色在于，它是为大众读者服务的，而非一部严格意义上的学术著作，这些读者不过想深入了解作为文化遗产的著作《奥德赛》，因此我们不能严格遵循学术语言的标准，去衡量迪莫克的书，而该给予其一个符合人文关怀和教育传统的位置。迪莫克从词源学解释奥德修斯的名字，使其与史诗的主题相统一，这种独特的研究方法，不仅为史诗本身提供有价值的信息，而且开启了荷马批评文学的一个新起点：从理论研究的技术层面，转而关注诗歌的文学鉴赏层面。迪莫克的著作是一个重要的里程碑，为战后美国研究古典文学提供了更广阔的视角。

迪莫克对《奥德赛》的探讨遵循了原诗的结构，其二十四章的文本，对应解释了原诗的二十四章。文本一开始运用词源学，把人物的名字意义同史诗的主题相统一，进一步呼应了诗中所描述世界的整全性。诗人将奥德修斯的名字同古希腊动词 odussasthai（遭受痛苦）相联系，暗示这位英雄痛苦而悲惨的经历。在荷马描述的世界里，名字和人物之间存在一种对应关系，不仅奥德修斯，几乎所有其他角色，都被发现有一个与他（她）的本性相匹配的名字，如老仆人 Eurykleia 意味着“声名显赫”、求婚人 Antinoos 意为“心怀怨毒”、儿子 Telemachos 意为“遥远斗士”。作为史诗《奥德赛》的主人公，奥德修斯是痛苦而悲惨的，其戏剧性的经历同名字意义相呼应，彰显了史诗的整全图景。

奥德修斯，这位困难和厄运面前的伟大受害者，因经历而塑造的人物形象在整部史诗中意义重大，这种意义表现在对妻儿和求婚人的影响上。奥德修斯作为特洛伊战争的英雄，其故事被人们广为传颂，十年征战和十年返乡之旅，也让世人猜测这位英雄早已不在人世，留下可怜的妻儿。儿子特勒马科斯从出生时就没了父亲，长大成人，父亲的形象只有靠其他诗人的吟唱大概得知，得因于这些吟唱，奥德修斯英武而智慧的形象，深深扎根于特勒马科斯的脑海，这样的形象影响着他勇敢地驱逐求婚者，在神明的帮助下解救母亲，以一种正面的、积极的方式应对周围的一切，像他父亲那般勇敢冷静。

奥德修斯对特勒马科斯的影响是积极的、正面的，对他的妻子佩涅洛佩则恰好相反。佩涅洛佩不止一次地忆念丈夫，这样的回忆充满着外人难以理解的痛苦，几乎整个环境都在告诉她：奥德修斯客死他乡，尸骨无归。而这对一位坚贞不渝地等着丈夫归来的妇人来说，无疑造成难以估量的伤害和不可平息的痛苦。漂泊不归、音信杳渺的奥德修斯让佩涅洛佩在思念和忧郁中挣扎，如一根针扎进心底般痛苦。

求婚人最不想知道奥德修斯的确切消息，更不愿知道他仍然活在人间。求婚人的处境很尴尬和微妙：如果奥德修斯战死沙场的消息被证实，特勒马科斯至少就有权掌握家里的财产，决定母亲的婚姻；如果奥德修斯仍然活着，且即将返乡，求婚人就再也没有借口挥霍财产和纠缠佩涅洛佩了。于是，不知奥德修斯之生死而且不能确定他是否归来，反倒让他们假定奥德修斯已死，而合法地去追求他的妻子，同时又假定他还活着，肆意僭越和剥夺特勒马科斯的权利。一名英雄的命运，对妻儿和共同体都产生了重大影响，这就赋予了史诗人物系列以整全性。

此外，迪莫克还以戏剧的整全性来解读《奥德赛》，史诗戏剧性地展示了生命战胜死亡、善良战胜邪恶的主题。奥德修斯如此有力地维护正义，以至于他的名字令人难忘，即使神明安排了命运，人类的自我意志亦可以自由地选择是否实现它，诗歌的开篇宙斯对此做出了预告：“可悲啊，凡人总是归咎于我们天神，说什么灾祸由我们遣送，其实是他们因自己丧失理智，超越命限遭不幸。”① 人类的苦难是不可避免的，即使是见多识广、足智多谋的奥德修斯也仍然遭受苦难，但这些苦难多半是自己造成的。奥德修斯可以选择作为一名英雄，受到万人尊崇，但是他却选择做回平凡人，这个选择让他花了十年的时间实现归返。预言者曾告诫过，奥德修斯及同伴们不能碰阿波罗的牛，可是他们还是违背了神意，最后造成他的同伴们全部遇难。神的谋划和人的自由意志，使得正义与非正义的主题在这部史诗中得到了全景式的展现。这样的主题让整部史诗首尾一贯，呈现出史诗的整全和圆满。

最后，奥德修斯克服重重困难和诱惑，历经艰难险阻，返回家乡的过程，迪莫克解释为个人身份和命运和解的整全性。奥德修斯在卡吕普索的仙岛上可以获得永生不死，却还是选择了抗争，最后返乡，回到佩涅洛佩

① 〔古希腊〕荷马：《荷马史诗·奥德赛》，王焕生译，人民文学出版社，2003，第3页。

的身边，因为只有这样他才最大可能地使自己完整。即使卡吕普索并没有打算伤害他，可是同她生活在一起会使奥德修斯被世人遗忘，为从卡吕普索那里保全自己作为人的完整身份，奥德修斯选择离开。

描述《创世纪》故事的人认为，生活在伊甸园即意味着没有善恶的知识，同时似乎还将这种无知看作一种优势。而在诗人荷马看来，一个没有危险，没有苦难，不劳作，没有死亡的世界不会存在真正的幸福，整个史诗都是为了证明奥德修斯的痛苦，是有目的和价值的。费埃克斯人不熟悉痛苦，因而他们也无法感受到奥德修斯内心的痛苦，在斯克里埃岛上无人理解的遭遇才是最大的苦难，文明与非文明的冲突在这里暴露无遗。人之所以为人在于他得接受“不幸”，即我们称为糟糕的命运，而这正是奥德修斯需要接受的：离开卡吕普索，越过危险的大海，历经苦难。这正是荷马想要创造的世界，他的《奥德赛》是一部关于英雄的史诗，而非一个伊甸园的故事。离开神明的庇护，奥德修斯必须学会在恶劣的环境下生存，成为一名英雄，让世人铭记，从而保持自己身份的完整，实现命运的整全。

迪莫克以现代人的视角对《奥德赛》做出了一种富有新意的阐释，重述史诗的人物、情节、戏剧冲突和与命运和解的整全一律：奥德修斯在特洛伊之战后，如何历经艰难返回家乡；自己的儿子特勒马科斯又如何在女神雅典娜的帮助下，寻找父亲的下落；以及妻子佩涅洛佩在等待丈夫归来的十年时间里，如何应付求婚人。他们的很多遭遇离不开神明的策划，而最后的结局也完美实现了神明参与和人类自由意志的整全统一。英雄纵然已经离去，其英勇、果敢的品质和精神却可歌可泣、为世垂范。

（编译者：赵燕，北京第二外国语学院美学2017级硕士研究生）

彼得·阿伦斯多夫：《荷马论诸神与人类德性》
(*Homer on the Gods and Human Virtue*：*Creating the Foundations of Classical Civilization*，by Peter J. Ahrensdorf，Cambridge：Cambridge University Press，2014)

彼得·阿伦斯多夫，美国北卡罗来纳州杰姆斯斯普朗特社区学院政治学教授，戴维森学院古典文学副教授，主要研究古希腊戏剧及政治哲学，著有《希腊肃剧与政治哲学》《国家间的正义》《荷马论诸神与人类德性》等书。其专著《荷马论诸神与人类德性》节奏明快、笔调坦诚，是一部值得细读和深思的作品。导言中，阿伦斯多夫称本书旨在重新规定荷马在政治和道德哲学史上的地位，并阐述荷马对希腊人的教育。毫无疑问，这是一个包含诸多要点的主题。尽管如此，作者在处理该问题时，并没有流于大而化之，不问证据。书中许多论述都紧扣荷马史诗的原文细节展开，增加了内容的可靠性和说服力。尽管内容涉及不少哲学问题，但作者设法保持了语言美感与内容的内在感染力。同时，作者从戏剧角度揭示了整部史诗对人类生活中紧迫问题的深刻反思。这有助于解释为什么三千多年来，人类依旧认为荷马史诗不仅感人至深，而且值得研究。

本书中，阿伦斯多夫以一种富有创造性的视角分析了《伊利亚特》和《奥德赛》，重新审视了荷马对神性本质和人类德性的理解。据阿伦斯多夫的说法，荷马教导众人：人类的伟大使诸神的崇高黯然失色；那善于沉思且富有同情心的歌者比英勇的战士更为高尚伟大；最接近荷马所谓人性智慧之人的是虽有缺点却勇武无畏的阿喀琉斯，而非忠诚的赫克托尔抑或足智多谋的奥德修斯。

阿伦斯多夫认为荷马史诗中最伟大的英雄应是阿喀琉斯，尽管他在论述中指出了阿喀琉斯的缺点。首先，阿喀琉斯在大部分篇章里均处在愤怒的状态中，起因于阿伽门农威胁要夺走他来之不易的礼物，这是一次挑衅，也是一种威胁。此外，当阿喀琉斯正要杀死阿伽门农时，女神雅典娜奉赫拉之命阻止了他。也许这不仅使阿喀琉斯迷惑，更使其愤怒，因为他坚信诸神理应为有德性之人挺身而出，主持正义。其次，阿喀琉斯也是一个自身存在问题的英雄。在布里塞伊斯被带走后，他便祈求宙斯能够摧毁阿开奥斯人来为他恢复荣誉，而后宙斯显然应允了他的要求。阿喀琉斯的这种行为近乎于叛国，这种行为也被阿伦斯多夫认为是不忠之举。正是基于这一点，阿伦斯多夫特别强调《伊利亚特》中真正的英雄可能是一贯勇敢忠诚的赫克托尔。

然而，在仔细分析荷马对赫克托尔的描述后，阿伦斯多夫发现赫克托尔远没有他看起来的那样忠诚正直。他在本书第二章“阿喀琉斯和赫克托尔”中用了四十四页的论述有力地证明了这一点。首先，赫克托尔声称战争是非正义的，但他却从来没有归还海伦。当特洛亚人违反了停战协议时，赫克托尔没有惩罚，反而默许了攻击。因此，尽管赫克托尔对特洛亚人非常忠诚，但他忠诚的对象是不公正的，其行为是非正义的。此外，阿伦斯多夫认为，如果赫克托尔不关心特洛亚人的德性，那么就不能说他真正关心特洛亚人。“一个人怎么能爱那些没有可爱品质的人呢?”所以，赫克托尔并非对其同胞怀有纯粹之爱与忠诚。与此相反，正是阿喀琉斯对阿开奥斯同胞的爱，以及随之而来的对他们美德的关切，才引起了他的愤怒和所谓的不忠。阿伦斯多夫甚至暗示，如果赫克托尔真的关心特洛亚人，他可能会从阿喀琉斯的剧本中撕下一页，祈求宙斯惩罚他们的不公正行为。

阿伦斯多夫在此书中更具挑战性的观点是他声称阿喀琉斯不仅优于赫克托尔，甚至优于奥德修斯。在本书第四章“奥德修斯与阿喀琉斯”中，他将二者进行对比之后得出推论：奥德修斯理性的自我控制最终是为了他的激情。因此奥德修斯不是真正的理性英雄。

阿伦斯多夫试图证明奥德修斯被他对荣耀的热爱所统治。证据之一便是奥德修斯离开卡吕普索岛后木筏破裂，当他快要溺水身亡时，他希望自己能在战斗中丧生，因为那样阿开奥斯人便会将其礼葬，传其英名。这表明奥德修斯最大的遗憾是海上风暴中可耻的死亡会使他失去战斗死亡所赢得的荣耀。第二个证据是歌人在吟唱特洛伊木马的故事时，荷马在叙述中将奥德修斯比喻成一个悲恸着扑向自己丈夫尸体的妇人。虽然这段描述没有直接提到任何荣誉，但歌人吟咏的这首歌间接表明了奥德修斯实际上赢得了荣誉。阿伦斯多夫断言荷马暗示了奥德修斯最强烈的激情是他对荣耀的热爱。

至此，阿伦斯多夫认为阿喀琉斯比奥德修斯走得更远。他特别指出阿喀琉斯的伟大在于其思想，这主要见于《伊利亚特》第九卷阿伽门农派奥德修斯等人去劝说阿喀琉斯返回战场部分。阿喀琉斯的拒绝值得我们去思考其中的原因。首先，阿喀琉斯似乎变了一个人，或者说在此我们看到了他的另一面。因为当奥德修斯三人来到他的帐篷时，“他在弹奏轻音的弦琴，愉悦心灵。他借以赏心寻乐，歌唱英雄们的事迹”。阿伦斯多夫对这段描述给予了极大重视。他认为阿喀琉斯以歌颂英雄的光荣事迹来取悦心灵，就像荷马通过颂扬人的崇高来愉悦精神一样。这些看似琐碎的细节说明阿喀琉斯在思考像自己这样的英雄时得到了快乐与满足，即他像荷马一样喜欢思考英雄行为。由此，作者将我们的注意力引向阿喀琉斯拒绝奥德修斯等人劝说的一番言论上。不可否认，这是《伊利亚特》中最出色的叙述之一，是史诗中唯一一次对美德进行的质疑。这段话明显地将阿喀琉斯与其他英雄区分开来，使他成为诗中最重要的人物。因为只有阿喀琉斯一人理解了荣誉和美德的价值问题，所以他开始质疑美德的价值。也许是因为失去了对美德的信念，阿喀琉斯生平第一次真正意识到死亡。阿伦斯多夫的此番论证证明了阿喀琉斯的内在力量，即他能够发现并坦率地向自己及他人承认美德对他意味着什么。

反观我们一直探讨的“荷马史诗中最伟大的英雄是谁”这一问题，其根本源于阿伦斯多夫对史诗中诸神的思考。这个问题的紧迫性在第一章中便得以凸显。事实上，作者不止一次指出众神是多变和无情的，我们必须依靠“人类的远见智慧”来指引生活。书中的一些细节足以让人怀疑诸神的智慧和公正。阿伦斯多夫论证说：诗人不仅让听众看到了人物的虔诚，也让他们看到了神本身，而这是诗中人物所不能看到的。因此，我们可以直接看到神的诸多思考、决定、行动和意图。我们被允许看到的东西使我们怀疑人类对神的信仰和希望是否有价值。作者这里所用的两个例子尤其值得留意。一是特洛亚人违反了停战协议。而这是雅典娜在宙斯的命令下，故意让特洛亚人重新点燃战争的。阿伦斯多夫认为，这一事件令人怀疑宙斯的正义和仁慈。二是宙斯决定打破休战的原因仅是赫拉对特洛亚的憎恨和宙斯不想继续争吵。看到最高的神如此随意摆布、交换城邦和人民的命运，却没有明显的关注正义，着实令人不寒而栗。由此，作者断言：诸神对人类漠不关心。此外，阿伦斯多夫在此也不断地引导我们去思考应该以一条什么样的道路来通达回返到荷马所认为的古风时期的神学基础，重新思考荷马所说的神之概念的真正含义。

总而言之，本书所论及的问题颇具启发性，作者在书中引导和启发读者与他进行富有成效的对话。他对荷马史诗中诸神和人类德性的分析与论述从头到尾都是引人入胜的，其中不乏许多具有挑战性的新颖观点。毋庸置疑，这本著作将在荷马研究领域激起富有张力的论争，其中富有批判意识的睿见会因其不同凡俗而进一步激励人们反思。

（编译者：徐艺宁，北京第二外国语学院比较文学与世界文学 2017 级硕士研究生）

《跨文化研究》稿约

《跨文化研究》（*Transcultural Studies*）系北京第二外国语学院文学院（跨文化研究院）主办的综合性学术集刊。其主旨是瞩望人文，学宗博雅，故拆解古今中西樊篱，汇通人文，“六艺”兼容；立足语言文学，却无学科本位，尝试将文学、历史、宗教、哲学、语言融于一体。顾名思义，本刊广邀善士，拜约各方，祈求文化间性研究、文化交往性研究、文化超越性研究的前沿学术成果，期待并培壅既有古典根荄又富当代意识的学术情怀。

《跨文化研究》力求每辑聚焦一个领域，烘托一个主题，突出中国问题意识、中国解决方法和中国学理构建。在“学无中西”的全球化视野下，本刊以“中国学子”作“世界学问”为仰望的境界。在“学科通串”的现代人文转向趋势中，本刊以“综观全局”且“细察幽微”为治学的状态。本刊常设“经典论绎”“经典导读”“异邦视野”“文论前沿”和“新著揽英”等栏目，且不对作者的文字篇幅、研究领域、治学方法做刻意的限制。本刊每年出版2辑，春季4月和秋季11月为发稿时间。

如蒙慷慨赐稿，敬请了解并遵循如下约定：

1. 所投稿件须是没有公开发表过的新作。

2. 在大作的最后一页上注明您的供职单位、研究方向，且留下电邮地址。

3. 文稿用Word文档常规格式，标题用宋体3号字加粗、居中，作者署名用4号楷体、居中，正文一级标题用4号宋体、加粗，独立引文用楷体、上下空1行，正文用5号宋体，全文1.5倍行距。

4. 论文请提供中英文摘要200个字符，关键词3～5个，论文题目英译、英文摘要和关键词置于文末。

5. 注释用页下注，每页重新编号，编号用数字带圈；其要件和顺序例示如下（未尽之处，敬请参阅新一期样刊）：

①陈恒：《希腊化研究》，北京：商务印书馆，2006年版，第26页。

②包向飞：《宽广的反讽》，载《文化与诗学》，北京：北京大学出版社，2013年版，第160～172页。

③Erich Auerbach, *Dante*: *Poet of the Secular World*, trans. with an introduction by Michael Dirda, New York: New York Books, 2001, p. 42 (or pp. 42 – 46).

④William Franke, "Metaphor and the Making of Sense", in *Philosophy & Rhetoric*, Vol. 33, No. 2 (2000), pp. 137 – 153.

6. 参考文献要件和顺序例示如下：

包向飞：《宽广的反讽》，载《文化与诗学》，北京：北京大学出版社，2013。

陈恒：《希腊化研究》，北京：商务印书馆，2006。

让－皮埃尔·韦尔南：《古希腊神话与悲剧》，张苗等译，上海：华东师范大学出版社，2016。

Blumenberg, Hans, *Höhlenausgänge*, Frankfurt am Main: Suhrkamp, 1989.

Pavesich, Vida, "Hans Blumenberg's Philosophical Anthropology: After Heidegger and Cassirer", in *Journal of the History of Philosophy*, vol. 46, No. 3 (2008), pp. 421 – 448.

7. 如蒙赐稿，请将大作发至 kuawenhuayjy@ bisu. edu. cn。

8. 如果有必要寄送纸质版，请寄：100024 北京朝阳区定福庄南里1号北京第二外国语学院文学院（跨文化研究院）；联系人：杨老师，胡老师。

9. 本刊采用匿名评审制。大作一经发表，即奉微薄稿酬。由于编辑部人手有限，来稿一般不退还，也不奉告评审意见。

《跨文化研究》编辑部

Abstract

· Special Issue: Homeric World ·

SKEPTOUCHOI: A New Look at the Homeric Scepter *By Daniel Unruh* / 1

Abstract: This article examines how the Homeric scepter is used, and why it serves as the pre-eminent symbol of authority in epic. Contrary to the long-held view that it is used as a "talking-stick" and passes from speaker to speaker, in virtually every Homeric assembly, the scepter is held by only one man: the man who convened it, and whose concerns the assembly will have to address. Nor is the scepter a mystical talisman-rather, at its simplest level it is a cudgel, a symbol of the ruling class' power to inflict humiliating punishment on their inferiors.

Keywords: the Homeric age; scepter; the ruling class; a symbol of power

Mythical and Cosmological Structure in the *Homeric Hymn to Demeter*

By Larry J. Alderink / 19

Abstract: *The Homeric Hymn to Demeter* is related to the Eleusinian mysteries, since it reveals the action, aims and the intentions of participation in the mystery rites. This paper tries to reappear the mythical events narrated by *The Homeric Hymn to Demeter* in order to observe the concatenation, both sequential and structural, between episodes. It is equally important to specify the central motif of a myth, but it is also valuable to detect connections within or internal to the framework established by the terms of the myth. My aim is to view the myth as a whole to detect relation of its component parts as they provide information about the cosmological framework of the myth, which I will extract its cosmological framework and its conception of post-mortem existence.

Keywords: Eleusinian mysteries; Demeter; myth; cosmological framework; *Homeric Hymn to Demeter*

Plato's Prayer to Pan (*Phaedrus* 279B8 - C3) *By T. G. Rosenmeyer* / 33

Abstract: Plato's *Phaedrus* narrates the conversations between Socrates and Phaedrus on rhetoric, soul and writing etc. This conversation ends with a prayer to Pan. However, the prayer of Socrates to Pan puzzles the readers. The image of Pan has a long and varied history; the double image has real connection with the topic of *Phaedrus* and it suggests the distinction between esoteric and exoteric wiring; this is the reason why Socrates pray to Pan and it is also the meaning of Plato's writing about this prayer.

Keywords: Plato; *Phaedrus*; Pan; prayer

Homer, Teacher of Teachers

Abstract: This paper adopts the method of close reading, through the contrast analysis of Homer's *Iliad* and the later philosophers such as Plato's point of view, that Homer's "division of division" is the source of Greek civilization, full of teaching guiding significance. First, students need not only knowledge and enlightenment, but also inspiration and encouragement. Second, Homer shows the most essential work of a education worker in the *Iliad*, which helps us to benefit from our mistakes. When we see the wrong idea, we realize and know how to correct it. In addition, Homer has set a standard for how to deal with the issue of controversy, which is to encourage a variety of arguments in a way that neither ignores nor conceals compassion and fairness. Finally, Homer realized and successfully lead our desire with nature, with our knowledge and soul refinement cleverly interspersed with them, teach us how to be a division of Jesus Christ: reflect more necessary things, better access to information, actively encourage students.

Keywords: Homer; *Iliad*; three points of the soul

Homer's Musings and the Divine Muse: Epic Song as Invention and as Revelation

Abstract: From *The Iliad* to *The Odyssey*, singers of epic poetry experienced the process from divinity to humanity, from the divine revelation to the discovery of their own inner divinity. At the beginning, singing songs for the epic heroes need to call the divine Muses for revelation and the effect of the divine appendage. But followed with human's self-awareness in the *Odyssey*, and constantly trying to escape from the control of the gods, the creativity contains in language and rhetoric is as skills embodied in human beings, make people so to excavate into the inner divinity, this process reveals as the continuous development of secularization by the author, and can be compared with *The Bible's* revelatory; finally it is concluded that the existence of the revelatory not only comes from divinity, but more from the human nature itself, the process of secularization that human shapement themselves shows more glorious by continuously mixed divinity and humanity.

Keywords: divinity; revelation; song; secularization

· Interpretations of Classic Work ·

Witch Kirk: Her Origin and Variation *By Wang Yixin* / 99

Abstract: Although Kirk in *Odyssey* was depicted as a magic witch, such a supernatural figure did not still belong to Achaean communities who have no knowledge about the magic power. It seems to us that the Achaean had been freed from the superstitious constraints and nameless fears. So the psyche of the Achaean society Homer represented would be pure and simple according the normal rationality because the primitive religions were in decline. Kirk in Homeric epics, the nymph on the ocean, does not also belong to ancient Greek society. Conversely, Judged on her dwelling-place, perhaps she comes from the distant Orient as the goddess of Sun or goddess of Dawn. Unfortunately the origin of Kirk is not traceable. Her supernatural figure and magic superpower, and her ability of changing man into animals, really indicates that Kirk took her roots in the folklore faith and mythical legends and has an exotic atmosphere from Orient.

Keywords: Kirk; *Odyssey*; Homeric Society; Primitive Magic; Folklore Tales

King Oedipus in the Horizon of Historical Narrative *By You Jiazhong* / 119

Abstract: Sophocles' *King Oedipus*, written in the Pericles era of ancient Greek history and adapted from Homer's Odyssey, had really represented a certain historical truth, which is of importance to understand the society of ancient Greece. Given the importantly historical veracity described by the tragic poet, it is necessary for moderns to re-interpret the social significances of this tragedy through selecting the fragments in the drama and analyzing on the way of transformation of the historical materials by poet in order to reconfigure the social state of ancient Greece.

Keywords: *King Oedipus*; historical fragments; drama as a term or genre; social state

Odysseus and Calypso *By Huang Weiwei* / 132

Abstract: Under Homer's writing, Calypso occupies a very striking place at the beginning of *Odyssey*. According to Homer, Calypso combines both the past experiences and the future adventures of Odysseus, and hence plays a very important role in his life. However, it seems that Calypso has nothing to do with Odysseus' homecoming in the light of the instruction of Circe and the prophecy of Tiresias in the restatement of his experiences. In fact, Odysseus' restatement is part his reflection about his past life, and thus the descriptions of Circe and Tiresias are only stales made by Odysseus; therefore, it is not that Calypso is ignored by Circe and Tiresias, but is concealed deliberately by Odysseus. Calypso really has a sharp significance in *Odyssey*. To solve this contradiction and explore the reason why Odysseus abandons Calypso may help us to know the real meaning of Odysseus' choice of homecoming.

Keywords: Odysseus; Calypso; Circe; Tiresias

Abstract: Schleiermacher's translations and interpretations of Plato's dialogues, especially his "introduction to Plato" and commentaries, are insightful and influential. Therefore, the purpose of this paper is to extract some main principles of his interpretation on Plato, some of which are "search for ideas in the work itself", "indivisible unit of form and content", and "determination of original sequences and inevitable consistencies", through philological approaches to Platonic dialogues.

Keywords: Schleiermacher; Plaotonic Dialogues; Hermeneutic Principles

· The Transcultural Views ·

Abstract: This article aims to take a comparative look at the inscriptions on the Greek vase and the Chinese Cizhou ceramic, and argues that the inscriptions have similar functions in expressing ideas and constructing spatial aesthetics. A further study shows that the similarities cannot explain all sides regarding the two ancient forms of daily-used household utensils; there are distinct poetic paradigms hidden behind their forms. The Greek vase inscriptions are characteristic of a story-telling narrative and an aristocratic taste, while the Cizhou ceramic inscriptions are of a lyric demonstration and a popular preference. The conclusion is that such comparative examination is useful in facilitating the cultural and literary communications between the west and China, and helps each obtain profound insights about their own poetic paradigms.

Keywords: Greek vase; Chinese Cizhou Ceramics; inscriptions; poetics

Abstract: *Pilgrimage toward West* (*Xiyou Ji*), a famous romance of ancient China, is popular and even influential in China especially by means of soap TV series. But what is the allegorical significance of the fantastic stories of triumphing over devils and bad spirits and finally bringing back the divine scriptures? This is still a disconcerting question. From modern perspectives it is a mythical novel while it was a pedagogical novel in eyes of Ming and Qing Dynasties' readers. If we get along with the pedagogical approach to this novel and reread the chapter one of it, we would cast a new light on the allegorical meaning behind the variety of images and plots.

Keywords: Gnostic roots (Ling Gen); Source-Acceptance (Yuan-Liu); Mind-Vitality (Xin Xing); Understanding of the Void (Wu Kong)

· Book Reviews ·

Abstract: In the background of modern crisis, based on the classic texts such as Homer Epic and Plato's works, these book reviews have teased the origin of European thoughts, abstracted the original characteristic of philosophy, and reappeared the glory of the classical spirit. They try to overcome the modern crisis by returning to the classical. They start with the evolution of words, myths, customs and other aspects in classical literary works to trace back to the original concept. Or focus on the denudation of human which caused by modern material civilization, casting their eyes on the ancient Greeks' profound understanding of irrational forces in order to achieve a balance between rationality and irrationality. Or reconstruct the world of love in the dialogue of Plato, and try to prove that love is the root of man, and the properly guided love constitutes the foundation of goodness. Besides, some important philosophers such as Nietzsche, Heidegger, and Strauss analyze the political significance of Plato's interpretation, aiming at finding a way for the proper positioning of "modernity" . These book reviews have presented a spectacular scene of the dialogue between classical and modern, and showed a tremendous tension between them.

Keywords: crisis of modernity; classical spirit; Homer Epic; Plato

图书在版编目(CIP)数据

跨文化研究. 总第4辑, 2018年. 第1辑 / 王柯平, 胡继华主编. -- 北京 : 社会科学文献出版社, 2018.8
ISBN 978-7-5201-3142-1

Ⅰ. ①跨… Ⅱ. ①王… ②胡… Ⅲ. ①文化交流-文集 Ⅳ. ①G115-53

中国版本图书馆CIP数据核字(2018)第166484号

跨文化研究 总第4辑 (2018年第1辑)

主 编 / 王柯平 胡继华

出 版 人 / 谢寿光
项目统筹 / 祝得彬
责任编辑 / 张 萍 徐成志

出 版 / 社会科学文献出版社 · 当代世界出版分社 (010) 59367004
地址: 北京市北三环中路甲29号院华龙大厦 邮编: 100029
网址: www.ssap.com.cn
发 行 / 市场营销中心 (010) 59367081 59367018
印 装 / 三河市龙林印务有限公司

规 格 / 开 本: 787mm × 1092mm 1/16
印 张: 14.25 字 数: 241千字
版 次 / 2018年8月第1版 2018年8月第1次印刷
书 号 / ISBN 978-7-5201-3142-1
定 价 / 79.00元